指月纪略
——美国基础教育研究初探

白云云 著

文汇出版社

图书在版编目(CIP)数据

指月纪略：美国基础教育研究初探/白云云著. —上海：文汇出版社,2020.12
ISBN 978-7-5496-3399-9

Ⅰ.①指… Ⅱ.①白… Ⅲ.①基础教育-研究-美国 Ⅳ.①G639.712

中国版本图书馆CIP数据核字(2020)第250292号

指月纪略——美国基础教育研究初探

著　者／白云云

责任编辑／甘　棠
封面装帧／薛　冰

出版发行／文汇出版社
　　　　　上海市威海路755号
　　　　　（邮政编码200041）
经　销／全国新华书店
排　版／南京展望文化发展有限公司
印刷装订／启东市人民印刷有限公司
版　次／2021年1月第1版
印　次／2021年1月第1次印刷
开　本／710×1000　1/16
字　数／400千
印　张／23.75

ISBN 978-7-5496-3399-9
定　价／54.00元

序言

探道　寻真　启思

白云云老师是浦东新区优秀教师赴美交流研修项目第六期的学员，2019年10月，她与团队伙伴到美国参与浸润式培训，时间并不长，只有28天。令人感到惊讶的是，回国后，仅仅一年不到的时间，白老师就完成了将近四十万字的美国教育观察，比较全面和真实地呈现美国教育、校园和课堂的基本面貌。

浦东新区优秀教师赴美交流研修项目是浦东新区教育局和浦东新区教育发展基金会组织的教师境外研修项目。到目前为止，已派送六批教师赴美研修交流，已成为在市区具有一定影响力的境外教师培训品牌项目。研修项目一改以往传统研修的单向吸收式学习，代之以科学研究和实践为导向的交流研修，以及注重教育现场的观察和学习，突出基于教育现场的即时传播和分享。学员们通过日记、周记、访谈、调查、跟岗、观课等多种形式真实地探访、记录美国教育之道。每一期学员都会在境外研修结束后带回来丰硕的成果，常常会有数百万文字之多。我们欣喜地看到白老师的研修成果有了系统、完整的论述。这本书也是赴美研修项目学员出版的与研修有关的第五本专著。

日本教育学者佐藤学曾说，研究教育需要用好"三只眼"：一是飞鸟之眼，二是蜻蜓之眼，三是蚂蚁之眼。飞鸟之眼关注的是宏观层面，能够高瞻远瞩，却往往浮光掠影；蜻蜓之眼关注的是中观层面，多个角度观察课堂，重心下移却可能蜻蜓点水；蚂蚁之眼关注的是微观层面，所见有限却精确细致。此项目参与的对象是一线教师，他们以影子教师的身份观察校园和课堂，属于

田野调查法。田野调查法需要"飞鸟之眼"和"蜻蜓之眼",但更需要"蚂蚁之眼",近距离、切片式、放大镜下解剖校园和课堂。

白老师正是把握着教师境外教育观察和研修的基本特点,用蚂蚁之眼,用心观察,在看似平常的现象中,敏锐地捕捉到中美教育细微的教育基因和现状的差别,并由此深入思考,将教育现象变成教育视界。世界著名教育学专家、教育现象学的重要开创者范梅南在经典之作《教育的情调》中说到:机智与敏感性是教师极为重要的素养,因为只有这样,他才能体察感受孩子的世界,关注个体的独特性,进而让每个孩子在最恰当的情境下成长。其实,机智与敏感性也是教育现象观察的重要禀赋,是一位观察国际教育、进行教育分析比较的教师所必须具有的品质。只有拥有"机智和敏感性",教师才能捕捉发生在教育现场的即时和真实的情境;也只有拥有"机智和敏感性",教师才能"知其然""知其所以然",洞悉教育现象背后的逻辑性和因果性,才能取得境外研修和教育观察的"真经"。

因为用心观察,用心领悟,用心记录,用心思考,白老师的书具有"新""全""真"和"思"四个鲜明的特点。

如今,关于美国教育观察的书籍已经不少,但是由于作者刚从美国教育现场归来,获取的是当下美国教育的最新实践和思考,例如全球意识培养,社会情感教育、逆向设计和思维等等,这使作者的研修成果非常新颖。还因为白老师善于观察和挖掘,对平凡的教育现象采取独特而新颖的视角,使作品中的很多文章有一种"出乎意外"又"合乎情理"的严密逻辑。例如第一章里有篇文章"课表的奥秘",白老师从一张普通的、人们习以为常的课表中条分缕析,解读到美国教育的培养目标以及课程设计的理念的美国基因:基于对学生在21世纪必要技能习得的考虑,以及社会情感、6C素养培养的考虑。这种基因既体现了高阶思维和核心素养的渗透,又突出了学生的自主管理与责任心,培养自律学生与优秀公民的做法。这便是这小小课表的奥秘,带给读者诸多的启迪。

白老师的专业是艺术教学,但是本书的视线涉及到教育的宏观、中观和微观理念,笔墨触及到学校管理、社区教育、课程教学、家校互动、教师专业发展、社会文化等诸多领域。这本书俨然是一部美国教育、文化和校园的微型百科全书,体现了"全"的特点,全方位、全视角、全景式地展示了美国教育。

说到"真",是因为这本书的每一篇文章追求真实地还原美国教育、校园和课堂。作者采用的是她美术绘画的"白描"手法，采用案例描述、对话呈现、图片展现、数据分析，材料应用、实录引用、理论诠释等方式，生动形象、原汁原味地呈现美国校园和课堂。举个例子，在"PBL学习的初衷是什么——一张图表的联想"一文中，作者介绍的是以加州罗斯福高中旗下以PBL为特色的E-STEM高中项目化学习。这篇文章一开始是美国加州"项目化学习通道"（Project Path）的描述，使得读者能够宏观、统揽地了解美国项目化学习的实施、设计和教学路径。但是慧眼独具的作者并没有就此止步，而是结合自己国内的课堂案例，对项目化学习通道的不同阶段进行针对性的分析，这样读者对于项目化学习教学的特点及应用方法、策略就会深有体会，仿佛身临其境。最后，作者还提供了美国项目化学习的一份真实案例，使得读者在理论指引和中外比较视角下获取可学习、可复制的文本指导。

"思辨"堪称本书的最大特点。教师境外研修关键在于"启""思""行"，具体为启迪、思辨和行动。白老师的文章有着与众不同的特点，那就是很多标题采用的是问题的形式，引人入胜，激人思考，催人深思。即使读者不阅读文章，仅仅浏览题目，我们也可以深切地感受到白老师的思辨力。白老师在文中没有囿于简单的陈述，采用的是夹叙夹议的手法，思辨和洞见力透纸背。这种思辨是对中美教育比较的深度辨析，是对大家关于美国教育误区的澄清，是对当下教育现象的针砭，是对教育现象背后的本质追问和追寻，是对具体教学技术和方法的超越和升华。

这本书，是白云云老师28天研修之旅的理性拓展，也是浦东赴美境外研修项目丰硕成果的一抹重彩，更是浦东教师敢为人先，勇于思考、勤于实践的凝练写照。

上海市浦东新区教育发展基金会秘书长　倪似玉

2020年11月

自序

大学本科毕业后,我做了一名教师,到今年正好15年。从工作开始,就时常听说美国教育多么理想、美国学生在课堂上多么优越、美国教师多么有职业幸福感……这种道听途说的"经验",影响了我许多年,以致有时在课堂上看到调皮的学生,就会产生想法:若是他们像美国学生那样既有个性又有思想,就好了。作为一名一线老师,很难说这样的"美国印象"只是我一个人的经历而已。若是不读书、不批判,不去接触真正的现实,谁也无法说明真相,也就很难对比中美教育之间,谁更棋高一着。

2019年10月,我有幸参加了由浦东新区教育局和浦东教育发展基金会发起的"影子教师"赴美研修项目的第六期,目的地正是加州——这个坐拥硅谷等高科技因子的经济发达州。作为美国人口最多的州,加州也因教育而享誉海外。带着虔诚与审慎的心情,我们一行30人赶往了这片土地。得益于加州大学洛杉矶分校教育学院的培训与指引、各区教育局的妥善安排,我们得以亲观美国中小幼教育的点点滴滴。这本书于我而言,是这趟旅程极为重要的一部分收获。

为了讲好这次美国教育观察途中的见闻与故事,我以一个一线老师之眼,谨慎地看、灵敏地听、严谨分析,深度感受了一个立体的、多元的、"优""忧"并存的美国公立教育世界。但碍于能力,我无法轻易看清更多,就像不具备苍鹰之眼那样,看不到更远处的风景。既如此,那就安心做一只燕雀吧!燕雀也有其小巧、灵便的特点,当它低空飞行在加州大地上、体会眼前平凡的一切时,也有质疑月光的勇气。这便是书名《指月纪略》的由来。

本书共分为四个章节,分别是"美国的课堂教学""美国的教育评价""美国的生活体验""美国教育中的德育和管理"四部分。为了讲好这些故事,我借鉴了大量在美访学时的课堂实例以及自己的一些教学案例，以求打造"真实课堂"的即视感；为了说明美国教育中的诸多评价手段，我列举了许多细节故事，确保各评价手段的过程与效果能被感知；为了说明生活对教育的影响，我把在美期间曾发生的一些生活趣事梳理成文字，供理解"教育不是孤立的存在"之意；为了进一步作中美中小学教育对比，我亦整理了一部分与我国的学校"德育"与行政管理相关的资料，以便形成读者的客观理解。

本书的构成，采取每篇为一个故事、相互之间各自独立的方式，前后并不是按照时间顺序串联的；行文方式，除了较为严谨的案例以外，其他皆以夹叙夹议的形式出现。在本书的撰写过程中，感谢与我同行的29名伙伴，特别是拉昆塔市沙漠沙子学区的9名挚友，是你们的真诚、勤恳、开朗、坚毅，让我看到了加州灿烂阳光下上海教师的光辉形象，也看到了祖国教育的未来。一并感谢的，还有浦东教育局与浦东教育发展基金会的老师们，是你们的一路陪伴和大力协助，我们的赴美之旅才能得偿所愿。

尽管这本书详细记录了我在美国基础教育圈学习的各种故事，但依旧遗憾难平。主要是两部分原因：第一，美国的"精英教育"没机会看到——早听说这部分才是美国教育的"要害"，培养和构成了美国主要社会体系"关键的人才"；第二，一部分实难培养杰出学生的公立学校，其最有优势的部分，我们一时半会儿还难以超越。

21世纪的今天，当作为一线教师的我，也能去往异国他乡亲自观察中外教育的优劣时，正说明了这个时代的大气、包容和美好。希望未来的一天，我们的土地上也能因宽和与勇敢，迎来更多远方的客人。教育不是万能的，但没有秉持客观公正、谦虚内敛、全民优化的教育之心是万万不能的。在学习西方教育的今天，我们的步子踏得会更坚定、有力。

感谢给予我默默支持的所有人，希望这本小书的出版，能为大家了解大洋彼岸的教育凿开一扇小窗。

白云云
2020-03

目录

第一部分 低空飞过——从美国的课堂教学说开去 / 1

追求真实的历史课 / 3
美国DBQ中学历史教学方法访谈纪实 / 15
"传统教学"和批判性思维的结合,真的有那么难吗? / 22
PBL学习的初衷是什么——一张图表的联想 / 31
分级阅读,给我们带来哪些启示? / 40
"逆向设计",到底是一种怎样的体会? / 48
基于逆向设计的科学实验课 / 61
惩罚的缺失,在美国中学的课堂里也同样存在 / 69
课表的"奥秘" / 73
美国重素养,我们重技巧,难道就是错的吗? / 79
为什么美国人的数学这么"差",却还坚持这样教育? / 84
我们离"专业"二字还有多少距离——观一间"陶艺教室"有感 / 91
不可思议的一节汉字美术课 / 103
写给我的美式教学初体验 / 109
一节特殊辅导课带来的思考 / 115

第二部分 潜心思索——体会美式教育中的那些"评价" / 119

美式"以生为本"的教育,让这所新高中来告诉你 / 121
导入:是情境创设,还是营造良好的评价环境? / 132

有关"形成性评价"的一点想法——通过案例的分析 / 143
从"形成性评价"看"逆向设计"课堂与核心素养的促进
　——以《甲骨文风格化》一课为例 / 151
成长性思维,我们还有很长的路要走吗? / 159
对"低风险游戏"的猜想 / 166
非正式评估:走进学生心里 / 172
结合艺术的策略:一种纯视觉的策略吗? / 180
艺术不是目的,而是手段 / 201
借助"误解或错误",也许是个好方法 / 216
油尺:一种"形成性评价"的代名词 / 226
读"六个策略,让你的课堂更具包容性和文化响应力"有感 / 231

第三部分　贴身凝视——感受美国的别样生活 / 241

初涉校园,给思考留点空间 / 243
科学,不是孤独的远行 / 257
难忘的住家生活 / 262
与住家朋友的一次对话:您怎么看待美国的社会情感教育? / 269
逆向思维的根源,也许与"习惯倒推"有关 / 274
一场难得一见的美式橄榄球赛 / 280
掌握全球意识,做新时代的奋进者 / 287
美国教师需要专业发展吗? / 293

第四部分　虚心学习——观美国教育中的"教师发展"和
　　　　　"德育管理" / 299

不一样的美式"教研活动",内核是什么? / 301
美国的优秀教师怎么工作? / 309
动力,源于教师自己的职业追求 / 314
Margo校长:一位"挺不容易"的中学女校长 / 320
美国的师生关系怎么样? / 327

13个问题读懂美国的社会情感教育　　/ 331
美国的SEL社会情感教育，到底蕴含在哪里？　　/ 338
"社会意识"教育之我见　　/ 347
美国学生的社会认知——七个有关"子技能"的实录故事　　/ 355
美国学校的安全教育　　/ 361

后记　/ 365

第一部分

低空飞过

——从美国的课堂教学说开去

追求真实的历史课

什么是历史？

我想，这个问题，每个人都有自己的答案，你可以说咱们中国上下五千年是历史，也可以说昨天吃的早饭是历史——历史永远在发生，谁都不能挽回，也不能预判。

学生所以喜欢历史课，我想，每个国家的孩子都有不同的原因。中国孩子喜欢说"历史是一面镜子，可以时常借鉴"，美国孩子会怎么想呢？

我们走进沙漠沙子学区的约翰·格伦中学（JOHN GLENN MIDDLE SCHOOL），聆听、观察了诸如语言艺术、科学、西班牙语、体育、社会历史、数学、机器人等课堂。这些课有的神奇、有的精彩、有的令人回味。

约翰·格伦中学是该学区的一所优质学校

这其中，我想选择社会历史课作为本次观察重点，仔细寻找上文提到的问题之答案。

【课堂描述】

这是一节只有30分钟的课，上午9:34，学生们背着书包陆陆续续地走进教室找位子坐下，没过多久便开始了这节课的学习。老师在9:35左右，已经满怀激情地讲课了。

讲课的时候我注意到,教师使用PPT做展示演讲,重点介绍"如何看待历史事件"的问题,他讲了三分钟左右,然后提问:谁还有什么问题吗?几秒后,无人举手,教师便没有再多等待,而是请学生拿出笔记本,请学生搜索资料、寻找证据、填写表格——PEEL式表格。随后,学生就进入了自学状态,并时不时地和同伴互动、交流。老师在学生查阅资料、填表、互动交流的过程中一直在走动,观察是否有学生需要帮助,然后伸出援手。

一节30分钟的课很快就过去了,老师在最后说:明天见!

【课堂分析】

一、教学内容分析

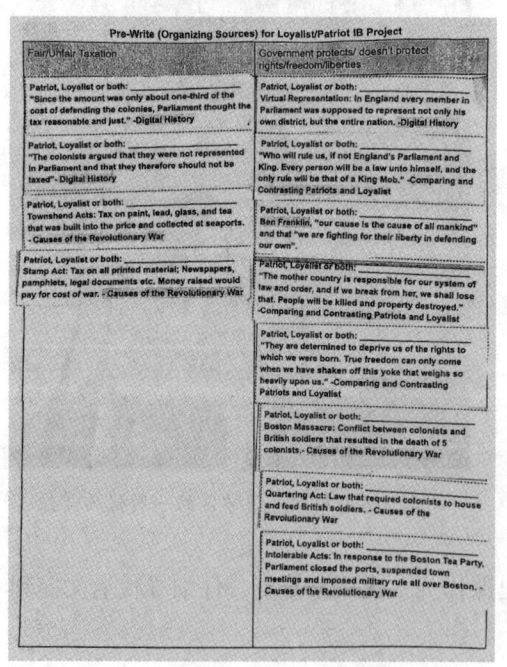

老师的教学大纲,并非一节课完成

这张图表,与其说是教师的教学大纲,不如说是老师给学生的学习素材。只不过,老师给予学生的并非图上这一条条贴好的内容,而是一个论题比如"公平/不公平征税""政府保护权力",且只是论题而已,没再给多余的其他内容。

如果单独看这节课的教学内容,会觉得"少得可怜",因为老师几乎没讲什么实实在在的"干货"嘛!当我疑惑时,这所中学的Coach(教师教练)告诉我们,因为今天是周二,又叫"SHORT TIME DAY"(短课日),每节课只有半个小时且中午12点就要放学,所以实在无需讲太多内容。同时,好心的Coach提醒我们,也许把这节课和下节课联系起来观察,才能知道这节课的目标是什么,教师要讲什么,上下文分别又是什么。

二、教师教学行为分析

这位历史老师主讲的时间总计不超过3分钟

进课堂听课前,我告诉自己留意看这位老师的讲课时间——因为,在一定程度上,老师主讲所占比例的多少,决定了学生学习效率的高低。当我拿出笔记本准备大记特记时,没想到这位历史老师只讲解了3分钟,就让学生做调查了。

为避免"再次"遗漏老师的教学行为,接下来的时间里,我仔细观察教师的行为特点,对教师所做的事做了如下概括归纳,大致有这么几种:

1. 复习:带着所有学生,以复盘和询问的口气简略地把昨天所学(社会历史课每天都有)复查一遍。

2. 提问:在短暂的复习时间中,老师至少问三次:还有人有问题吗?这种对复盘的再质疑、再提问,是常态式的存在。

3. 确定学习目标:这节课老师使用了一种PEEL表格,请学生按照表格上所列的分项目标进行思考并完成逐项调查和研究。

PEEL过程的大致步骤是:提出观点(或论题)——解释(提出为什么支持或反对这个论题的证据——解释你的解释(解释这个证据为什么能支持你赞成或反对该论题)——证据(阐述这个证据)——解释你的证据(说明或宣告

这个证据为什么要保留）——反对（说明为什么别人要反对并给出相关的证据）——相关外延（完成你的感受或想得更多）。

Dylan Corpe - Perez: Body Paragraph 2

File Edit View Insert Format Tools Add-ons Help All changes saved in Drive

Peel Process	Steps	Reference Notes	Sentence Starters	Your Sentence
P	Step 1: Point (Sentence #1) Discuss why taxes are either: fair (Loyalist) Or Unfair(Patriot)	• This is also sometimes called a topic sentence in ECHO format responds directly to the prompt. • State your thesis or claim clearly in this sentence. This will be your way of announcing the main focus of your paragraph and it should tell the reader what your paragraph will be about. • Do not include any facts in this sentence and use your own words.	Sentence Starter: Independence from Britain is necessary because.... The colonies will no longer tolerate...... The British Parliament can no longer... The colonies need to remain loyal to England because...	Write:The colonies will no longer tolerate these taxes because we are not represented in parliament so we should not be taxed if we don't have a say in anything that happens.
E	Step 2: Evidence (Sentence #2)	• This is how you support, or back up your claims. The evidence will help to "prove" each claim to the reader. • Provide evidence to support your thesis. • Start this sentence with "For example".	Sentence starters: For Example, ... According to John Locke, "...." As written in the article, Patriots vs. Loyalist, "...." As stated by Thomas Paine, "....."	Write: As written by Patriots and Loyalists "They are determined to deprive us of the rights to which we were born. True freedom can only come when we have shaken off this yoke that weighs so heavily upon us."

PEEL：步骤1、步骤2

Dylan Corpe - Perez: Body Paragraph 2

File Edit View Insert Format Tools Add-ons Help All changes saved in Drive

E	Step 3: Explain Explanation (Sentence #3)	• It should explain why the evidence supports your claim and why this supports the main thesis in your paper. • Analysis start the sentence with "this shows that" or "this is important because". • Comment or explain in your own words an analysis. • Explanation is your analysis of the evidence and should be in your own words.	Sentence Starters: Therefore... As a result... For that reason... The link.... This result can be explained by... This is important because... The result... This shows that... The relationship... supports... It can be seen that... This proves...... This demonstrates..... This explains...	Write:
E	Step 4: Evidence (Sentence #4)	• This is how you support, or back up your claims. The evidence will help to "prove" each claim to the reader. • Provide evidence to support your thesis. • Start this sentence with "For example".	Sentence starters: For Example, ... According to John Locke, "...." As written in the article, Patriots vs. Loyalist, "...." As stated by Thomas Paine, "....."	Write:

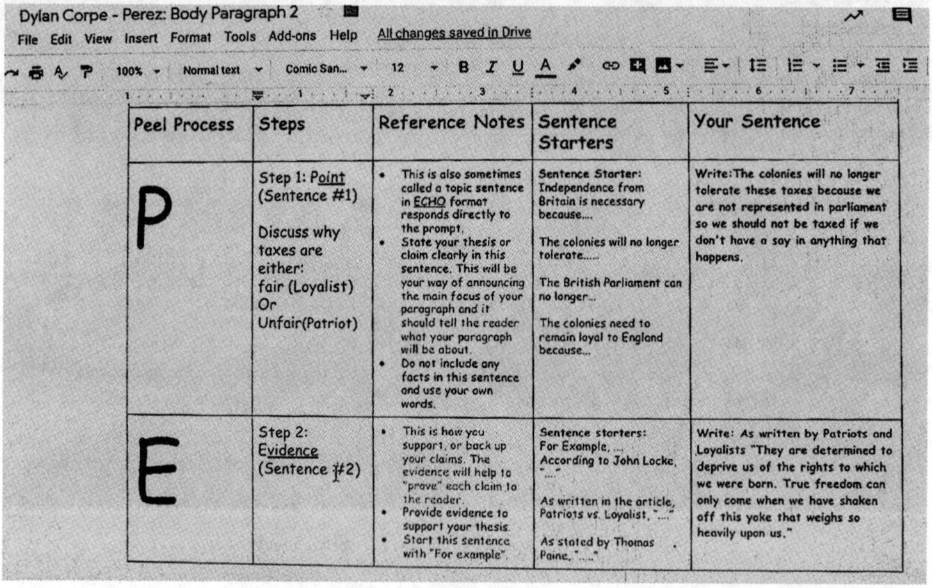

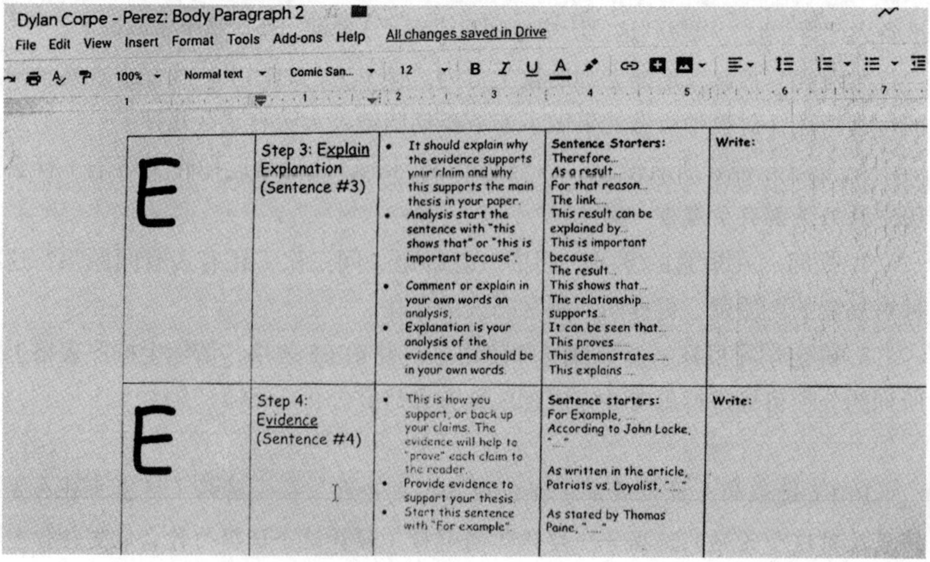

PEEL：步骤3、步骤4

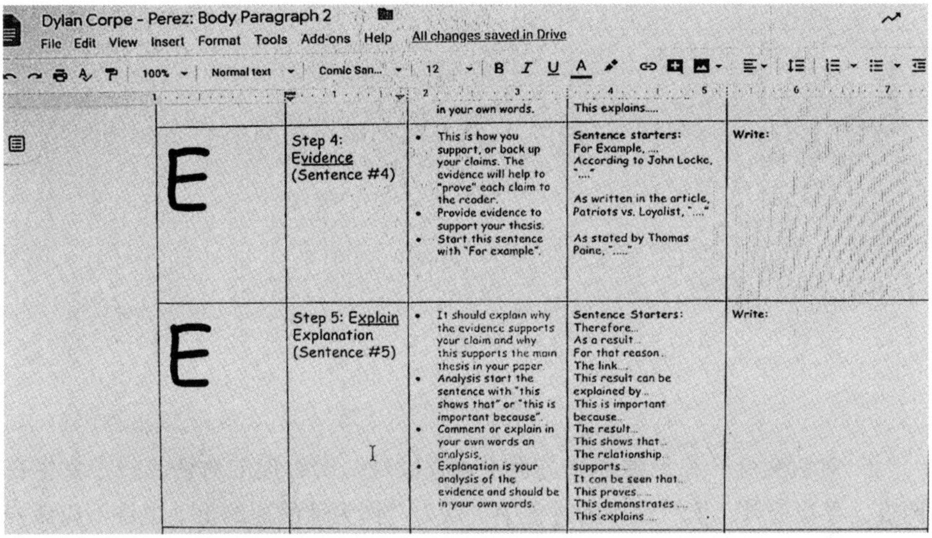

PEEL：步骤4、步骤5

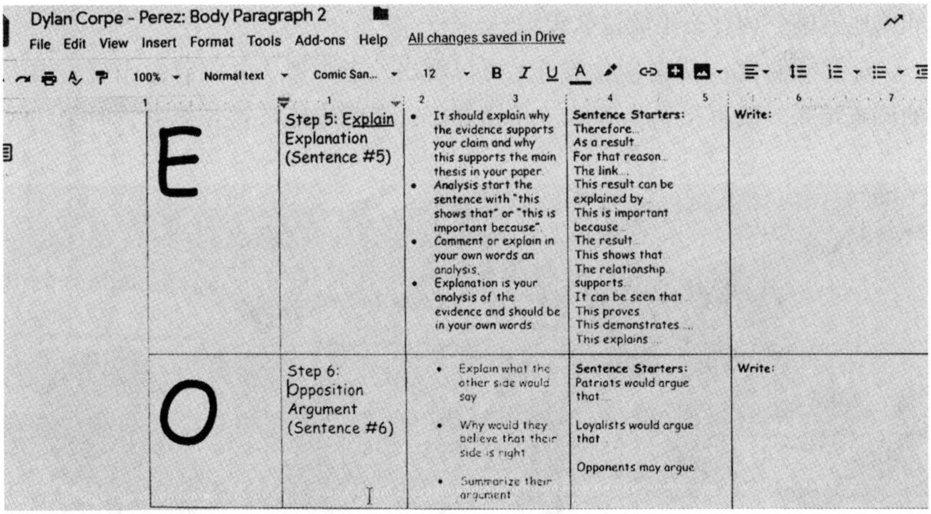

PEEL：步骤5、步骤6

4. 巡视辅导：这种教学行为一直存在于整节课当中，从学生背着书包走班到这间教室开始，到学生完成自我学习（调查、填表），老师一直在转圈巡视，没有停过，悉心耐心地回答每一个学生提出的即兴问题，帮助每一个学生解决他们遇到的问题。

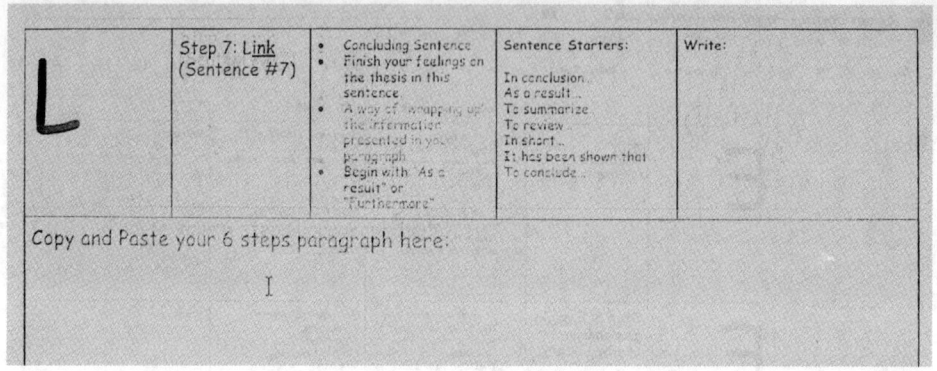

PEEL：步骤7

5. 对话交流：在老师巡视过程中，我发现一次有趣的对话。一个女生在调查、寻找资料、填写表格的过程中，认为"作为殖民地的土地也许不应该涉及交税或不交税的问题，老师提供的这个论题从本质上来说是个无效论题"。当她向老师提出这个观点时，我很乐于看见老师的处理方式，没想到老师特别和蔼地笑道："为什么不能这么想呢？"

6. 尊重肯定：从这个女孩身上可以看出，老师似乎并不着急于统一学生的调查结果，或直接给出答案。相比之下，老师更能够换位思考，时刻"呵

这个女孩在质疑，老师在保护质疑

护"学生的思考过程。所以,教师的教学行为中,似乎还包括了这样一个角色:问题的呵护者。

三、学生学习行为分析

纵观整节课,学生似乎很自由——他们思想自由、畅所欲言,想说什么都可以,不必担心被压制甚至被批评,然而实际上,课堂里有着严格的纪律。

这节课,学生主要的行为动作有:快速进教室坐下(两节课之间时间非常少,只有几分钟,因此学生转班总是匆匆忙忙),拿出昨天的homework待查(家庭作业),或者拿出笔记本电脑(教室基础配备,人手一个)查阅今天所需的资料,两人合作或者四人合作交流,填写网上的表格(课堂作业)。除了特别需要——洗手、上厕所以及被老师"特别关心",如带到隔壁小房间做单独辅导之类,所有人都必须完成课堂目标。

尽管看起来内容很简略、方法也挺科学,但最后几乎没人完成当堂作业,无论是学习程度好的还是学习能力相对较弱的学生(有的学生一节课仅能完成一小块内容的证据搜索)。学生"慢"的原因可能在于30分钟"短课日",也可能在于搜索资料的方法不够有效,又或者是没被发现的学习惰性。由此,我能理解为什么Coach希望我们最好能够把两节课连在一起观察比较好。

左侧男孩完成得特别快,旁边T恤男孩就慢多了

【观察反思】

从对这节课中内容、教师、学生三个角度的观察与分析,我认为真正需要反思的是以下几部分——并非是历史课本身,而是这节历史课显示出的"学习者":学习的面貌、学习者的面貌。

一、历史课需要学生掌握的是探究史实的素养,而不是史实本身

从他们历史课教室中的一个墙面作业可以看出,学生想用任何元素体现心目中的荣誉象征都可以,但学生必须自己去寻找资料

通过观察,这一点,主要是从历史课的"PEEL学习法"来培养。除了这节历史课,即便是我们听不懂的西班牙语课、数学提高班课,"注重素养的培养"都可见一斑。

比如西班牙语老师丝毫不讲任何语法方面的问题,数学老师对一个二元方程式的解读亦可以上升到坐标系、坐标轴的空间探索,这在国内是不多见的。纵观这些课,似乎老师都特别"漠视"基础技能和学科知识,而是直接带领学生探究更深层次的东西。这引得我不得不思考另一个问题:学生学习学科基础知识的时间,是哪里挤出来的?难道回家自学吗?

后来和不同的老师探讨了这个问题,我们得知,美国学生确实是有回家作业,而且还很有处理作业的时间条件。比如,除了周二 short time 的时间以外,中学普遍放学较早,都在下午的2点15分左右。因此可以判断,学生有足够的时间可以应付学科基础性或探究性作业。

这样我就可以理解,为什么历史老师在课堂30分钟时间内,仅做"复习""提问""支持""鼓励"等事,而不做别的事,因为时间真的太紧张,宝贵课堂时间要留给"高阶思维"来发挥作用。

所以,通过"PEEL方法"来贯通全程的社会历史学习,重点始终围绕"真正的证据",且搜寻证据必须通过学生自己,哪怕有的快、有的慢,有的会、有的不会,教师也完全毫不在意。这让人感受到,美国中学的历史课,在乎的不是"长度"而是"厚度",充分尊重学生的想法,哪怕他是浅层次的。

所以普遍情况下,美国初中的历史课堂愿意花很长时间去激励、积累学生的学习体会,目的就是为了形成学生自己的历史学习素养。这一点,其他学科也是可见的,这也许是基于美国教育顶层设计的学习结果吧。

二、美国的学生并不像传闻中的那样可以在课堂里为所欲为,相反,他们一直受到各种约束,从而表现出一种自主的"自律感"

不仅是历史课,在一天的时间里,我聆听的地理课、语言课、体育课、数学课、机器人课等,都能看出学生的"行为规范"相对"靠谱",总的来说,他们有无数个"自由"及一个"核心"。

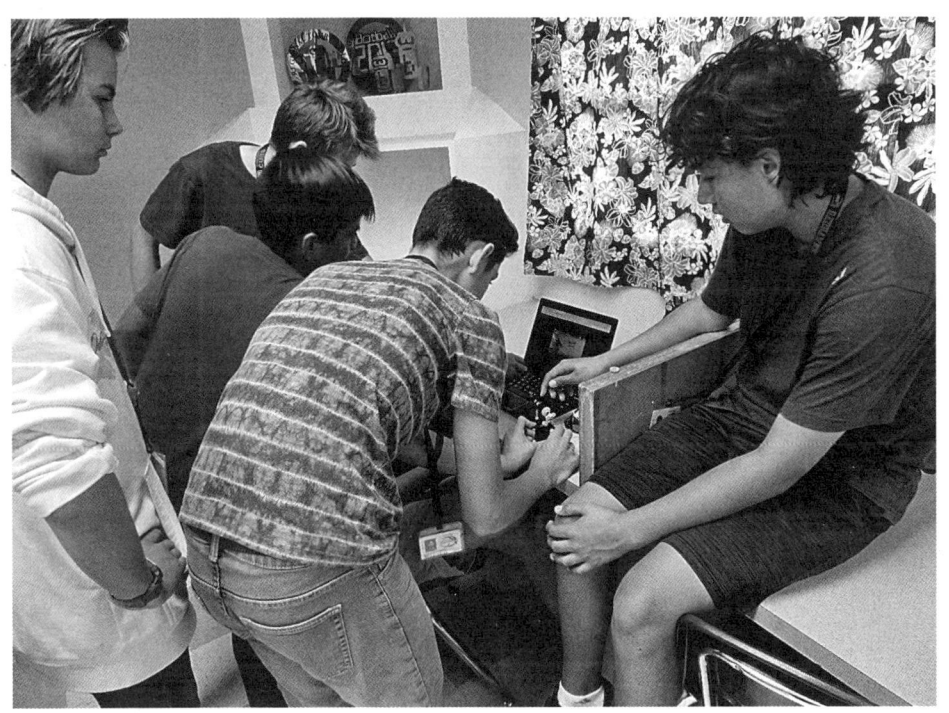

在机器人课上,一个小组的孩子正在努力"做中学"

1. 自由一：身体机能类的紧急事件，可以立刻去做。
   比如，上厕所、喝水、擦鼻涕。
2. 自由二：需要马上去处理的突发事件。
   比如：洗手、扔垃圾、取工具、拿纸拿书等。
3. 自由三：学习需求可以随时提出。
   比如：举手提问、质疑，自主合作、交流。
4. 核心：必须关注课程、必须"身心俱在学习过程里"。

我们常常看到，美国的学生哪怕是小小的跑神如突然放声大笑，都会被教师及时叫停，学生也会马上恢复原态。因此，几乎没有人会故意不尊重课堂，每个人都很尊重自己和别人的学习。另外，每个人都在别人交流对话时保持安静状态，这显示出很好的聆听能力——不仅尊重别人，也能尊重自己。在这所中学里，我们看见的这种建立在互相尊重基础上的"聆听"与"讲述"，给我的印象最为美好。

正因为这无数个"自由"和一个"核心"，学生才自由自在、无所顾忌地表达自己的观点，尊重自己与他人的感受，体会现实与过往。在校园里，对学生来说，这样的氛围是更为理想的学习氛围。

三、少就是多——LESS IS MORE

纵观课堂，我们惊奇地发现，几乎所有课好像"并不教学生什么具体内容"。我们惊讶于"研究一个二元一次方程居然用了那么多时间"，老师一直都在问"为什么"。在这种反复"为什么"的光环里，我们中国老师想的是，对于数理公式这样几乎无法"动弹"的知识，为什么要用两节课时间来探索公式本身呢？

趣味往往建立在矛盾之上，假如换个思维方式，可能我们就能释怀了。可一直以来，我们习惯于直接接受这些宝贵的学科文明，从来没有想过它为什么存在、为什么是这样、为什么可以沿用至今。以至于在教学中常常忽略这一点，通常是直接告诉学生"这件事就是这个样子（你似乎不应该再质疑）"。其实这样也有好处啊，那就是"可见"的学习效果，巩固与提高。自然，隐忧也是存在的——学生永远不会知道或是很少有人去探索：为什么这件事是这样，为什么不能是别的样子？

所以，是不是可以这样理解——正因我们习惯了"给予"，不允许学生质疑，重要的创造性智能型研究机构研究所或诺贝尔奖才少有国人涉足。长期的"多多益善"，使得孩子囫囵吞枣、消化不良，更无法轻易产生质疑，所以我们的创新型人才也就不多见了。

也许，可以适当学学美国教育中的"少就是多"。少一点，咀嚼得慢一点，多问"为什么"，也许解决问题的方式会更多一点，学习的变通性也会更强。

【链接思考】

最后，我想将自己上过的一节课，与这节30分钟的历史课"链接"起来，观察它们在教学方式、教师策略、学生行为等方面的不同。虽然授课的文化背景与主题时空都不同，但在一个框里作比较，能让这节美国历史课在我们的"标准"下再"验一验"，找出值得学习的地方。

通过对比可以看出，在中国，教师在课堂里的主导性一直都很强，尤其是初中，教师对学生的学习几乎是无可取代的角色。在有些学校里，如果哪位老师某天缺勤，那么他的课基本上是直接安排其他学科老师代课或是自习课，因

	我的课《外国宗教建筑欣赏》	美国课《社会问题-税法公平问题的研究》
教学目标	明确（三维目标）	不太明确
教学方法	讲授式、讨论式、学习单	PBL项目化学习
学生参与方式	聆听、即兴反馈、填写学习单巩固学习	自主探究、小组合作、(个性展示)
教师主导行为占比	70-80%	10%
学生显性学习行为占比	20-30%	80-90%
教学效果	一部分学生跟得上，一部分学生跟不上	超级学生做得完，一部分学生完不成（有后续跟进）
思考深度	达到"是什么、为什么"的层面	达到"是什么、为什么、为什么是这个证据、他人为什么反对、相关发散性思考"的层面

对比我上过的一节九年级艺术欣赏课和这节美国历史课的各方面

为，学生很大程度上无法依靠自己充分又深刻地自主学习。

当然，不完全因为我们的学生缺乏自主学习能力，还有其他原因，比如"技术"。在美国学校里，信息技术如空气一般存在，比如教师手里的phone——随时给予学生课堂学习行为的评价（专用App）、学生随时下载资料用于主动学习的电脑iPad等，这在很大程度上支持了学生的自主学习。

【结论】

综上所述，根据这节课的观察，我想我找到了某个答案：

中国孩子为什么喜欢历史课，因为历史往往是由一个个真实而精彩的故事组成的，我们喜欢从中照见自己；美国孩子喜欢上历史课，是因为历史不光是由真实的具体事件构成的，它们还是构成自己成熟观点的一个个"零配件"。

对于前者，历史是用来借鉴与品读的，对于后者，历史是用来被证明的。这一点小小认识上的不同，构成了我们各自精彩的教育。

美国DBQ中学历史教学方法访谈纪实

  DBQ（Document Based Question），它是一种基于文档的问题研究，是一种历史学科的前沿学习方法。我们曾通过在约翰·格伦中学（JOHN GLENN MIDDLE SCHOOL）的历史观摩课上得知一二，也看到了学生聚焦于文献的历史学习方式——"阅读"与"写作"。

  本文记录的是在另外一所中学托马斯·杰弗逊中学（THOMAS JEFFERSON MIDDLE SCHOOL）访问时，与社会历史老师Stepher Valcuzuela先生的一次谈话。这位老师虽执教社会历史学科，但他的主要教学方向是美国历史（历史课在美国分科很细），是一位优秀教师，曾获得"区域卓越教师"荣誉称号。与美国其他老师的职业认知不同，他十分专注于课堂教学并能根据国家标准作出适当的调整，并不完全照搬历史教学资料和设定好的教学方法或流程，尤其是在DBQ教学方式上，给了我们许多启示。

【时　　间】2019年10月21日 下午2：30
【地　　点】托马斯·杰弗逊中学（THOMAS JEFFERSON MIDDLE SCHOOL）605教室
【受 访 者】Stepher Valcuzuela（八年级社会历史学科教师）
【访问主题】"DBQ"历史学科学习方式

【访谈实录】

  1. 您是什么学科的老师？

  答：八年级社会历史老师，我教的是非常棒的社会学科，我一天要上五节课。

2．可以给我看看你今天上课的东西吗？比如DBQ？

答：ok，那是一个有很多方法的东西，我会给你看一些资料，不过我今天用的是最新的。（打开网页）你看，这是最新的软件资源包，也就是"谷歌教室"。它上面有完整的资源，每一个班级都有不同的设置，你看（网页），点击页面就可以进入下一个页面。比如在这篇文章中，学生可以在任何他们想要做标记的地方打标记，以突出不同特点，或突出一些你知道的东西，可以做成学生熟悉的文本框，写点他们知道的东西，还可以读出给学生听。

3．他们怎么做DBQ学习？

答：从文件A开始读，一路读到文件F，然后建立他们的写作体系，把他们想要写的每一条都放在"水桶"里，这很重要。看，他们的论文路线图。这个可以保存一年，然后他们随时可以回来查看，编写他们真正想要写的东西。

4．可以给我们一些案例参考吗？

答：我没有样本，而且即便是样本也必须得到学生的允许，但你们可以拍一些照片。我找到一个旧的，一个学生的作业，她的作业是我在使用这个新程序之前的东西。

5．DBQ的作用是什么？

答：一种学习方法，一种解读历史、了解历史的方式，学习好这种写作方法可以进入到好的大学。

6．DBQ的核心价值是什么？

答：证据，用证据来支持你的主张。

7．DBQ操作起来很难吗？

答：是的，思考任务然后寻找证据，这对中学生来说是很高的水平，他们中的很多人都在挣扎，即便是高中生也会挣扎。

8．学生的学习成绩怎么样？

答：A是学生的最高水平，但是我的学生，他们的层次往往达不到，我试图让他们高高在上。你知道AP课程吗？我的学生没有那么好，其实在中学学校里，我们并没有真正的社会研究，我们所能做的就是尽可能地给他们更高层次的东西，试着建立使他们能够满足的希望。这非常困难，需要给学生搭建很多"脚手架"，很多资源，很多支持。

所以我的意思是，即便很难，学生不放弃，我就一次给一点，以免给学生造成"碾压"的感觉。

美国DBQ中学历史教学方法访谈纪实 **17**

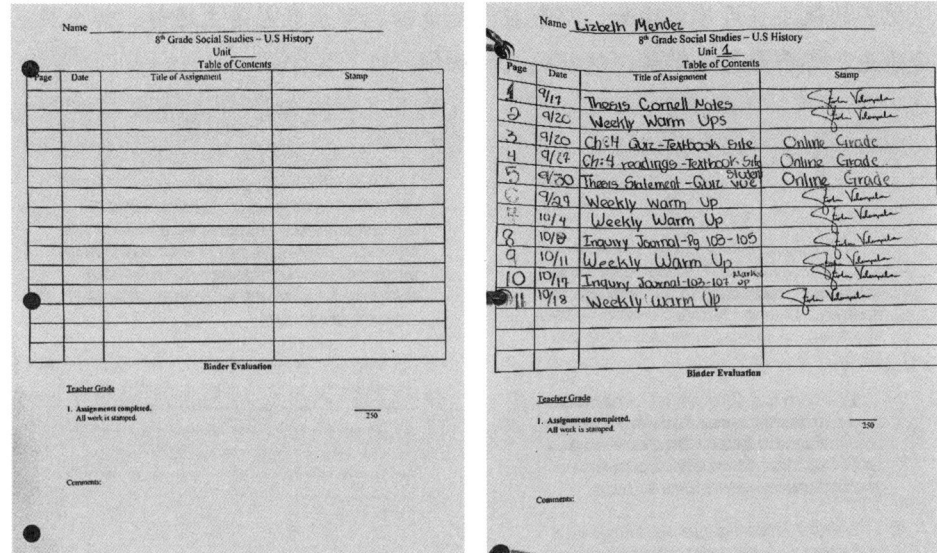

学生作业夹里的"UNIT 1"（第一单元）的学习记录：老师每次"给一点"（左为空表，右为学生已完成且有教师打分记录的"Stamp"）

9. 对学生来说，DBQ当中，最难的部分是什么？你是怎么解决的？

答：可能是"写作"，很多人第一语言是西班牙语，所以他们中的很多人，在和英语作斗争。另外，当我告诉他们必须要写的时候，他们不得不跑去写作，不得不写他们并不喜欢的事情，所以你知道，写作并不是最难的事情（大笑）。

写作中，写作和阅读是两项学生必须要发展的技能，如果我设置得太难，学生就会"关门大吉"的。

10. 谁设计了DBQ？

答：一个组织，由教师组成的，他们在一起研究，想出了这个项目，和这些电视资源（video资源）。

11. DBQ中有哪些有趣的细节？

答：非常有趣，如果你看到不同的线索，它会很快向你展示（在线资源）。举个例子，我们有美国历史，也有世界史，像"威廉姆斯是一个年龄最小的志愿者"这样的事情，我们也能找到，它实在是非常小。

12. 你怎么给学生的写作打分？

答：给你看一个样本。你看，这些颜色编码——颜色编码很重要，我可

18 指月纪略——美国基础教育研究初探

以把我的做法告诉你。比如，哪个颜色是证据、哪个颜色是主题句、哪个颜色是争论、哪个颜色是解释，这就是我的评价。

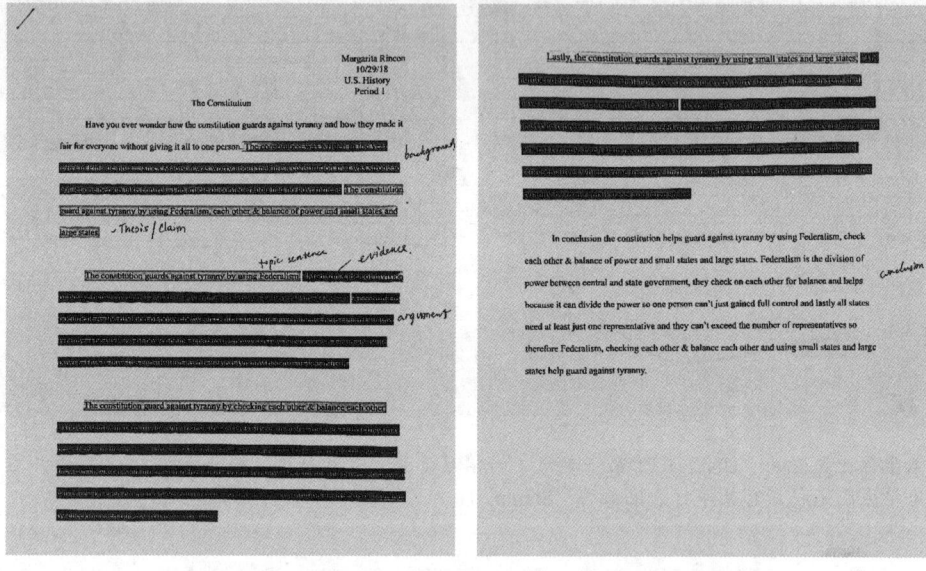

老师用不同的颜色标注学生作业中表示不同用途的语段

13. 你打分的标准是什么？

答：得分指南（在线资源）。

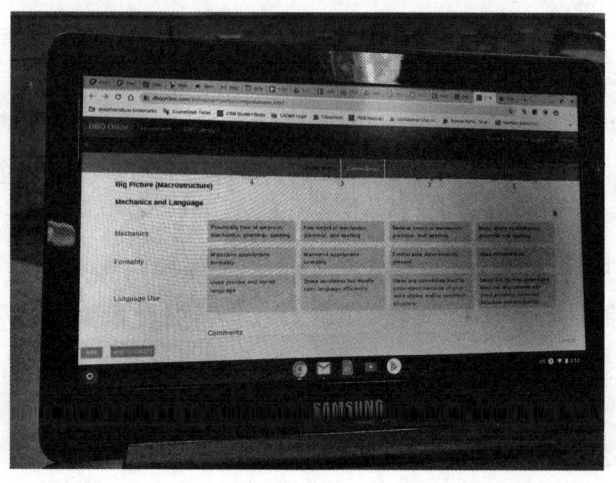

评分用的"宏观结构"（DBQ在线资源）

14.学生的每一篇文章你都会很认真地看吗?

答:不,工作量太大了,事实上每一篇文章我只抓它的框架,看整体、看结论。有些人写的也许是积极的,有些人也许还在努力,我每次都能看到不同的答案。另外,无论如何,无论学生的论点到底怎样,文章写得好与坏,都取决于它的论据是否有说服力。需要注意的是,不论学生写得有多弱,要知道它意味着什么。而且作为教师,必须意识到哪个学生在崛起,必须和他们做好解释。

如果我要看170篇文章,这个工作量实在是太大了,我也希望我的学生不要过于依赖我。对我来说,就结构而言,应有导言、正文段落和结论,还应该有总结、主题句和证据,这一切来支持他自己的论文。

我不检查细节,因为细节太多了,我只检查基本概念,并看是否有结构。为什么要这么做,举个例子,现在他们八年级只需要培养写论文的技能,并给学生多一些支持,也许他们并没有做好准备,但这对中学生来说已经足够了。当然,等到他们完成的时候,我会给他们一个分数。比如这个女孩(的作业),她强调她的作业写得很好,我会给她反馈,但她应该把引言段写在论文中,但这里并不是很明显。

15.你怎么引导他们写论文?

答:我自己整理了一个工具叫做"图形管理器",关于如何写一篇议论

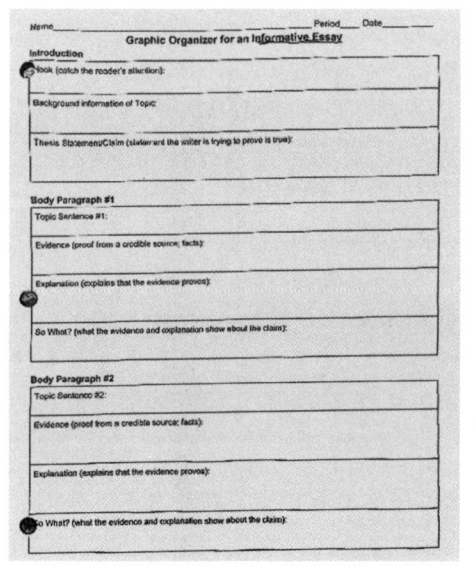
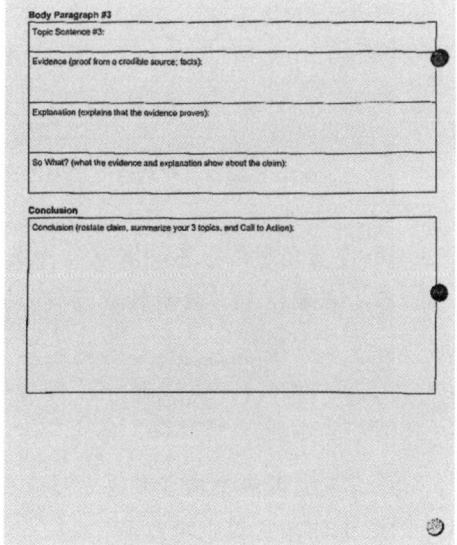

"图形管理器"中的 INFORMATIVE ESSAY 的写作框架(正论)

文,这是同一个人做的,一个用来整理信息用、一个用来争论或质疑,两者都有hook——"令人兴奋的点"。这二者的相同之处在于它们都要有背景描述、都需要写论文,不同的在于"结论"。

也就是说,每个人都必须提出自己的论点和反论点,学生必须寻找信息之间的区别,他们必须那么做。我就是用这种方法教他们写论文的。

概括下,我只要给他们打包好的资料、组织和"诚实"——这三种东西就可以了。这有点类似于"测试",我就在他们需要我的地方测试。

"图形管理器"中的ARGUMENTATIVE ESSAY的写作框架(反论)

16. 你怎么看待学生的课堂行为表现?

答:在教室里,要看情况而定。有些学生想学,但DBQ可能太难了,他们觉得学习有难度(于是表现出一些消极的行为);有些学生也许太擅长表演了,几乎是骗子(于是表现出一种假装学会的样子),如果这是事实,那就必须对学生进行调整。

所以我们不能把内容教得太难,因为他们的发展水平实在是太不一样了。

17. 你使用教科书吗?

答:几乎不用,但有时会用,比如一些基本概念。例如美国宪法,很多人没有听过"宪法"这个词,所以想让他们了解一下。通常我把教科书上的基本问题作为每节课的热身"WARM UP"活动来使用。

【访谈反思】

通过与这位历史老师的热情访谈,我们的工作应该在以下方面再花点功夫:

1. 教材怎么用?是全盘接受还是一概拒之?很显然这两种态度都不可取,既是国家教材,总有它设计合理的地方,要学会选择。

2. 一种全新的理念,就真的适合我们每一天的具体教学吗?比如DBQ,这位老师就认为写作之前的一个环节并不适合,于是就换成了独创的"图形管理器",这就是一种全新理念的具体创新,设计完全取决于学生是否能够学会、掌握。这是可取的教学态度。

3. 评价系统一定要完善,假如决定给一个学生A的成绩,就要向他解释清楚评价的依据——是主题句写得好,还是有充足的论据。评价不能朝令夕改,而是逐日完善。

这篇访谈是和同伴刘季青老师共同完成的,她是高中历史老师,在此对刘老师为我就学科专业问题提供的帮助表示衷心感谢。

"传统教学"和批判性思维的结合，真的有那么难吗？

在许多人的教学经验中，许多学科需要被"传统"地教——即教师说、学生写。我以为这些不会发生在美国的学校里，没想到的是，来到约翰·格伦中学（John Glenn Middle School）的第二天，一节历史课（社会科学课即Social Sciences）改变了我的想法。

这节课的名字是《造成罗马衰落的主要原因》，在七年级进行。从早上8:50一直持续到10:10，共80分钟，班里有40个学生，分成9个小组，每组3—4人。主讲这节课的老师Leggett先生向我们介绍，在前一天的学习中，他已经带领学生完成了前三个因素的材料学习（材料共提供了六种影响罗马衰落的因素），分别是：罗马帝王、罗马军队、外国侵略。另外三个因素打算在这节课上带领学生一起分析，分别是：匈奴人/野蛮人、经济崩溃、灾害和疾病。

【课堂行为描述】

整节课，教师采取的教学方法基本上是"讲述+板书"的方式，穿插各种形式的提问比如是非型问题——"YES or NO"，质疑型问题——"ARE YOU AGREE"，反复用"讲解+追问"的方法启发学生对每一个环节的推敲，加深思考。学生的学习行为主要包括"聆听、思考、偶尔小范围讨论、记录"这几个方面。从教学和学习方式上看，这节课倾向于"传统"模式；从时间占比来看，80分钟时间里，教师滔滔不绝的讲述占比大概在60分钟左右，学生的思考、小组合作、回答问题总计至多20分钟。所以，从这两个方面来单纯推断课堂的创新程度和学生的参与程度，它是"传统"的，但又和我们有些不同。

"传统教学"和批判性思维的结合,真的有那么难吗?

社会历史课:7年级《造成罗马陷落的主要原因》
(JOHN GLENN MIDDLE SCHOOL, TEACHER:MR LEGGETT,10/17,2019)
教师行为 VS 学生行为
课堂观察表

教师行为(100%)	讲述(70%)	板书(20%)	提问(5%)	质疑(3%)	管理纪律(2%)
学生行为(100%)	聆听(50%)	思考(30%)	交流讨论(10%)	质疑(5%)	开小差(5%)

(比例分布依据:1、课堂观察;2、课堂录音时间统计)

通过课堂观察和课堂录音的比例统计

【教学内容实录】(片段)

本文选取这节课中第六份资料的分析过程,加以记录。第六份资料是关于"灾害和疾病是不是造成罗马陷落的主要原因",课堂实录是师生围绕第三个问题所开展的学习与探讨。这第三个问题是:"请描述一种具体的方式,上面(资料部分)详述的两场灾难是如何促成罗马帝国的衰落的"。

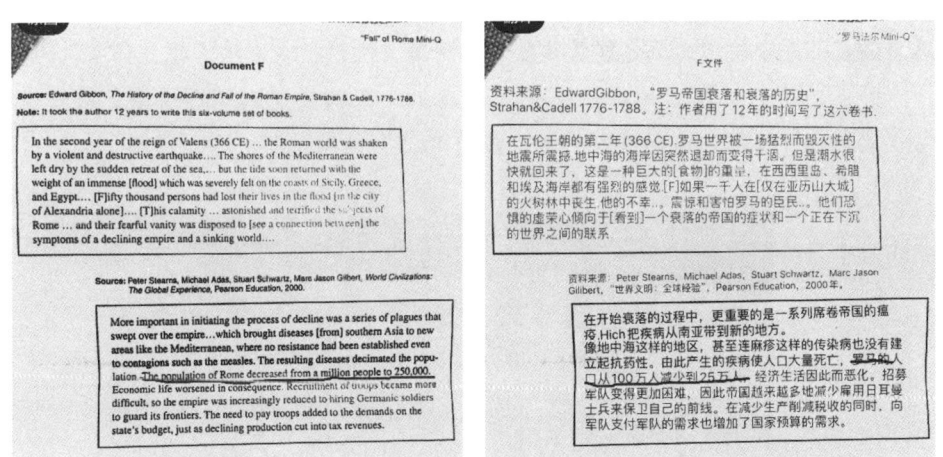

讨论点:罗马的人口到底减少了多少?资料中的一段话,产生了一点课堂质疑

师:现在我们来讨论,到底是什么灾难造成了罗马帝国的陷落?请大家快速寻找证据。

生:(阅读资料)。

师:提一个问题——"罗马人口到底减少了多少",你能给出一个结论吗?

生：25 000人。

师：真的吗？这是真的吗？

生：噢！不对，好像不是！好像是75 000人。

师：这可不是开玩笑的，你做得很好。再提第二个问题：有哪两种灾难造成了罗马的消亡？如果你愿意，可以和小组成员讨论下。

生：(交流讨论）我认为是地震，像我们加利福利亚一样，可能是地震。

师：对，你说得没错，强烈的地震确实可以摧毁一座城市。所以，你有证据吗？

生：有啊，就是资料的第一句——瓦伦王朝第二年（366CE），罗马被一场毁灭性很强的地震所震撼，导致潮水发生。

师：所以地震往往伴随着"洪水"——在某些地区，你认为"洪水"有可能是摧毁罗马的又一种自然灾害原因吗？

生：我觉得应该是。

师：很好，我记下来，你觉得地震和洪水是以何种方式摧毁罗马的，能避免吗？为什么？

生：噢，不能！因为天灾往往不能预计，更何况罗马处在火山带上，假如遇到强震，许多恢宏的历史建筑就要遇到问题。所以，城市陷落也是有可能的。

师：非常好！描述的很仔细了，让我们一下就能想到那个情景。我现在写在黑板上，还有人有问题吗？好，没有的话，就继续下一个话题吧！

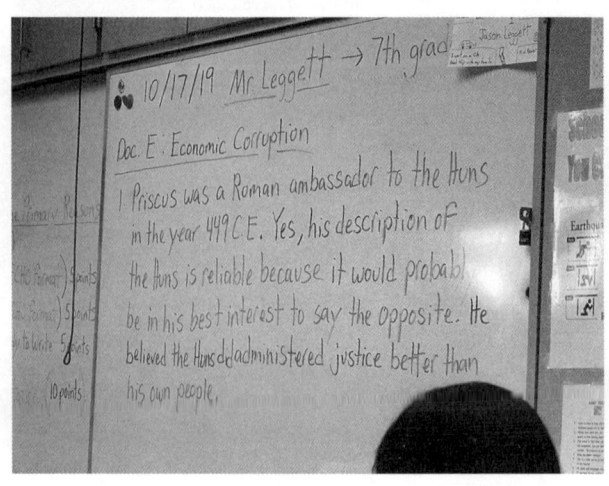

老师持续不停地做板书，老师写、学生记

【教学分析】

从这个微小的教学片段可以获知，教师进行的是"一问一答"的教学形式，中间只是在一些值得争议（非历史真实情况）的地方加以质疑。所以客观地说，整个课堂的教学方式是趋于传统的、似乎没有太多创新的地方，可是从美国社会历史基础教育目的的角度去思考，这样的教学方式最为有效、安全。至少，在以下一些方面，传统教学方式是能够保证效果的。

一、不可质疑的历史事实，用讲述式教学方式最为妥帖

比如上文中谈到的，366CE的时代，罗马究竟是因何原因减少了大量人口，这件事是史料可查的、不容置疑的。因此，从这个角度上，用丰富的学生活动或教具、花更多时间讨论这个问题有点不切实际、偏离主题。

二、对于更加有效的推进教学过程、夯实基础来说，传统式教学似乎是不错的选择

PBL项目化学习在美国甚为流行，我一度认为这个学习模式在历史课应用也没有问题，尤其是学习讨论经典的"罗马"问题，初中生能够、也应有能力去制作一份PBL的大作业，来加深对"罗马衰落"的因素理解。但老师没有这样做，他选择用2天的时间等待学生完成6个资料的自主学习，然后从中归纳结论。这两天的时间里，有些学生肯定跟不上（或是因为懒，或是因为自学能力有限），但我们假设这一周的学习都关乎这个论题——"罗马因何衰落"，所以在学习时间上，教师做了尽量最严格的分配。

事实上，下课后，Legget老师和我们交流时，坦言他就是这样设计的。他说，接下来的内容需要学生自己总结所学，概括出罗马帝国失败的教训，总结出可行性建议，然后写一封信给社区、州政府，或写给美国总统，用自己的角度总结观点，努力对社区、州、政府的决策产生影响，尽合格公民的义务。

这种"系列"学习，在教师设计合理、节奏把握精确的情况下，PBL项目化式的学习方式很显然将"浪费"更多时间，一些学生可能无法如期进入"写信"环节。这样看来，"传统式教学"也不是全无用处，它的功能是落实布鲁姆学习理论目标中最基础的部分，然后给予学生支架，激发他们更高层次思

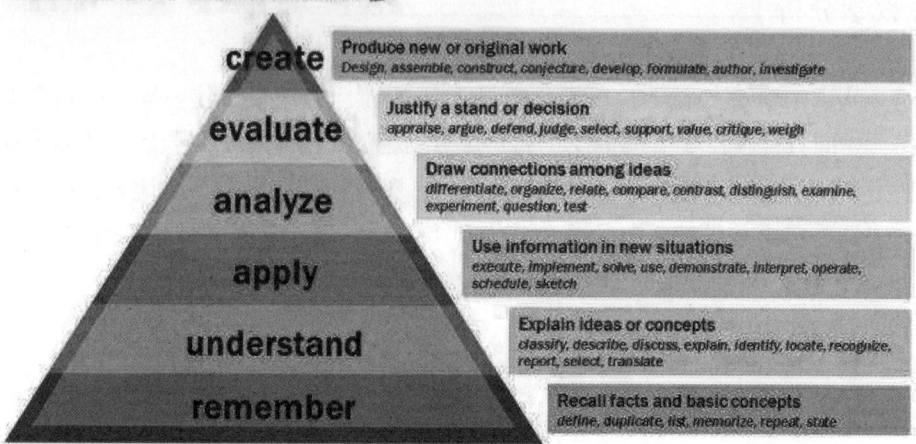

美国教育心理学家布鲁姆按由简到繁的顺序,把教育目标分为六个层次,其中记忆与理解是最基础的目标

考、学习的欲望。

三、传统教学的表面下,发现"DBQ"历史学习方式

DBQ,是DOCUMENT BASED QUESTIONS的简写,即基于文档的问题解释,是美国初高中生参加SAT或者ACT的历史考试技巧。DBQ或"基于文档的学习"是AP历史考试(美国历史、欧洲历史和世界历史)写论文的问题类型。DBQ希望学生"像历史学家一样思考"、"成为历史学家",所以通常会强调多个资料来源——如《罗马衰落的原因》这节课,老师提供了六个来源,

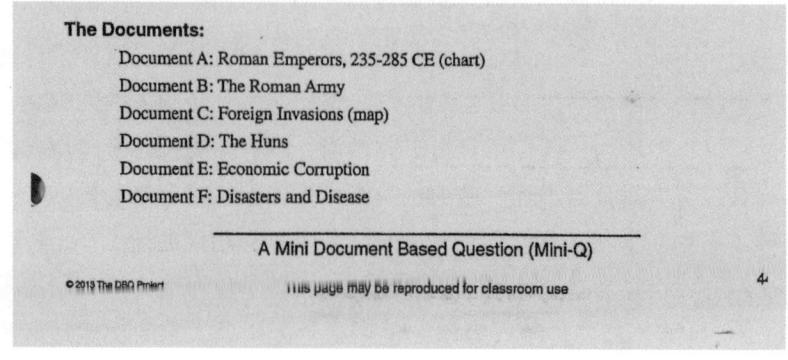

《罗马为什么衰落》这节课老师提供的资料目录

以报纸、文章的形式。除此以外，资料来源还可以包括地图、图片、卡通、图表等。

所以，这节课看似是传统教学的再现：老师讲、学生答，其实是在用DBQ的形式推进——先行阅读15分钟，然后再学习，甚至写作。因为DBQ的行进格式就是"阅读时间15分钟、建议写作时间40分钟"、数个来源（有的主要、有的次要）、多种形式（文字、图片、报纸、地图等）。这一点挺有意思，与我们的传统教学相似，但又有不同。DBQ强调的是"把你放在历史学家的鞋子里"（put you in the historian's shoes）和考试，而传统教学强调的是"记住、理解、考试"。

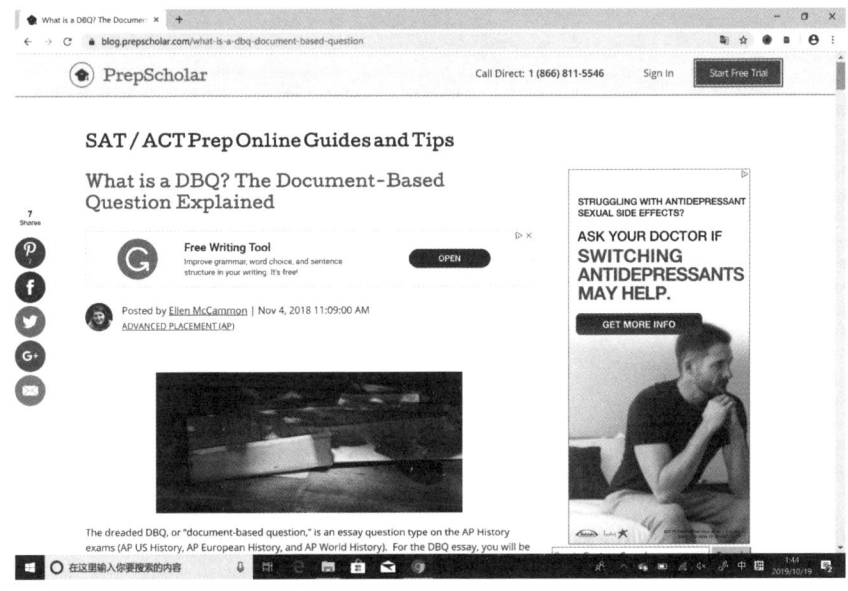

什么是DBQ（资料来源链接网站）

【案例反思】

通过观察与分析，这节课反映出的结论以及对我们的启迪，我认为主要在于以下几方面的考虑：

一、批判性思维的形成与保护

这节课虽然没有较丰富的学生表现形式，例如反馈、交流、探讨、争论等,但可以看出学生的思辨能力特别强,对某一个历史问题的考虑往往是多方面的。比如敢于质疑、怀疑、肯定等,用举手的方式表达自己的思想,这种自由氛围属于批判性思维的成长环境。也许学生质疑的并不是对的,甚至完全相反,但教师从不轻易说"NO",而是微笑示意,给予学生探究钻研的方法和动力,努力激发学生追寻答案的动机。这一点值得我们学习,因为历史学习,本身就是探究真伪、分辨利害的学习过程。怎样对学生的批判性思维加以培养或保护,就是允许学生犯错、允许争论,给予他们足够的时间思考。

教师答疑

二、公民意识的培养

由于时间关系,我们无法看到这节课的后续——教师如何引导学生写信给社区、给政府,他们是以一种什么样的形式来组织语言、组织证据,去试图说服决策者进行国家或社会行为的判断。但无论后续如何,我相信这个想法、或这个教学设计本身,就是美国基础教育中容易被察觉的一个重点:培养学生随时关注社区、生活、社会、州政府乃至整个国家发展的能力，为国家做力所能及的努力。这是一种公民意识的培养，也是推进学生逐渐具备全球公民意识的举措。

这一点我们与美式教育略有不同，我国德育教育一级指标之一是"公民意识"的培养，首先强调未来的人需对国家负责、做合格的中国公民。从国家层面的设计来说，我们的基础教育聚焦于意识形态的准确把握，才能将人口基数大、学生公民素养的培养工作做到实处。

三、创新性思维的培养——创造性地去解决问题

这节历史课还可以看出一个美式教育特色，即学生创造性解决问题的常态。如：教师带领学生阅读第五份材料，这份材料体现的是皮尔斯克斯的思考。皮尔斯克斯在449CE年的一份材料里写道，和一个前罗马人对话时得知，这个罗马人的土地曾被匈奴人侵略并占领，但因罗马税收非常严重，富人违法也不用被惩罚，而穷人必须接受制裁的这种长期不公平，造成了这个前罗马人感觉到"即便被侵略也没有太痛苦"的悲剧。

于是老师问："你觉得皮尔斯克斯说的话可靠吗？为什么罗马人被征服反而会感到高兴？这份材料意味着什么？这份材料能解释导致罗马帝国衰落的更多可能吗？"经过一番思考后，学生开始七嘴八舌地回答老师的问题，有的认为皮尔斯克斯的话可靠并坚定不移地认为还有更多能佐证的其他证据；有的认为罗马被征服这件事并不合适，毕竟罗马早已成熟的政治体系是被其他民族曾经望其项背的；有的认为这份材料并不止于造成罗马帝国的衰落，毕竟匈奴人的文明并不具有代表性，凡此种种。

以上怀疑，学生都一一找到了佐以证明的证据，或是语言表达、或是文字书写、或是"谷歌教室"（美国课堂的信息技术扶持，通过人手一台的iPad来实现辅助学生做相关资料搜索的学习）。这说明即使提出新观点，也是建立在足够的依据之上——至少在学生力所能及的研究能力基础上。

【总结】

综上所述，这篇文章聚焦的是看似"传统"的历史课教学，实则在美国教育概念里，是一种学术型的学习方式——它包括重视思辨能力的批判性思维的培养、重视问题解决能力的创新型思维培养。这两个方面在课堂的几处重要细节里体现得比较深刻。

当然也有一些不足，如这节近乎100分钟的课，教师作为话语权的绝对控制者，没有授予学生更多的话语权柄，使得一些学生在课程后半段陷入半荒废状态，而老师并没有在意这些。学生的行为能够理解，但老师的行为是让人无法理解的。看来再好的学习方式，学生也会疲累，可对于拥有这些资源的教育者来说，显然没有做好充分的准备。

PBL学习的初衷是什么
——一张图表的联想

当我们带着对PBL的"了解"远赴大洋彼岸的时候，心里是虚空的，因为，"PBL"到底剑指何方，尽管我们从各种讲座和培训上学了些大概，也仅仅是皮毛上的九牛一毛，谈不上掌握，更谈不上理解和运用。因为，从认识到行动，对我们这些从二期课改以来一直秉承三维目标课堂教学的一线教师来说，太陌生，需要更多时间来适应。

由加州圣地亚哥高科技高中的老师编写的《手和心：由老师写给老师的关于PBL的指导》一书中提到，PBL是通过项目来开展的学习，结合与综合了以下的部分：(原书18页）

A consistent structure 一贯的结构

Question worth pursuing 值得探究的问题

Worthwhile learning goals 有意义的学习目标

A sequence of multiple drafts（or prototypes）and critique 一系列的草稿或标准

Frequent and multiple forms of assessment and reflection 经常的多样的评价和反思形式

A public exhibition of learning 学习的公开展示

从这里可以看到，每一条概念，其意思不难理解，合在一起变成PBL的具体形态，则容易让人陷入迷惑：文字陈述看似"平常"的PBL学习，其特点与我们的日常教学有不少交集，如"有意义的学习目标"。那么，PBL的项目式学习，到底神秘在哪里？与我们的教学有什么区别？

在PBL项目式学习如火如荼的当下，纵然可通过文献研究、案例解读、教学实践等方法深入理解它的内涵，或通过一些模仿尝试，学习用项目式的组织教学办法，在课堂中实践围绕问题的教与学活动。这样做的目的，是学习先进经验，培养学生活在当下、赢在未来，以及真正应对未知问题的能力与素养。事实上,近年来我们常能遇到号称自己具有PBL项目化学习特点的教育机构或教育成果,如我女儿曾参加过的一家以"浸润"教育为特色的美式英语学习机构,凡此种种,都是纯正的PBL学习吗?果真与PBL的初衷保持一致吗?

巧合的是,正当我有如上问题、恰逢在加州罗斯福高中(Eleanor Roosevelt High School)旗下的以PBL为特色的"成员"学校E-STEM高中观摩时,作为参考学习资料,我们拿到一份叫做"项目通道"(Project Path)的资料,这上面呈现了在项目立项之初,学生与教师分别该有的系统思考。通过资料检索,这份材料来自一家非营利机构"巴克教育研究所(Buck Institute for Education)",而这家研究所的研究特色之一正是PBL项目式学习,它的招牌研修活动是位于加州的"PBL世界会议",每年在纳帕地区(NAPA)举行(https://www.pblworks.org/)。

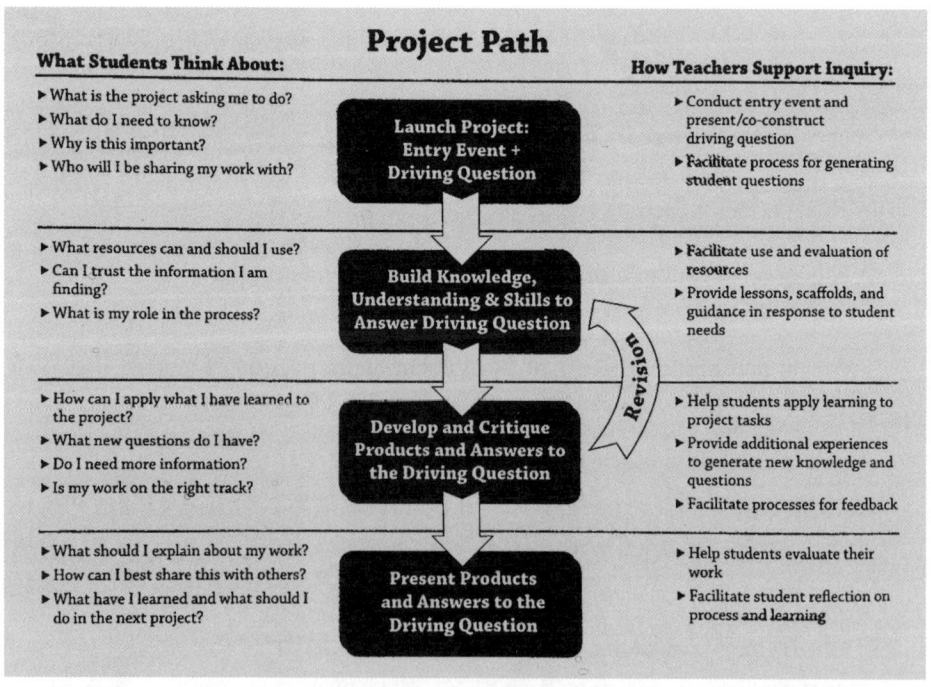

Project Path(巴克教育研究所)

这份图表上所呈现的框架,彰显了美国加州的一些地区和学校,坚持PBL教学的思路与原则。通过分析,根据课堂教学联想,以及E-STEM学校所提供的PBL项目案例参考，撰写一些文字，借以说明美国人眼中PBL学习的重要性。

一、结构角度分析

该图表以非常醒目的黑色标注，提示了有关PBL项目式学习思考的四个阶梯：

无论是教师还是学生，在进行PBL学习之前，都要预设四个阶段，分别是发起阶段（Launch Project）、基础阶段（Build Knowledge, Understanding & Skills to Answer Driving Question）、思辨阶段（Develop and Critique Products and Answers to the Driving Question）、展示阶段（Present Products and Answers to the Driving Question）。

以我的课例《小型官帽椅模型的制作》为例，说明这四个阶段分别指向的内容。明清家具可谓是中式家具藏品中的佼佼者，其中，官帽椅以其造型简洁大方、制作工艺纯正、文化内涵深厚以及符合人体工程学等特点，成为中式家具中极其经典的一款。若是在初高中艺术课上以PBL项目式学习的方式进行这一课学习，以该框架结构进行思考，四个阶段可如此进行：

清中期 槐木四出头官帽椅一对（网络图）

1. 发起阶段：进入问题本身。问题是什么？显而易见，这个项目的关键点是怎样制作一个真正的官帽椅模型，即制作一个真实的、缩小版、迷你官帽椅，需要准备些什么？这不仅是个技术问题，也是文化理解与认同问题。很显然，能够从技术与文化两方面同步思考，是进入这个项目的重要支撑。

2. 基础阶段：解决一些基本问题。这个阶段需要解决一些阻碍高阶学习的基础问题，比如椅子的结构特点，官帽椅的特定结构、比例，榫卯的联结，模型零部件的打造与组合等。这些在传统艺术课上作为欣赏的部分，此时要以基础概念的面貌进入该项目学习的第二阶段，作为基本常识被消化解决，而不是学习的终极目的。

3. 思辨阶段：自我评判与改进，高阶思维的初步显现。这个阶段强调"发展与批判"，可以理解为批判性的发展。批判什么？批判前面所有的准备工作是否充分而合理，也可以批判为终极产品的展示所做的各项预设条件。在这个阶段，一切原本可以看作是终极产品的对象还可以再升级，比如渐趋成型的官帽椅模型——若是某项数据不合理致使其并不符合最佳人体工程学理论，则完全可以推翻重做。这个阶段的目的不是颠覆，而是为了学会如何学习，目的在于内化调整。

4. 展示阶段：在我们的传统认知中，产品的展示似乎只需要一个简单的平台——可见的或虚拟的。但在PBL系统框架中，这个阶段的展示需要回答发起阶段提出的焦点问题，如官帽椅究竟代表了怎样的中国文化？制作过程中收获了什么？发现了哪些新的想法（通过学习与比较）？官帽椅可以在中国以外的地区流行并获得一定的经济收益吗？为什么？

通过《小型官帽椅模型的制作》这个小小的案例不难发现，从结构的角度上讲，这份图表希望每一个PBL项目展示的是高阶思维的全过程，并非为了追逐某一个简单的结果或产品而存在。

二、师生角度分析

在图表的两侧，分别列举了学生和教师在四个阶段的任务与计划，它们可以看作是PBL项目在设计之初师生的行动脚本，也可以看作是教与学行为的正确注解，但这些问题是否都必须回答呢？

1. 先来看学生需要在四个阶段分别做些什么？

阶　　段	学生角色行为（Think About）
发起阶段 （Launch Project）	这个项目需要我去做什么？ 我需要知道些什么？ 为什么是重要的？ 谁可以和我共享成果？
基础阶段 （Build Knowledge, Understanding & Skills to Answer Driving Question）	我可以使用哪些资源？ 那些找到的资源都可以被信任吗？ 过程中我到底是什么角色？
思辨阶段 （Developand Critique Productsand Answers to the Driving Question）	项目中学到的本领我可以用在哪里？ 我有哪些新问题？ 我需要更多的信息吗？ 我的工作在正确的轨迹上吗？
展示阶段 （Present Products and Answers to the Driving Question）	我该怎么解释我的成果？ 我怎么和别人尽量分享我的成果？ 这个项目告诉我些什么，下一个项目该做些什么？

很明显，框架标明并约束了学生的行为，这些问题试图引导学生在不同的阶段思考相对应的状况，有可能直接指向该阶段的目标达成。我想说，若是这些问题的提出，能够培养学生的主动思维和高阶思维能力的形成，那么，按照这些问题逐项进入思考并反复演练，确实能够形成一定的条件反射，久而久之学生就能习得这样的方法，变成学习的智慧。

2. 再来看教师的角色行为：

阶　　段	教师角色行为（Think About）
发起阶段 （Launch Project）	组织学生进入角色，给予或者共建一些基本问题，集中梳理学生的问题，促进这些问题
基础阶段 （Build Knowledge, Understanding & Skills to Answer Driving Question）	促进学生资源的使用与评价 提供课程或者学习支架 针对学生的需要进行必要指导
思辨阶段 （Developand Critique Products and Answers to the Driving Question）	帮助学生运用所学到项目的任务上 提供额外经验用以产生新知识和问题 促进反馈过程

（续表）

阶　　段	教师角色行为（Think About）
展示阶段 （Present Products and Answers to the Driving Question）	帮助学生评价自己的工作 促进学生反思过程与学习

在这份梳理好的教师行为中可以发现，PBL项目式学习对教师的定位是一个"专业指导者"，这份专业体现在从始至终各阶段的不同角色设定上，规定了教师何时提供必要的指导、何时组织学生干些什么，以及何时提供哪些课程或是学习资料（支架）。这与我们的传统教学有很大不同，主要区别在谁才是学习的"主体"。举一个例子便可轻易理解：在我们的课堂上，下最多功夫的，是教师；对一个课题研究最为深入的，是教师；把所学问题分析得头头是道的，还是教师。也就是说，用我们的传统办法去教学，学生的参与度不可能超过教师，但这份PBL学习框架的教师行为，则清晰地指向为"问题的辅助解决者"，并非"问题的提出者"。既然不是问题的第一发起人，教师的参与度自然就会相对弱化一些，甚至连是否给予课程都要在"思考必要性"的基础上。

3. 学生与教师的角色比较：

Project Path中不同阶段的学生与教师行为比较			
阶　段	学　生	教　师	结　论
发起阶段	问题与成果预设	组织与促进	学生若不能提出问题，教师有再好的方案，后续学习也是被动
基础阶段	解决与掌握与学习有关的基本问题	非必要的指导	学生完全可以通过自学完成任务
思辨阶段	自我检查与完善	有效帮助与促进反馈	教师行为可促进学生学习变得优质或高效
展示阶段	自我反馈、内化吸收	帮助促进	教师可采取一些手段帮助学生提升思考高度

通过对比，下"结论"或许有些片面，然而，学生与教师的环节与任务设计，可以确知PBL学习项目的发起人最好是学生自己，这样整个项目的主动性与可操作性会更强。这个表格中还能提供一些PBL的有效信息，即"课程是否必须提供"的问题。据我所知，在另外一所以PBL项目化学习为特色的圣地亚哥High Tech High中学（高科技高中）里，项目化学习常常建立在跨学科的基础上，即两间教室是打通的，联结处以一间约20平米的"讨论间"作为教师们的交流场，学生各自在教室里完成项目探究，当有需要时，可向相关教师寻求帮助。也就是说，在HTH里，课程并不一定是完整的甚至是有形的，只要学科教师存在，课程便可以"被需要"的形式而出现、而不是必须按时按点在固定教室里上课。

三、理论角度分析

在这份Project Path中，有一个名词引起了我的兴趣——"脚手架（scaffolds）"。什么是脚手架？让人想到些什么？——支架式教学。

建构主义的学习理论精髓是，尊重学生的成长与个体需要，提供必要的学习资料或支架，帮助学生建立新的知识或经验，以形成属于个人的经验智慧。在学生的学习过程中，通过了解学生的"最近发展区"，向学生传递必要的学习支架，使学生渐趋能够生出属于自己的、有效的解决问题的办法。建构主义的核心思想是"渔"，这一点也是PBL项目化学习追逐的目标所在，即通过项目个体的分析与完善，在解决问题中学会"学习"，而不是追逐问题本身。

从建构主义的角度分析，这一Project Path的设计与任务驱动，就是建立在学生是否真正理解学习是为了什么，而非教师的理解。这一点与我们的传统教育有着本质区别，如在课堂里，若是教师不能够对教学要求与内容清晰明确掌握的话，一般会被认定"教学准备不够充足"或"教学技能水平不够完善"，这似乎是判断一名教师是否能够立足于讲台的标准之一。然而事实上，在PBL学习中，教师很有可能并不清楚每一个小组究竟在干些什么，学生在忙些什么，只有在学生寻求具体帮助时，才有可能获知学生的真实目的。这是完全有可能发生的。

在问题驱动下，PBL项目里的学生很有可能将抽象目标化为一个个具象而不同的任务，教室里的每一个人也许会做完全不一样的作业，但追求目的相同。这种时候，我们应能理解：学生在建构属于自己的学习系统，它们之间的长相并不相同，路径、方法也绝不相似，但那又如何？但凡是属于学生自己的学习，它们的呈现方式就会因为个体差异而千姿百态，这在PBL项目式学习中是完全放开的，学生的创造性不必担心因"标准化"而遭到抹杀，这是我们应该吸取的经验。

综上所述，这张由巴克教育研究所建立在实践和案例上的指导性图表，从结构、师生、理论角度分析，对真正的、深度的学习很有指导意义，对于想要实施PBL学习的项目来说很有参考价值，但它又不像一张具有完全指导意义的操作"指南"，更像是项目式学习的"深情告白"。因为，尽管各阶段设置了教师与学生的行为路径，但那些与学习有关的一切未知是否会按照计划发生，它是否能够真的指导每一个项目的立项和实施，还要根据问题质量和评价来决定。但就目前来说，在美国几所以PBL项目化学习为特色的学校里，图表上所呈现的方式及其内涵，我们已看到了它们在课堂、成果、学生身上的成功转化。就这一点来说，什么才能促进真实学习，或许PBL带给"教"与"学"的初衷，意义更强烈一些。

附：摘录

一节七年级《健康/体育》PBL项目计划

（巴克教育研究所，2019）

课题名：《茁壮成长计划》

发起问题：我们如何制定并实现自己的目标，帮助自己茁壮成长？

项目描述：

在这个项目中，学生反思自己当前的健康状况，并制定自己的个人健康成长计划，可以叫做"身心健康计划"。必须通过制定计划并付诸具体实施、跟踪进程并将各种情况记录在案（日记或者个人博客）。

同时，学生需要通过真正的团队合作去发展和支持一个真实或虚拟的"客户"，为他提供可行性方案（将所学整合成印刷品或者指南，将最佳实践经验或教训提供给对方，以实现个人健康目标）。

最终成果：

学生向"客户"提供行动计划（或者与虚拟客户一同向社区成员或同龄人提供行动计划）；将出版最佳行动指南，并将它在社区或是网上分发、展览。

关键标准：

国家健康教育标准：学生将展示运用设定目标的技能来增进健康（6.8.1—3）。

国家体育教育标准：具备体育素养的学生，展示健康体育活动和健身水平的知识和技能，并能实现、增强和保持该技能（S3.M15—M18:评估和项目计划，营养，压力管理）。

共同州核心标准：书写内容丰富的、解释性文本，检查一个主题并传递想法、概念，以及通过对相关内容选择、组织，并分析的信息（W.7.2）。

实施问题： 把这个项目带到生活中去

请从以下方面考虑，怎样让学生感受到项目既可信、又有丰富意义？

例：

学　　生	背景/环境	内容/技能
怎么确定这个项目是具有肯定性的，对身体是积极意义的，且不管学生的身体条件如何，都是无障碍的？有必要的话，怎样重新确定这个项目的方向或名称，以保持论点？	在学校环境下，适合为学生提供哪一类体能锻炼运动的活动？举例，是否有足够的空间供学生在早晚间练习跑步？	将怎样教给学生一些基本的营养学知识，使学生能够把握体能活动与控压策略之间的平衡？什么样的资源、学习支架或是活动能帮助学生建构这些知识呢？
学生们与已设定的健康目标相关联的想法、经验、成见或价值观等，会怎样影响这个项目？	可以提供给学生什么工具，以便他们追踪自己的项目研究进程，或记录反馈？	可以给学生提供怎样的学习支架，以帮助撰写博客或指南？该怎么支持学生与写作技巧作斗争？

分级阅读，给我们带来哪些启示？

来到距洛杉矶市约1小时车程的沙漠沙子学区（DSUSD）的第一天，发现这里果然是"荒漠中的绿洲"。一眼望不到头的沙漠、巨大的风力发电机组群，这里会是我们想要"取经"的地方吗？正当大家百思不得其解时，DSUSD学区的教育行政总监Scott先生热情接待了我们，并不厌其烦地解释了这个问题。原来，沙漠中看似这么大的风和挖不完的沙子，气候干燥而炎热，每年却还有近10万人到这里居住，因为沙漠底下有一个"无限水源"，这使得冬天气温保持在25度左右，自然环境十分舒适。有了水，一切就都不是问题。

地势情况造就了风景，居民素养成就了教育。带着大量的问号，想起我就要在这一片白茫茫、华人极少的沙漠学区中待上一段时间，心情略有些忐忑。

因为气候宜人的缘故，这里聚集了各式各样的人才，久而久之，形成了

SCOTT先生亲自接见上海教师代表团

一个富庶的地方。据教育局介绍,这里几乎是加州收入最高的区域,教育水平也相对突出,接待我们的工作人员甚至自信地说,WE ARE THE BEST！听了他的话我有些兴奋,可以在加州最好的教育区域蹲岗学习,当然是一件幸福的事。

抵达沙漠沙子之后,我们马不停蹄地走访了三所学校,分别是:DSUSD的托班(教育局托班)、LA QUINTA HIGH SCHOOL(拉昆塔高中)和OLIPHANT ELEMENTARY SCHOOL(奥列分特小学),三所学校各有特色,也都有亮点。尤其是在OLIPHANT ELEMENTARY SCHOOL(奥列分特小学)看到的"分级阅读",我将尝试以我的观察视角进行分析。

整面墙的装饰对于学校环境的烘托有多么重要(OLIPHANT ELEMENTARY SCHOOL)

"分级阅读",其实并不是我的观察重点,我甚至对分级阅读一无所知,直到走进这所学校。偶然的,我发现一年级教室的门口有很多不大不小的书架,上面用各种数字做标记、分门别类地摆放了好多儿童绘本。拥有强烈好奇心的我,头脑中忍不住冒出一个问题:这些数字是干嘛用的呢?

会走路（有轮子）的书架，有标号的图书

于是我试着拿起一些书来看，翻了几本后发现了一个规律：数字越大的，读起来越复杂——如更长的句子、更少见的词汇、更深刻的故事等；数字越小则越简单，比如0.8号书，就像我5岁女儿看的那些英语绘本一样。这些数字是谁决定的呢？正好那时我们的"助教"老师HENRY走过，我赶紧问他。果然，从他那儿得到不少有价值的信息：

1. 这套系统叫做"分级阅读"，美国学校已经使用很久了；

2. 大部分美国学校用的是"蓝思"评级系统，这套系统相对科学有效，评测客观；

3. 随着分级系统一起诞生的还有教师的发展性评价——即，按照分级标准，学生阅读量达到100万字有何种奖励之类。

HENRY说，学生可以自测，老师也可以测测学生的阅读能力：当读一本书时，若是一页上有5个左右不认识的单词，那就说明这本书太难了。我觉得这个方法很好，觉得它"很公平"；HENRY则说，不仅是"公平"的问题，还有"数据"。对啊！这一下让我想到了火热多时的"实证研究"。到底什么是分级阅读，给我们带来哪些启示？

这本绘本的阅读难度系数3.3

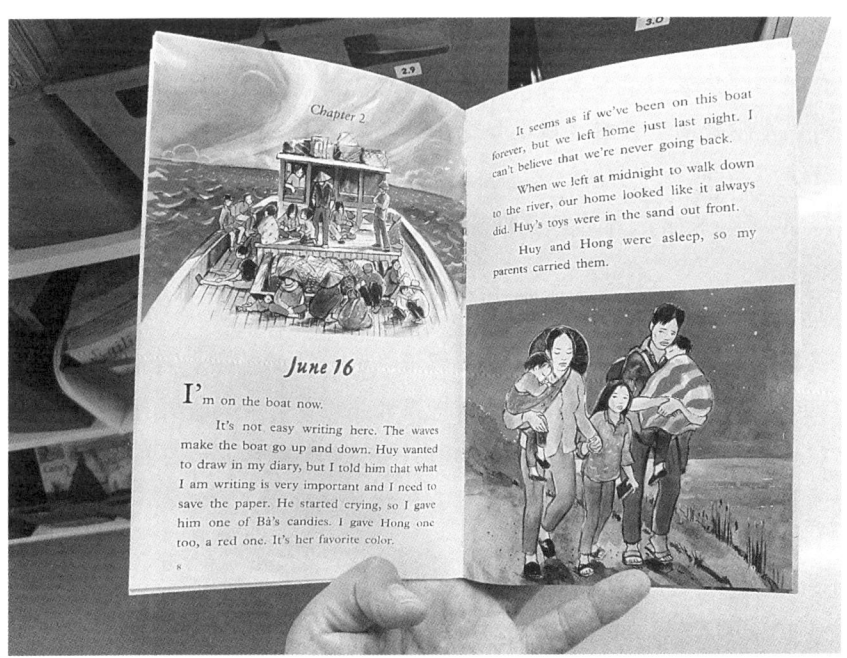

如果这两页你不认识的单词达到5个，恭喜你，降一级，去读3.2级的绘本

实证研究,不就是拿数据、摆事实、讲道理吗?再没有比详细知道每一个学生"每一页有几个不认识的单词"更能代表学生阅读能力水平本身的了。

回到住家后,我略微翻阅了一下美国的"蓝思"系统(蓝思(Lexile)分级法),它很有意义也很有方法。身为教育工作者,即使不是考试学科老师,也应该知晓它的存在。因为,这对学生真正掌握学习能力来说非常重要。我把一些网上信息截取在此,希望通过一些信息的复述,帮助我们更好解读分级阅读这件事。

一、蓝思是什么?

Lexile是衡量读者阅读水平和标识出版物难易程度时使用的单位。读懂一本初级低幼读物与读懂一本百科全书之间差距的千分之一被定义为1个Lexile。

二、蓝思难度分级是什么?

蓝思(Lexile)分级是由美国教育科研机构为了提高美国学生的阅读能力,而研究出的一套衡量学生阅读水平和标识文章难易程度的标准,是衡量阅读能力(Reader Ability)与文章难易度(Text Readability)的科学方法。简而言之,使用这一标准,一方面可以方便学生测试自己的阅读水平;另一方面给出版物标识蓝思难度分级后,学生可以找出符合自己阅读难度的图书去阅读,以便循序渐进,步步提高。目前,蓝思分级已经发展为全美最具公信力的阅读难度分级系统。

(测试某篇文章或者某本书的蓝思等级请登录http://www.lexile.com)

三、蓝思如何衡量一个出版物的难易程度?

蓝思主要针对图书的语义难度(词汇)和句法的复杂程度(句子长度)来衡量一个出版物的难易程度。蓝思分析系统先仔细考查与整体阅读理解力相关的各项元素,譬如:句子长度、单词出现的频率等等,然后再通过计算机程序的计算,才能确定一个出版物的难易程度。

四、蓝思分级使用的广度?

来自全球450家以上的出版社,数千种期刊及12万本书采用了蓝思难度分级。大约50%的美国中小学生(另一说法为75%)使用蓝思分级来衡量自己的阅读水平和选择适合的图书。目前蓝思分级在国外的发展状况——公认较权威的英语水平测试标准：17州（美国），2 600万以上美国学生在使用蓝思分级（75%以上，注：因数据来源不同另一说法为50%以上）；全球450家以上的出版社，数千种期刊及12万本书有蓝思定位分级；主要的学术及语言测验如SAT、TOEFL、GRE等均有蓝思分级；在美国，超过一半州的几乎所有重要的标准化考试都用蓝思来报告学生的阅读和写作分数。

五、读者选书标准

按照蓝思（Lexile）难度分级的标准，出版物的难易程度划分从0L至2 000L，建议读者选书时，选择高于自己阅读水平50L或者低于自己阅读水平100L的图书阅读是比较恰当的。

六、蓝思分级的参考网站

http://www.lexile.com/DesktopDefault.aspx

从这个网页，输入你手中英文图书（美国出版的，其他国家有自己的蓝

小学里蓝思绘本阅读的宣传区域

思分级网站,比如澳大利亚)图书的名字,很多都可以查到它的级别。比如说"Guess How Much I Love You(猜猜我有多爱你)"的蓝思分级是690L,那么如果我们能读懂这本书的话,700L上下的书就基本上可以阅读了。

尽管来之前我完全不懂分级阅读,但这些美国早已施行很久的学习方式,还是给了我极大的震撼。从分级阅读这件事,我渐渐明白:

1. 在教育领域里,做任何事都要力求用数据说话。

撇开最近几年做科研时常提到的"实证研究法"不谈,仅就讲道理这件事,若无实据也是空口无凭,更何况是不可逆转的教育工作。因此,"实证"在我们的工作和学习中始终非常重要。尽管它如此重要,却甚少有人能说清到底证据是什么。除了体育学科、物理化学地理等必须用数据定性的学科之外,其他学科尤其是文学类、哲学类、艺术类学科,很难将研究成果借助数据来证明。这些无法"量化"的特点,在最近几年有关学科实证性研究的各种论文、专著、刊物中能找到一定的痕迹。

蓝思分级,恰恰相反,它几乎可以用最原始的方法去记录数据——在不以年级、年龄为考量标准的情况下,只评阅读能力。用什么来彰显一个学生成长中的阅读能力?用最简单的"会读"或"不会读"做"测试",以单词量为依据等。这些"记录",其实就是证据本身,值得研究。

2. "复制"不是想当然的。

和一些同事说起"分级阅读"的见闻,大家纷纷表示,咱们中国也可以做一个,用来推动与评测中小学生走上阅读持续进步的道路。然而,有这么容易吗?且不说设计一个评测标准的难度问题,仅"初心"一问恐怕也要难倒许多英雄汉。我们首先要培养一批耐心钻研的科学家或科研人员,打造一个勇于为国家奉献并具备学术研究精神的团队,才能为开发类似"蓝思"这种优质评测系统的队伍提供人才,保证专业的人做专业的事,把事做细、做好。当然,"人才'培养皿'"的存在与成熟水平,也是必不可少的因素。

3. 硬件不缺,软件需注入内涵、理念、方法等。

在观察OLIPHANT ELEMENTARY SCHOOL(奥列分特小学)的分级阅读时,发现这所学校的绘本数量并没有我们国内哪个学校多,它的高利用率不仅是因为使用了蓝思网以分级,可为什么我们的儿童阅读理解总体还处在初级水平?看来,缺的不是"硬件"——事实上学校都肯把钱花在购买图书上,缺的或许是软件——是评测系统,是开发人才,是阅读指导方式等。

4."分级"的方法是否可以推广？

好的方法应该是普世的，参照英语分级阅读，其他学科老师或许可以思考这几问：政治、历史课可以分级评判吗？美术课可以分级欣赏吗？体育课可以分级训练吗？因为，包括"分级阅读"在内，它们关注的核心都在于"学生能不能根据标准来评判自身水平的高低"从而"拉动学习内驱力"，而不是学科技能本身。

分级阅读在意的是学生"阅读能力"，目标简单，所以方法也简单——直奔"阅读"这个主题和这件事，无关其他。但是它的研究过程并不简单，比如"蓝思"耗费达十数年之久。投入了大量人力物力财力，最终建立了一个相对科学、有效、完善的"跟踪学习"与"评测管理"的阅读系统，且短期之内不需再大费周折，这对于促进、推动、完善学生阅读能力的培养，提高整体国民阅读素养来说，是十分值得的。

初见美国教育时，这一抹亮点值得品味。因为在后期访学中，我们陆陆续续在更多的小学、初中甚至高中都发现了相同做法，只是阅读的标准、难度与水平略有不同。尤其是在一些初中看到有关"整本书籍"的阅读课，那些长长的书单、艰涩难懂的书名、书籍的学术性与理论性特点等，让我们看到了一个具有阅读素养的教育——即便学生最终没有爱上阅读，可他们"非读不可"的那些书籍以及在阅读中渐渐养成的理解力与思维习惯、那些日积月累的阅读量，可以成就一个人基本的语言素养与逻辑习惯等能力。

所以，从小做起的"分级阅读"教育，对我们有怎样的启示呢？

Do you want to know me? Read it!

"逆向设计",到底是一种怎样的体会?

有时候,我们对某些事物的正确认识,不会来得特别及时,总要过些时间才回过味来。比如好的葡萄酒,倒出来不必马上喝掉,让它"醒"一会儿,入口时更加甘甜。这个道理用在教学上,属于一种"滞后性"体验:当时觉得美好,实际上可能一团糟;当时觉得不可行,事后却觉得可一试。这种颠覆式思考,常常发生在教学生涯初期,或是新事物新理念与思想渐渐融合的时候。

初入职时,年轻气盛,我常常会犯一些"错误"。比如对乱糟糟的班级发脾气、没有耐心,导致问题没有解决反而更糟,事后发觉错失教育良机却懊悔不已。这些"青春的烦恼",常常伴随着年轻时的我。然而,年近不惑的时候,我却有机会感受别样的"滞后性"体验。与年少时的经历有所不同的是,这次的体验是美好的,回味甘甜并让我愿意为之改变——改变原有的教学模式、教学方法、教育思想。

这是哪种神奇力量?其实,这不仅是本文关键词"逆向设计"所指的涵义,更是一种思考蜕变力。简单地说,这种"滞后"体验,让我对"逆向设计"的认识,变成"原来是A,解完题却发现它是B"的印象,完全颠覆了原有的认知。那么,中间到底发生了什么呢?

本文将谈一谈对"逆向设计"概念的理解,以及课堂观察后得出的一些不成熟结论。也许这些"不成熟",一段时间后"醒"了,滋味也是好的。

一、概念:什么是"逆向设计"

"逆向设计"这个概念最早或起源于设计界,即设定某一个产品的结果或效果,然后再根据"实物"倒推出它的设计方法与操作步骤。教育界讨论它的契机,在我看来源于一本书,叫做《逆向设计——追求理解的教学设计》。赴美行前,我拜读了这本由格兰特·威金斯和杰伊·麦克泰格编写的第二版,书中详细阐述了逆向设计的概念及方法。他们认为理解是多维、复杂的，为了构成成熟的理解，他们形成了一个多侧面视角，即理解有六个侧面：解释、阐明、应用、洞察、神入和自知。这是非常复杂却很科学的一套有关认知的理解行为系统，对于什么是"真正的理解"，有很多值得借鉴的内容。

我同意——在人类真正理解自己的"理解"之后，对于完成一个事物的指标会变得更加明确，也会更有效率地完成产品设计和制作。这同时也是逆向设计课堂教学的初衷。

书籍样本

二、教学初探："逆向设计"的教学

因为提前拜读了这本书，对一些基本概念和方法有了初步理解，所以，秋季一开学我就着手尝试在教学中运用和体验"逆向设计"。之所以敢于上手尝试，主要是两个原因：一，美式教育特色的"逆向设计"是与美国课程核心标准紧密相连的，逆向设计教学行为离不开对课程标准的参考与深度解析，而我国也是有义务教育阶段美术课程标准的，按照这个思路揣摩做法，研究实际教学即可；二，以结果为导向的"逆向设计"教学方式，在我未接触该概念时，实则早已按照它的模式——"以结果为导向"开展类似教学许多年，自觉有一定的实施心得。所以，尝试体验并设计一些课程，并不是一件特别突兀和困难的事情。

介绍三个课例，展示"逆向设计"教学初体验的过程、成果与思索：

（一）课例一：八年级美术课《开学第一课——"这个夏天最美好的一件事"》

1.过程：

这节课基本遵循"逆向"的教学思想，第一步采取"预先把可能的学习成果向学生展现"的方式，为加深理解，教师用可视化手段——图、文（板书）方式呈现在黑板上，主要目的是明确学习目标、强调大致绘画格式（但不强调唯一）；第二步，把大部分时间交给学生独立完成创作；第三步，采取适当的评价手段如形成性评价，及时肯定学生表现，强化成果意识。

50 指月纪略——美国基础教育研究初探

八年级美术课《开学第一课——"这个夏天最美好的一件事"》(一课时)				
环节	内容	教师行为	学生行为	设计意图
导入 (6分钟)	明确本节课目标——用一张纸,或写或画的形式,介绍一件发生在夏天的美好事件或是特别想和老师说的话。	讲授 板书本节课目标	聆听、提问	用较短时间和较少精力、明确标题与目的,让学生明白这节课要做什么、达到什么水平,从而自我储备(完成本节课所需要的知识与技能)
学生创作 (30分钟)	任意选择或写或画的形式,在指定大小纸张上完成创作任务,达成本节课目的。	巡视辅导,给予需要帮助的学生适度帮助	创作、讨论、询问、欣赏	给予学生充分创作时间,在创作过程中鼓励学生解决细节问题,允许学生讨论及提问、互相欣赏;小问题提倡自主解决,大问题教师提供帮助
评价总结 (4分钟)	随机点评学生作品,互相欣赏、了解。	实施形成性评价	讨论、欣赏	保证学生创作乐趣和天性表达。多元化评价,用发展性思维、形成性评价对待每一位学生的创作,鼓励创意与表达

《开学第一课——这个夏天最美好的一件事》教学过程

2. 成果:

短短30分钟时间,学生的行为效果可据作品探究一二。为保证数据的客观、相对科学、有判断价值,本文所选皆来自同一班级不同层次的三幅作品。选择标准分三种,分别是"能写又能画""能画不能写"或"能写不能画""不能写也不能画"。之所以用这三条标准作为选择依据,是因为这节课并不以技能表现为考量重点,仅是作为师生开学初第一次情感交流的目的。

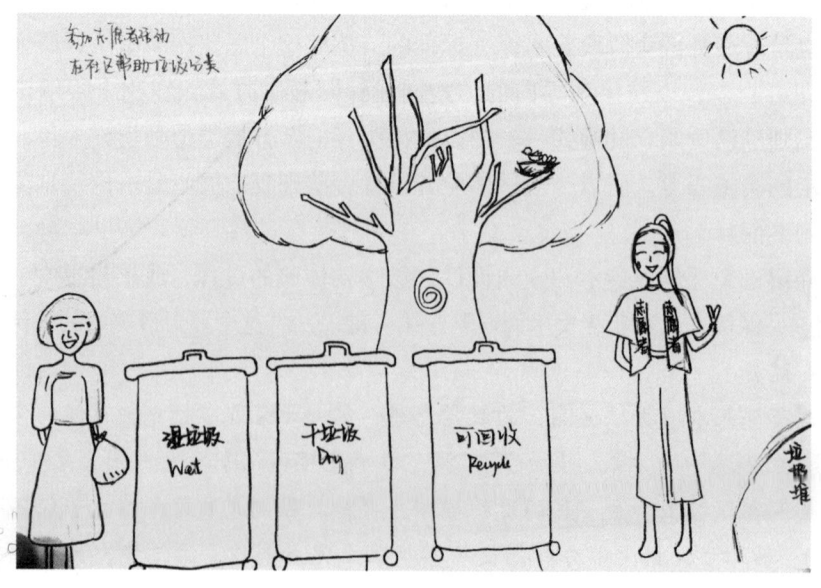

"能写又能画"的典型作业

"逆向设计",到底是一种怎样的体会? 51

"能画不能写"的典型作业

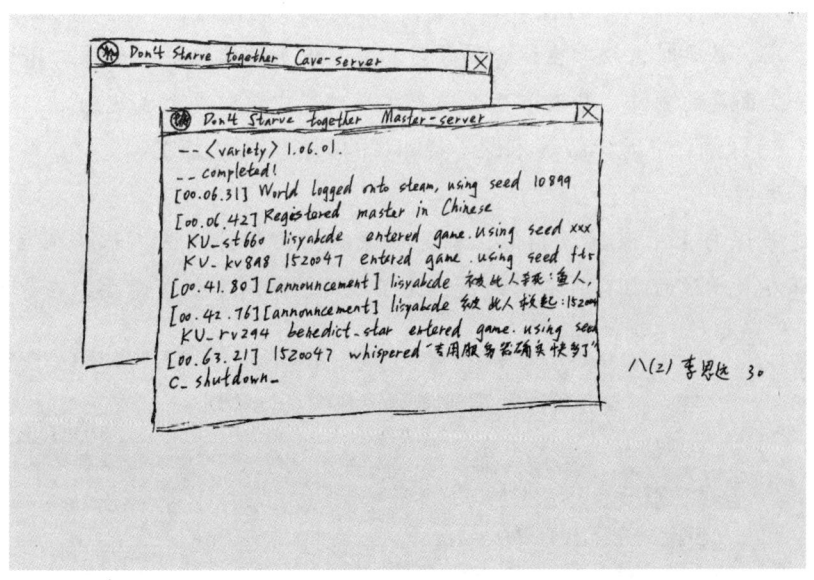

"不能画也不能写但却很努力"的典型作业

3. 思索:

通过学生作品的呈现,该课例中"逆向"的设计初体验,我有两重思索:

（1）积极的一面：本节课创作要求明确——图画或书写方式，二者任选其一，表达出一件夏天里令人印象深刻的美好事件。学生在获知该信息后，能够积极踊跃探索，整节课上，各个层次水平的学生表现力都可圈可点。尤其是中下水平的学生，在任务略高出自身水平一等的情况下，能够倾尽所能表达，这是发展型思维的呈现，证明"成果在先、预判合理"的逆向设计教学，在学生明确目标的情况下是可取的。而且，在我所教授的八年级8个班共410名学生身上，这份"夏天美好的一件事"最终收到400份作业，上交率达到98%，相较平时，从一个侧面验证了学生喜欢这种"成果明确，过程可自由选择、个性发挥，不计结果"的美术学习方式。

（2）消极的一面：初次尝试"逆向设计"并非100%都是甜的，课后反思中我察觉到，"目标明确、结果明晰"对学生来说固然是好的，但由于本节课并无强调美术技法或材料等要求，所以学生作业暴露出各式各样的问题，其中很大一部分缺乏美感。换句话说，某种程度上这节课缺失了美术学科的本位特质，很难说不被诟病。如何"兼顾"是个问题！

因此，这个课例中的教学心得是，"抓成果"的同时，一定不能放松学科本位要求，必要时需给学生适合的学习支架，例如技能技法、创作工具等，以达到一定高度的创作，帮助学生在追求成果过程中获取更大成就感。

（二）课例二：八年级美术课《我和我的师长（国庆篇）》

1. 过程：

这节课与上个课例很相似，都是一课时、40分钟的课，都是独立课程。这节课在教学过程中有所不同的是，为了满足"学科本位"需要，在导入的8

八年级美术课《我和我的师长（国庆篇）》（一课时）

环节	内容	教师行为	学生行为	设计意图
导入 (8分钟)	1、明确本节课目标——用绘画方式，在一张纸上画自己喜欢的4位老师头像，并用国庆元素作为背景或装饰，以烘托整幅作品的国庆气质。 2、人物头像画法（夸张、写实）	讲授 板书本节课目标 板绘	聆听、提问、观察、体会	板书加板绘，尤其是介绍两种人物头像的绘画方式（夸张、写实），目的在于给学生提供技能类学习支架，完成创作任务
学生创作 (30分钟)	在指定大小纸张上完成创作任务，达成本节课目的。	巡视辅导，给予需要帮助的学生适度帮助	创作、讨论、询问、欣赏	给予学生充分创作时间，在创作过程中鼓励学生自行解决细节问题，允许学生讨论及提问、互相欣赏；小问题提倡自主解决，大问题教师提供帮助
评价总结 (2-3分钟)	随机点评学生作品，互相欣赏、了解	实施形成性评价	讨论、欣赏	保证学生目我表达的需要，多元化评价，用发展性思维、形成性评价对待每一位学生的创作，鼓励创意与表达

《我和我的师长（国庆篇）》教学过程

分钟内,教师在黑板上给学生提供了学习支架——"怎么画人物头像"的技能演示。这属于"技能类"支架,目的在于促进学生完成最终成果——"我与我的师长(同迎国庆)"。

2. 成果:

由于这节课教师向学生提供了"技能类支架",所以学生的创作变得谨慎起来,如此一来耽误的时间不少,导致上交作品数量不多。这里展示的是一些权衡两者后完成度较高的作业:

给予"技能型支架"后完成度较高的学生作业

3. 思索:

较上一个课例来说,这节课的逆向设计教学思路更周全——比如补充了便于学生完成创作的"学习支架",且并没有浪费太多时间。可另一个问题随之浮上水面——为什么交作业的百分率大大减少呢(全年级交作业者约占总人数的一半,即50%)?这是一个值得注意的问题。由此可见,当"逆向设计"不考虑学科本位特色时,学生愿意倾尽所有努力表现,最终成果却难以体现学科特点;当"逆向设计"略微考虑学科本体时,学生的畏惧心理开始上升从而导致整体效果的下降。所以，如何平衡二者关系使之不产生矛盾，是个值得深究的问题。

（三）课例三：八年级美术课《名字是你的第一张名片》

1. 过程：

八年级美术课《自我形象设计：名字是你的第一张名片》（总2课时，本课为第1课时）

环节	内容	教师行为	学生行为	设计意图
导入 (10分钟)	1、问题式情境创设：名字，意味着什么？ 2、本课目标：按照设计要求，重新设计自己的名字，使之具备个人特点。	对话、提问、交流 板书本节课目标 板绘	聆听、提问、对话、讨论、思考	提问促进学生思考，创设合适情境，适当板书明确创作目的，板绘体会设计格式，避免学生对设计要求不明确。
学生创作 (25分钟)	在指定大小纸张上完成创作任务，达成本节课目的。	巡视辅导，给予需要帮助的学生适度帮助	创作、讨论、询问、欣赏	给予学生创作时间，在创作过程中鼓励学生自行解决细节问题，鼓励互相欣赏与借鉴；小问题倡导自主解决，大问题教师提供协助。
评价总结 (5分钟)	随机点评学生作品，互相欣赏、了解	实施形成性评价	讨论、欣赏	保证学生自我表达的需要，多元化评价，用发展性思维，形成性评价对待每一位学生的创作，鼓励创意与表达。

《自我形象设计：名字是你的第一张名片》教学过程

与前两个课例都不同，这节课总结、吸取前两次实施逆向设计的教训，分别在"学习支架"和"完成难度"这两个问题上，对本节课任务与教学行为做了调整。为缓解学生对目标任务感到"困难"而无法完成的心理，这节课内容是自己的"姓名"——这是每个人最容易书写的几个字，大大降低了创作难度，基本不需过度设计；为了让学生完成水平更高，学科本位更加明显，给学生提供的支架是"美术字的书写方式"和"个性化表达装饰元素"，这就敦促了学生尝试完成这节课创作任务的决心。

2. 成果：

因定位准确，故此次创作，整个八年级学生都能在能力范围内，用恰当的工具材料与表现技法，创作这幅与自我形象有关的作品。以下选取六张学生作品，来感受这次教学的趣味性与丰富性，以及学生为达成创作任务，是如何调动主动性的。

3. 思索：

此次作业上交率为99%，仅这一项可得知，此次逆向设计教学之所以较前两次让人满意，源于几点改变：比如，这次创作采取2课时完成，也就是说学生有更多时间聚焦于同一幅作品，有条件提升创作的整体质量；提供了足够

"逆向设计"，到底是一种怎样的体会？

作业例一：刘亦凡

作业例二：魏尔雅

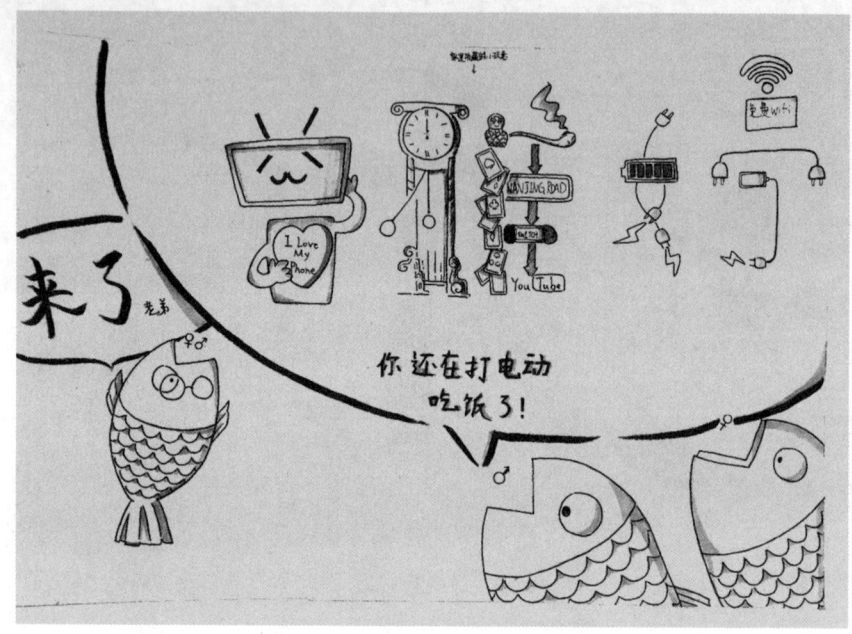

作业例三：曾雅婷

作业例四：郭怡萱

"逆向设计",到底是一种怎样的体会？ 57

作业例五：张屹婷

作业例六：刘雨溪

充分但多元灵活的创作技能类支架——教师在板绘环节，示范了多种个性化装饰元素的画法；更为明确的创作目标——名字，是个人形象的一种展现。此种种做法，给予学生更为清楚的方向指引，再加上充足的时间条件，促成了本次创作成果的效果。

三、浸润观察：美式"逆向设计"

来美之前，实施了多重基于"逆向设计"的课堂教学，略觉有些收获，积累了一点经验。然而"红酒总是要醒来的"，在美国跟岗观察后，发现了一些不同，而这些不同，恰恰是这杯红酒真正的力量——隐含的醇香。总的来说，美国课堂里的那些"逆向设计"有以下特点：

（一）紧密结合美国课程核心标准的课堂教学里，"逆向设计"其实是隐性的。

主要表现在：教师并不大肆宣扬"今天我们要做什么"，取而代之的是，安静将当日学习目标写于黑板，请学生自行体会、当堂取用材料，自行研究完成任务。

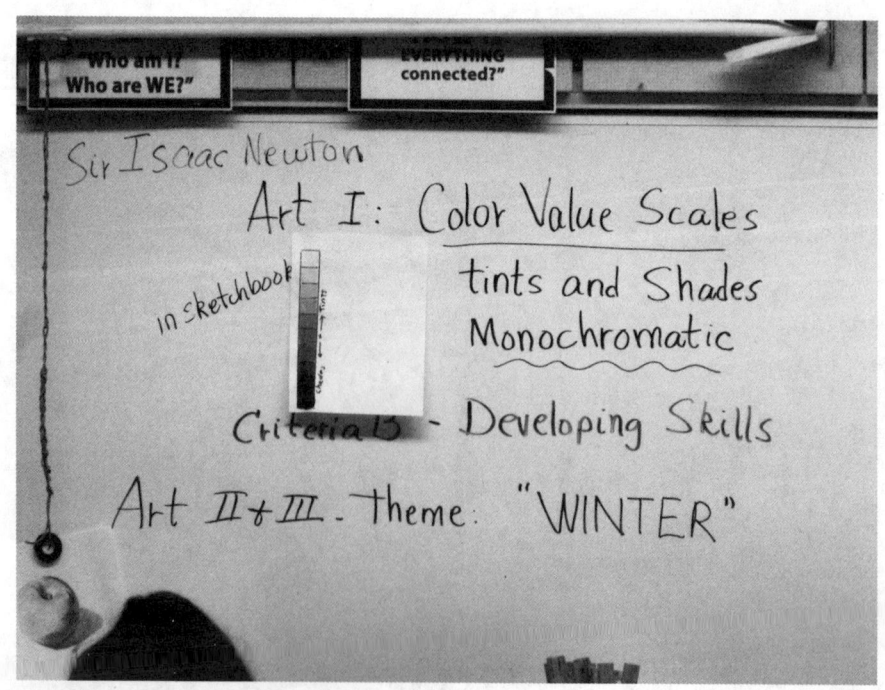

一节色彩三要素之"明度"的艺术课，教师将本节课的学习目标简洁明了地写在黑板上，并配有示范图例（JOHN GLENN 中学）

（二）在美式教育里，逆向设计才是探究真伪的"正确方向"，强调授人以渔。

主要表现在，告知学生可能性，请学生探究、判断事件的真伪。以这节色彩"明度"课为例，老师写的标题叫"色彩的价值尺度"，什么是"价值尺度"呢？教师不明说，但给了学生一个方法——在速写本上，用黑色和白色分别掺入色彩中进行调色。学生通过一整节课尝试，画了若干条"色彩明度渐变"的作业之后才恍然发现，原来色彩的"价值尺度"说的就是色彩明亮度变化，只有掌握、拿捏好黑白颜色的比例，才能最终把握平衡。"平衡感"以及把握平衡的方法，才是色彩真正的"价值尺度"。

学生在自主探究

（三）从教师授课时间比例角度来看，看似头重脚轻的"逆向设计"，实则会在最后一环加大力度，给学生一个完美的结尾。

主要表现在：教师在单独一节课里不怎么评价学生，哪怕是一些口头鼓励也不会轻易给，主要是为保证学生流畅的、持续的课堂创作；但在整个单元最后，通常会给学生布置一个校内作品展（依据情况，规模可大可小），给学生体验一场真正属于艺术世界的仪式感，让每个学生都有机会做一回艺术

家，表达自己的作品情感。这几乎是美式美术课的一大特点。

四、体会

依据上述描述，我对"逆向设计"的情愫，现已不局限于自己的课堂教学体验，结合美式课堂观察与反思，现阶段的想法是：

单就美国艺术课的观察而言，"逆向设计"的层次更高明，不是一个技巧、一个方法、一种理论那么简单。以"明度"这节课为例，最终学生掌握的是如何"调配""调度""自由把握"色彩的比例，为我所用，这才是终极目的。这样看来，如果我们还纠结在某一知识体系的简单架构上，还执迷于扁平化的技巧类传授上，那么我们对"逆向设计"的学习也只有皮毛而已。

基于逆向设计的科学实验课

加州沙漠沙子学区（DSUSD）的THOMAS JEFFERSON MIDDLE SCHOOL（托马斯·杰弗逊中学）是一所比较特殊的学校。说它特殊，是因为美国的学校分布非常有规律——收入略高的家庭所在区域，学校教育质量会比较好；收入略低的地区尤其是外来裔人口居多，教育质量就比较一般甚至很不理想。杰弗逊中学就属于后者，这所学校的学生超半数来自拉丁裔家庭（93.9%，据该校2017—2018的数据报表），且有14.7%的残疾学生。这些家庭收入大多较低，家教系统总体不完善，学生学习行为与质量都很一般。

来这所学校前，我的心情是忐忑的，因为我的住家Margo McCormick女士恰好就是这所学校的校长。她每天下班回家时那疲惫的神态告诉我，这所学校并不太平，事务繁杂，学生行为表现不端，已将她折磨得身心俱疲。但好在

THOMAS JEFFERSON MIDDLE SCHOOL 的标志：猎豹

Margo 校长体力旺盛、热爱教育事业，62 岁的年纪还能够坚持每天 6 点起床，7 点到校。这一点让我很感慨。

当我们有些彷徨、不知所措时，这所学校的 Coach（相当于老师的教练）Helen 老师，一位温柔果敢的台湾华裔，热情接待了我们，带着我们熟悉校园环境，解答各种问题。

热情、富有经验的 Helen 老师回答我的问题"什么是 SDC 课程"：Student Disability（为残疾孩子开设的特别课程）

一天里，我听了四节课、做了两个访谈，印象最深刻的是八年级的一节名为《当热能增加或减少时的粒子运动》的科学实验课。这节课是在科学实验室里进行的，总时长 45 分钟，学习目标是"通过多重实验观察粒子运动在热能变化下的状态，并记录下来"。

一、教室环境

这间科学实验室大约有 120 平方米，是个长方形结构，与我们国内中小学的专业教室很相似，只是略宽。教室里摆放着 10 张圆桌，每张桌子附带四把椅子，能同时容纳 40 名学生。与国内教室设置略有不同的是，这间科学实验室同时也是科学老师的办公室——在教室一角，布置着各种温馨的居室装饰。除特殊情况外，教师一天都待在自己的教室里，这也是美国学校的一大特色。

二、教学目标

与我们的教学方式很相似，课的一开始，教师就把这节课的学习目标以及活动流程悉数写在黑板上，叫人一目了然。

（一）教学流程（目标）：

1. 议程，备忘录的熟悉（Agenda）；
2. 热身活动（Warm-up）；
3. 实验轮转站（Station Rotations）；
4. 清扫、盖戳（Clean-up/Stamps）。

简要介绍一下这四个流程（学习目标）的大致内容：

所谓"议程"，即老师带领学生在PPT引导下，先行熟悉今日内容。以这节课为例，老师给出了三个关键词，分别是——"T：去发现、去解释"；"C：实验流转站"；"H：周三的约定"。这三个词传递出教师对学生的期待，同时也是学生在这节课必须要达成的高度，并约定在周三时（观摩这节课的时候是周一），学习成果一定要提交到老师处。

"热身活动"，几乎是这所学校所有课程的共同约定环节，且我们从其他老师处得知，这个环节，课堂里通常要解决的是一些学科基础概念问题，比如"什么是热能"。这节课的热身活动略有些不同，老师出示了一张图，指出"实验过程"的设计周期应该是：确定需求或问题、研究和开发解决方案、构造原型、测试评估解决方案、交流结果和重新规划，并给了学生一张任务学习单"合唱队的变慢"（见下文）。看起来，这种基于过程的实验周期，学生并不是第一次接触，应该是长期必须遵守的科学实验规律，而这节课出现在热身环节里，说明基础概念不是本节课的重点，而是科学实验的基本素养。

"实验轮转站"，规矩是：每一组做完第一次实验之后，必须换下一组实验材料——并非随机选取，而是请老师先检查过目第一次实验结果后，"盖戳"确认，再领取由老师发放的第二组材料。"实验轮转"的目的，是为了多次验证、观察在不同过程中的相同结果：热能增加、粒子运动加速；热能减少、粒子运动变缓。

所谓"清扫、盖戳"，基本就是这节课的"评分"：学生必须打扫完教室

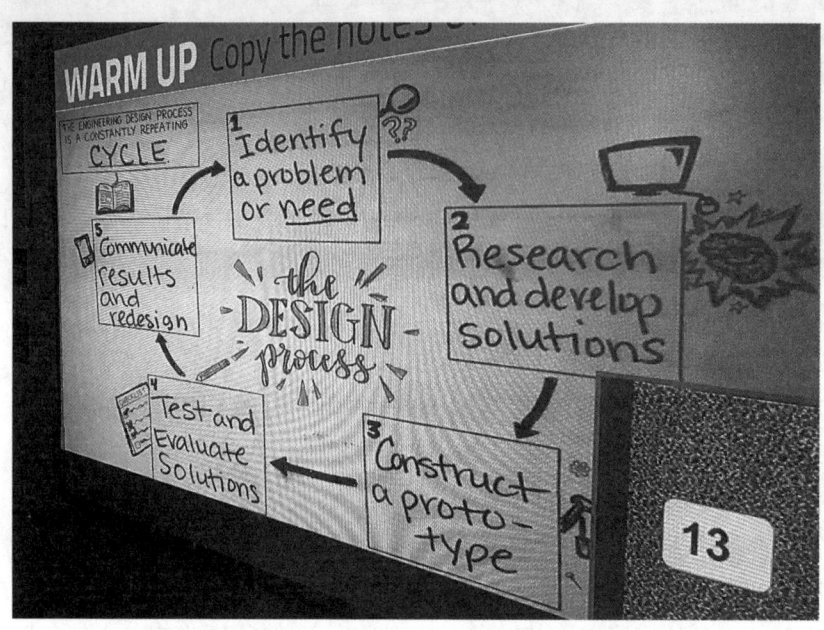

热身：实验过程设计的周期

才能离开，接受来自教师的评价——印章盖戳，并不打分和写评语，所以这个环节又叫做贴邮票"Stamps"。

（二）学生准备。

很有意思的是，老师除了公布学习目标外，把学生需要准备的材料也以列表的方式展示了出来，这节课需要学生准备的四样材料分别是：科学笔记本（Textbook）、铅笔（Pencil）、ISN 和 Chromebook（互联网笔记本）。一个细节是，这所学校的学生进校必须佩戴 ID 学生身份卡，当他们想要向老师借铅笔的时候，就要把自己的 ID 卡押在老师处，待到还铅笔的时候才能取回 ID 卡，这在一定程度上促进了学生的自我管理能力以及"信任"的培养。

（三）一种特别的目标提醒方式。

当我们以为这节课的教学目标已经通过清晰而明确的图示法展现的时候，老师又带领学生朗读了一遍写在教室白板上的几个句子，强化了本节课的学习目的。英文内容"I will close read, complete the explore activity and explain my understanding of particle motion when thermal energy is added or removed"，意思是"我会仔细阅读（实验资料）、完全的去探索实验活动、然后认真阐述我的理解——当热能增加或减少时的粒子运动"。

三、教学环节

环节	师生活动	设计理念
议程+热身	师：适时提醒，安排一名学生"盖戳员"巡视检查所有人，并给完成"议程+热身"的学生盖戳确认。 生：完成个人的热身活动"熟悉实验周期+任务学习单'合唱队的变慢'"，无讨论。	保证时间（5分钟）、注重预习、克服教师主导，学生领袖推动学生自主学习。
实验轮转站	师：发放材料、提醒时间、适当引导实验方式。 生：在规定时间内阅读材料、确定目标、选择方法、观测实验、记录文本或数据。	在结论（当热能增加或减少时的粒子运动）几乎可以想象的情况下，每组学生必须使用不同媒介完成至少两组实验，确保实验的真实性与准确性，强调学生自主探索的过程。
清洁+盖戳	师：一直巡视，适当给予需要帮助的小组和个人，例如分发实验材料、提供热水、指引阅读等。 生：小组讨论、自主探索实验过程，且每个人每份材料都做一遍实验，并把观察与体会到的结论记录下来。	明确实验结论的获得是通过反复实验与细致观察，教师不告知答案，但建立脚手架、提供实验材料，突出实验者的主体地位，以支持实验全过程。

根据观察：图示本节课教学环节与设计理念

（一）议程+热身。

这部分类似于我们的"导入"环节，只是这节课更强调一些实用技术的获得感，比较亮眼的是"作业单"的设计与"学生管理员"岗位的设置。

以作业单为例，在"热身"环节，教师请学生根据教材完成"填空"——此时还没下发实验材料，学生只能通过阅读在教材中捕捉关键词，并结合一定的想象完成这份任务单。尽管看起来有些冒险，但由于这份任务单"挖空"挖得非常巧妙，所以热身环节的"预热效果"总体不错，大部分学生能够通过阅读做出基本的初步判断，感受"热能"与"粒子运动"变化的基础关系。

（二）实验轮转站。

以我所观察的一组为例，四个学生分别就"足球"和"热可可粉"两组实验材料展开了对"粒子运动"的研究。

第一组实验材料仅仅是一个足球，如何观察"粒子运动"呢？出于学科知识的欠缺，我也很疑惑。当八年级的学生也有同样疑惑的时候，老师又给了一份参考资料——一页A4纸，上面虽然没有详细的步骤描述，但给了学生足够的思索空间和行动支持，就像一个"实验说明书"。

第二组实验材料是"可可粉"，但由于这几个孩子自认为已经得出实验结论，所以对这个实验似乎并不用心，他们甚至忽视了可可粉倒在杯子里是需要

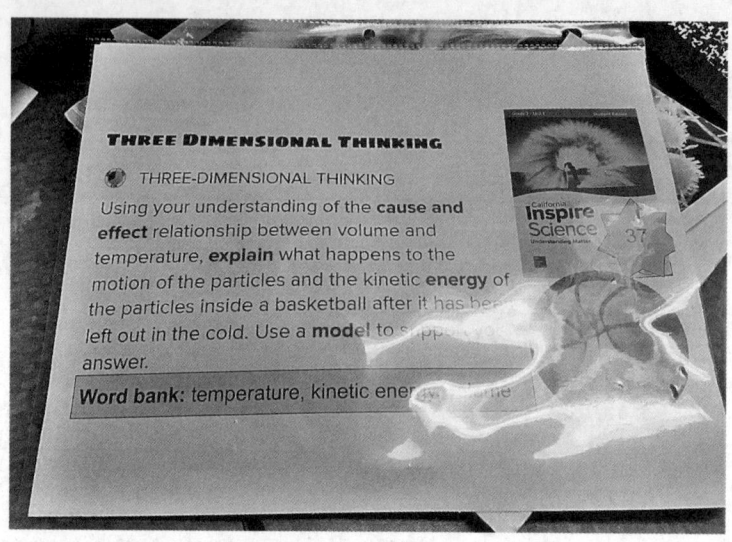

第一组有关"足球"的实验说明书

各组学生的实验场面

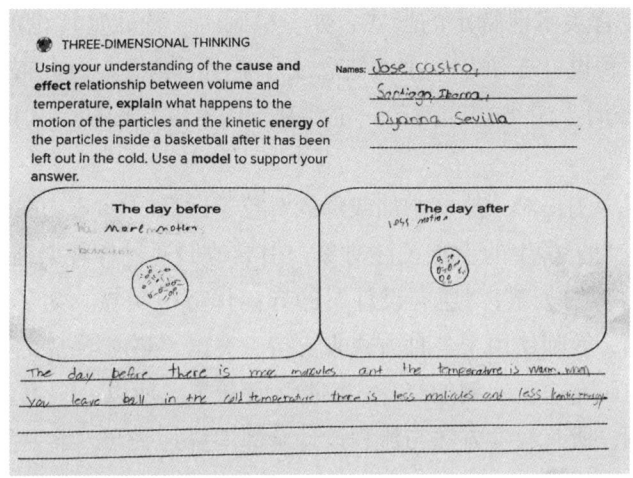

这个小组的实验结论：右上是每个人的名字，中间两个方框是热能变化前后的粒子运动图示，下面是对这一现象的描述

加热水才能产生热能的！所以几个孩子拼命用搅拌棒在杯子里来回搅拌干粉，却始终没有一个人质疑"粒子运动"这件事。这似乎说明科学学习过程中学生阅读能力的差异带来的"显著"后果（这组实验同样是有"说明书"的），也说明老师并没有那么关心每一个组的具体实验过程——换句话说，学生自主的权利很大，但错误率或失误率也有可能很高。

尽管实验过程中有很多可预测与不可预测的状况发生，但总体来说，就我观测的这个小组，他们最后得出的结论是正确的，且基于事实的，几个孩子也都比较兴奋，积极主动地写下了他们观测到的"实验数据"（尽管并不是特别严谨的数据，仅是物理现象的图示化提炼），教学效果还是显而易见的。

（三）清洁、盖戳。

当每个小组都接近结束的时候，教师拿着用来盖戳的印章，走到学生中间，开始快速给学生盖戳确认实验成果，这个过程结束得比较仓促，仪式感弱了一些，没有给予学生太多描述、解释实验的机会。

四、观察反思

通过对这节科学实验课的观摩，我脑中迸出的一个关键词是"逆向设计"——这也是我此次美国之行的观察重点之一。

简单地说，所谓"逆向设计"，即在每一节课开始，先向学生亮明学习结

果——美术课有美术课特定的形式,如一幅画、一种欣赏评论的方式、一个装置作品、一种设计方法、一个大概念或一个小问题等,由此揭开全程学习。当然,"逆向设计"并非想当然,一定要基于国家课程标准,无论是美国还是中国。

以这节课为例,对"热能增加或降低对粒子运动的影响"的研究,很明显从一开始就成为了学生的重点关注对象,引导他们通过各种渠道摸索"热能"与"粒子运动"的关系,"逆向设计"的导向优势很明显。为了强化"逆向"的顶层设计感,教师使用了各种方式来支持、突出"热能增加或降低对粒子运动的影响"的研究途径,例如热身、实验、评价等。所以,学习重点在一开始就被着重强调,所有教学方法与流程设计全部围绕其展开,学生参与其中,目的性当然更加明确。

尽管逆向设计的优势如此明显,却在本节课暴露了一些不足,值得反思。比如:

强调对已知结果进行探索的尝试,学生的探究获得感与自信心往往是直接挂钩,而老师并不会及时为学生实验过程中的内在心理支撑注入持续不断的活力,仅在最后"盖戳",这显得力度不足。同时,不是每个学生都能被评价,或许也是情感教育方面的缺失。所以,情感教育应该及时被考虑在以"逆向设计"为主的自主探究型课堂里作为必要补充。

学生自主探索的过程,不能放任自流,尤其需要关注那些发展水平较慢的学生,需要教师的"学术介入"。比如我所观察的这个小组,三个人在第二组实验时,拼命搅拌干可可粉而无一人想到要加热水,教师并没有察觉,这可能是"同质分组"的遗憾——分组时,只有把不同水平的学生分在同一组,才能确保"有人发现加了开水才能够使粒子运动"。所以,直到"盖戳"时,教师才发现原来这个实验没有完成!于是赶快添热水,但由于马上下课,加入热水后没几秒钟,教师就匆匆忙忙给他们的实验结论"盖戳"评价。后果是,第二组实验流于形式、缺乏实验求真的内涵,以至于第一个实验由于缺少足够多的证据支撑而显得单薄。总体而言,这组学生的实验是不那么成功的。

惩罚的缺失，在美国中学的课堂里也同样存在

2019年7月，《中共中央国务院关于深化教育教学改革全面提高义务教育质量的意见》中，专门提到"制定实施细则，明确教师教育惩戒权"。此后，在微信和微博的各类文章里，随处可见各执一词的教师和路人对这件事的评价。持不同意见的甲乙双方各执一词，公说公有理、婆说婆有理，细细一看，参加辩论的各路人马除了教育界人士，还有关心教育的热心群众，其中主要是家有学子的人们。

也难怪会有如此热议，一方面老师们纷纷感叹"现在的孩子越来越难管了"，另一方面家长们希望"老师能多多体谅性格不同的孩子"，这种长期存在的、无法轻易互相妥协的观念不能取得平衡，以至于一旦教育界出了"惩罚处理不当"的事件，就会变成大事件，成为在全社会发酵的热点问题，师生关系一度不亚于紧张的医患关系。

这难道是哪一方的错吗？当然不是。事实上随着社会发展与进步，如今的教师和家长队伍的素养普遍是"高于"上一代人的——一方面教师队伍要不断接受各种各样的在职培训；另一方面迅速成长为家长的80、90后们受教育水平普遍较高，还有比这更理想的"教师"和"家长"吗？可为什么就是不能解决"教育惩罚"的问题呢？

这篇文章不是想讨论"该不该惩罚"的问题，无论怎么说，都只能作为"个人意见"来参考。这里只想通过在美国学校里看到的相同景象，尝试分析教育中的"惩罚"，是不是可以换个角度考虑？

要讲好美国教育中的"惩罚"故事，我们先来感受下美国课堂的"底线"在哪里。通过观察我们发现，"底线"普遍太低，这一点与我们有本质的不同。

比如，课堂里学生可以自由走动（在有需要的情况下）、取杯喝水、上洗手间、拿取资料（桌肚或者边柜）等。学生做这些事时，是不必与老师打招呼的。一方面是每个学生在"入学守则"里已知晓了这种规定，另一方面如果和

老师打招呼，那几乎隔几分钟就要打断教师一回，太麻烦了，所以学生一般都是"有规矩地自由行动"。

尽管大部分学校里的学生都能遵守这些课堂行为约定，在不干扰教师的前提下做自己的事，但也有例外。有一次，我们亲眼见到一个孩子去厕所后不直接回教室，而是到其他教室找他的"女朋友"！很明显这样的行为已经越界了！在我们看来这种需要被惩罚的典型"错误"，老师却挥挥手放了他一马，把在教室外吵嚷的男孩请进教室作罢。这个过程里，我们看见了老师的无奈与叹息。

当然也并不是所有老师对这些情况都无可奈何，学校"排名"的高低可能对这个因素颇有影响——"好"学校的老师，在处理这些事情的时候相对省力一些。比如我们在约翰·格伦中学考察时，有一些孩子课堂上调皮捣蛋，老师的处理方式就相对有效一些。

比如Yolanda老师的一节美术课，那节课讲的是"色彩的明度"，作业是调制一条有明显明度变化的"进度条"。这个作业难度不高，但美术课的操作一般都比较繁琐——学生需要先穿戴好围裙、摆好速写本、取好所需的调色盘和笔等。在年龄较小的孩子那里，这样的"工作流程"是一种挑战，因为学生要不停站起来，走到颜料工具区取好颜料再回来。在我看来，Yolanda老师希望学生养成节约材料的习惯，所以才要求"每次取一点，用完再去"。但有个男孩子坐不住了，他可能认为一趟一趟的太麻烦，于是好几次之后，终于把怨气撒在自己的速写本上，把那条本来还算清爽的色彩"进度条"涂了个面目全非，跑到其他人那里捣乱。

看到这一切的Yolanda老师不动声色地走到男孩身旁，不知她怎么劝说的，竟使得男孩乖乖坐回了自己的位子，老老实实重新开始新的一页"进度条"涂色工程。我忍不住好奇，问Yolanda老师的处理方式，她说，她知道这个男孩子"脑子里有些鬼主意"，但不失为一个好孩子，于是表扬几句后就告诉他"完不成就不许走"，才叫这个男孩如此安分和乖巧。

且不说美国中学里，各学科有"学分"这一项能够起到约束学生的作用，这才使得"适度的"惩罚手段成立。即便没有这一项，Yolanda老师的"惩罚"方式也是有效的——先表扬再告诫，比较容易让对方接受意见，这就是典型的"先礼后兵"嘛。除了利用这种心理特点来"惩罚"学生，对于美术课堂上许多超出上限的行为，Yolanda老师还有许多方法。比如她有一根长长的魔法棒——那是一种南美少数民族使用的"乐器",木制的长棒在摇动时能产生一种低频的干扰音,从而让学生安静下来。这类"道具"在许多心理治疗场合或许能够见到。后来得知Yolanda老师以前在医学院主修"行为科学",并当过一段时间的心理医生,就明白为什么Yolanda老师在惩罚学生时这么有智慧了。

再来看一个有效"惩罚"的美国课堂镜头:一节七年级科学课里,老师从始至终都播放着背景音乐,没有停止过。不知这位老师是否预感到学生的"不安分"所以选择了用音乐来"静心",还是出于对音乐的热爱,这种"全程播放音乐"的形式在我国课堂里是不多见的,至少不能被完全采纳。事实上,放音乐的结果是,学生果然没有高声喧闹,所有讨论基本上都在小组里进行,即使有那么一会儿"噪音"高起来,教师立刻调大音乐予以"回应",把学生的声音"压下去"。这种长期"训练"的结果是——学生习惯了,不再与机器抗衡。

还有一些比较常见但保守的"惩罚"手段,如整堂课中,老师时刻不停地讲"你必须安静下来""保持尊重""关注自己的事"等,或者用嘘声警告学生行为,或是用"有节奏的鼓掌"来加强纪律意识——"一下、两下、三下"的渐进式鼓掌方式。除了这些手段外,美国的教师也会打电话给家长,只不过差别在于,美国的各科教师都可以根据需要打电话给家长,而不像我们,通常打电话沟通问题的多是班主任与主学科教师。在我们这里,各科教师只要及时把问题反馈给班主任即可,少数时候学科教师可以直接电话联系家长反映问题。当老师打电话给家长时,并非所有的家长都会"领情"。比如Yolanda老师说,她曾经打电话给一个男孩的母亲,反映她的儿子"很糟糕",男孩母亲却解释自己的孩子是因为"太累了才把美术课堂作业搞得一团糟",她也"没有什么好办法"。虽然听起来或许是出于真心(不会教孩子),但这种不愿协助教师的做法确实让老师无法更好地维护课堂、实施惩戒权。

有一些老师在"惩罚"问题上表示出自己更多的担忧,因为怕话说重了或者有什么肢体接触,马上就会收到投诉,严重的可能会丢掉工作。在当前美国经济环境下,找工作毕竟不是一件容易的事,出于这一层考虑,许多应当被惩罚但不了了之的越线行为,就没有下文了。不过,一切的归因,可能还在于初中生将来都能进高中的缘故。可见,基于这些因素,"惩罚"在美国初中课堂里才渐渐缺失。

在美国的高中,教师实施惩戒权也许相对容易些,尤其是一些好的高中。

比如我们曾在E-STEM学校里听说的有关"迟到"的惩罚——那种事无巨细、精确到分钟的"迟到惩罚制度",在师生共同约定并遵守的前提下,可以发挥更好的惩戒作用。毕竟,进入好学校的高中生,他们的学习成绩与自身素养已经是"选拔"过的,能够对自己的在校行为承担一定的责任。

每个国家在实施教育活动中都要遇上"惩罚"问题,学生的课堂行为往往"如出一辙"。但是,要不要实施惩罚、怎样实施惩罚,以及惩罚不当的后果,我们与美国之间还存在较多不同,必须思考后才能妥善"借鉴"。

比如,美国初中生上高中的"保底型"就能保证一大批可罚可不罚的问题大而化之,但我们一些有责任的老师通常无法忽视那些影响学生发展的问题,从而可能做出"惩罚过激"的反应,这是两国国情的不同——我们不是每名初中生将来都能去读高中,我们老师的工作自主性也更强。再比如,美国教师常常参加各类细节的培训,其中就包括引导学生行为的一系列具体指南,如"鼓掌的方式",而我们通常不会在"惩罚"这个章节上获得更多有效培训,毕竟难以把握,"惩罚"便成了敏感词。

课表的"奥秘"

在美国学校跟岗时，每走到一所学校，贴心的教务人员或是Coach（教师教练）便会给我们准备好相关班级当天课表，方便让我们知道自己的跟岗听课任务。这一张张普普通通的A4纸，往往印满了密密麻麻的课程与教师姓名，看上去只是助我们寻找教室用的"通关卡"，实际静下心会发现，这上面有不少属于美式学校教育的"奥秘"，值得品味一二。

Eastvale STEM Academy
At Eleanor Roosevelt High School
Four Year College, Career, & Educational Plan

Name: _____ ID: _____ Date: _____ Career Goal: _____

SUBJECT	YEARS REQUIRED	CREDITS REQUIRED	9th	10th	11th	12th
SOCIAL SCIENCE	3	30		World History AP European History	US History AP US History	Government/Economics AP Gov/Econ Honors
LANGUAGE ARTS	4	40	LA1 LA1 Honors	LA2 LA2 Honors	LA3 AP Language Arts	CSU ERWC AP Literature Norco College Dual Enroll.
MATH	4	40	Integrated Math 1 Int. Math 1 Enhanced Integrated Math 2 Int. Math 2 Enhanced	Integrated Math 2 Int. Math 2 Enhanced Integrated Math 3 Int. Math 3 Enhanced	Integrated Math 3 Int. Math 3 Enhanced PreCalculus PreCalculus Honors* AP Calculus AB* Norco College Dual Enroll. Calc 1/Calc 2	PreCalculus PreCalculus Honors* AP Calculus AB* AP Calculus BC* Calculus AP Statistics Statistics Financial Algebra Norco College Dual Enroll.
SCIENCE	4	40	Medical Biology Med Biology Honors	Chemistry Chemistry Honors	Physics AP Physics 1	AP Biology AP Environmental Science AP Physics 2 AP Physics C; Mechanics AP Chemistry Zoology Oceanography Astronomy Forensic Science/CSI
WORLD LANG.	3		Spanish Chinese	Spanish Chinese	Spanish Chinese	
VIS & PERF ART	1	10			Art (Summer)	
PHYSICAL EDUCATION	2	20	Intro to PE	PE (in summer allowed IF passed FitnessGram, otherwise will be during school year)		
HEALTH	.5	5	Health Hybrid (Summer)			
STEM ELECTIVE	4	40	Intro to Engineering/Exploring Comp Sci	CAD 2 Robotics AP Principles of Comp Sci Med Anatomy & Physiology	CAD 2 Robotics Manufacturing 1 AP Computer Science Pathology & Bioengineering Sports and Emergency Med 1 AP Bio　　AP Chem	CAD 2 Robotics Manufacturing 2 Infectious Diseases Sports and Emergency Med 2 AP Bio　　AP Chem

Post-Secondary Goals: ____College ____Vocational/Trade School ____Military ____Work

Student Signature: _____ Parent/Guardian Signature: _____

美国加州 E-STEM 高中的课表

E-STEM高中是加州"罗斯福高中"旗下STEM学院开设的高中学校,特色是以PBL项目化学习为主、丰富多样的STEM课程,学校宗旨是尊重学生的选择,帮助学生完成选择。

一、清晰、明快的视觉感受

无论是E-STEM高中的课表,还是其他学校的课表,无论黑白还是彩色、表格式还是叙述式,都不会让人感到阅读困难,因为它们无一例外地选择清晰的"视觉化"呈现方式——这似乎是美式教育的一种标志,也是让人感到"踏实"的重要细节之一。因为,于访客或学生、家长而言,看到、看懂清晰周全的课程表,便能从这简约明确的信息中读出一所学校的规则。以简洁的形式做好一件事,节约所有人的时间,这似乎是美国教育重视视觉化的一个理由。

作为一名艺术教师,除了课表以外,我看到几乎美国每所中小学、幼儿园的校园设计和教室陈设,无不遵循"醒目、显著、主次、耀眼"等视觉化特点。美国人似乎很明白如何通过一个个细节的把握,给予学生明示或暗示的教育。这不仅是一种呈现手段,更像是一种视觉文化相对成熟之后,在"社会岛"上到处开花结果的样子。

所以,从课表给人的"初步印象"来说,注重艺术教育与视觉文化熏陶,似乎有一定的迫切性。就像我们"核心素养"时代的美术教育首先应注重孩子们"图像识读"素养,美国人的课表不正考验了这一点吗?清晰柔和的界面和一览无余的设计,以及学校的整体形象感,正是"第一眼印象"最好的反映。清爽而不刻板,简约之中见美感,注重实用与美的结合,这对我们的工作将提出新的议题。

二、科学、合理的课程搭配

从这张高中课表上,试着寻找与我们的高中课程不同的地方。通过观察不难发现,这些区别恰恰是针对美国对学生"21世纪技能"目标在课程上所做的合理设定,是强化素养教育的体现,值得我们深思。

1.重要的课"修足""修满"(学分)——时间长、学分多。

纵列的前二栏里,呈现的是每一门学科所修的年限与所占的学分比重,不难发现,社会科学\历史(Social Science)需修3年(30学分)、语言艺术(Language Art)4年(40学分)、数学(Math)4年(40学分)、科学

（Science）4年（40学分）、视觉与表演艺术（Vis & Perf Art）1年（10学分）、体育（Physical Education）2年（20学分）、健康（Health）5年（5学分）、STEM选修（Stem Elective）4年（40学分）。

除了让人无法理解的"健康"课程——这所学校的高中总学制4年，健康课程却需要5年时间修至5学分才算完成，这不免让人联想，学生应该是需要额外时间来修足与健康课程有关的学习与活动的，且学分"回馈"额度并不大，只有5分，这是不是一个长期且收效甚微的课程呢？也就是说，这门课程的学习，意味着学生并不能把"健康的体魄与维持身体健康的技能"作为奖励条件，而应把那看作是高中学习该做的事。所以，"5年"和"5分"这两个明亮的"5"，显示的并不是急功近利的教育，而是一种漫长的修炼，目的在于培养学生健身、强健体魄的习惯。

在所有课程里，显而易见的是，社会科学（历史）、语言艺术、数学、科学与Stem选修课，这五门学科所占比重最大，修习时间至少为三年——几乎贯穿整个高中，代表了加州地区高中学习的特点。这五门学科的学分总和是190分，在高中四年所要修习的225分中，毫无疑问是重中之重，也就是说，一个高中生在这四年时间中，需要花很大精力来赢得这可贵的190分才能顺利毕业。

2. 次要的课见缝插针，补足兴趣——时间少、学分少。

比如世界语和艺术课，就是几乎不占学分的"选修课"，然而，"选修"真的不那么重要吗？世界语课，这所高中给学生分别在9—11年级开设西班牙语和中文，且不需要修学分，是否意味着学生无需放在心上，也不用认真学呢？事实上据我们了解，加州地区居住着许多墨西哥裔与西班牙裔，有些学校这两族学生的占比甚至可以达到99%，这就说明西班牙语在这个地区的通用性很强。所以，学校开设西班牙语课的目的显而易见，绝不是为了考试或兴趣，反而是一种功能主义表现，也是为了少数族裔更好地发展，尊重他们的语言和文化。开设中文课程也是因为，加州和中国的文化交往强于美国东岸许多州和城市，学生在生活中接触中国文化的机会很多，这也是一种文化开放的表现。

视觉与表演艺术课放在11年级，也就是我们的"高二"年级。这个年级的学生心理与年龄渐趋成熟，认知水平较高，知识系统逐渐形成，有较好的独立判断与处事能力，表达能力也强。这所学校选择把视觉表演艺术课安排在11年级的夏天，此时距离高中毕业尚有一年，因此从时间管理上，学生不必因毕业时间的临近而影响视觉表演艺术课的设计与规划，能够全身心地投入和演练。

3. 要紧的课突出——选择面大、种类多。

这张表格的右三列，从10年级开始，陆续出现AP（Advanced Placement）课程，美国大学预修课程。了解过美国教育的人应知道，AP课程对准备报考大学的高中生来说意味着什么，AP课程可以是大学预科，更是一种从内涵到形式高于一般课程的设置，可以理解为"品质更好"的课。

AP课程是由美国大学理事会（The College Board）提供的在高中授课的大学课程，美国高中生可以选修并参加AP考试，获得一定的大学学分。在加州，CSU（The California State University）等多家学术研究机构负责提供课程意见或考试指导，给学生提供学术准备，以便更容易获得相对应的AP课程学分。

通常高中生需要在最后一年备考AP课程考试，以此来换取更经济的大学教育成本、缩短大学教育时间以及降低大学教育压力，这是因为在美国读高中是免费的，但高等教育却很昂贵。所以，从这张课表上明显可以看出，以数学、科学、STEM选修课这三门为例，高中最后一年（12th）增加了许多选择，说明许多高中生需要在最后一年花费更多的精力做最要紧的事，为上大学打好基础。

三、醒目、荣耀的学校logo

每所学校几乎都有自己的文化品牌，没有人不注重这些，因为这是社会情感教育的一部分——给人以荣誉感和归属感，叫人奋进。罗斯福高中的logo是一匹野马，E-STEM高中的logo是一个环绕卫星图形，这二者出现在校园的各个角落，是一种学校文化精神的体现。在这张课程表上，理所当然也要印上它们，然而，这仅仅是一种美化吗？

并不尽然，学校logo的文化力量常常与学校对学生扶持的力度成正比。学校越是关心学生的学习与成长，严格要求、倾力协助，从各方面打造利于学生探究学习的环境与条件，学生越是依赖学校的一切——从学习到生活。据校长Kim老师介绍，他们为学生提供的学习条件，首先是高门槛——这所耗资巨大、Stem特色明确的高中，并非所有学生都有就读条件，而要通过一定的"选拔"——这种选拔体现在必须"喜欢"而不仅仅是成绩。学生入学之后，可以个性选择自己青睐的Stem课程，但必须获得学分，否则要为失败的选择负责任。凡此种种，E-STEM学校的高标准、严要求促成了学校在学生眼中不可撼动的权威地位，学生以学校为荣、以校长为荣，更以自己为荣。因此，这种情况下，学校的文化标志更易被学生接受，也更容易成为学生心中的心灵寄托。

正因如此，学生才会认真对待自己的选课与学习，课表便是一个象征。

四、个性、责任的归属签名

课程表上还有一些细节，比如右上和下方的签字区。不仅学生需要签字，学生家长也需要签字，表达"知晓"或"认可"。

从这一点可以看出，虽是高中，但家校合作联系较为紧密，关键问题能被考虑，家长不能因为学生的自律与自觉而放松对孩子的管理，不仅有知情权，还有表态权。而学校也尽量为家长的知情权做好细节，如共享课表。

所以，有人说"美国的教育是'精英教育'"，大概源自于此——对学生的关心、家校合作的力度一直持续到高中甚至大学，显得长久了点。然而，这也是因为美国学校的体量终究不大的缘故，600人左右是中大规模学生数——在我们眼中是个小学校，在美国却是个中等规模的学校。因此，若要把事做细，这可能是较好的先决条件之一吧。

一张课程表，彰显的是美国对学生在21世纪必要技能习得的考虑，以及社会情感、6C素养培养的考虑。它是一张学习指南，更是高阶思维显现，提醒学生在开学之初必须达成的学业目标，具体课时与学分等，学生不敢掉以轻心，因为署名即是认可。这种入学先读课表、突出学生的自主管理与责任心，培养自律学生与优秀公民的做法，便是这小小课表的奥秘。

附：一些跟岗学校的课程表

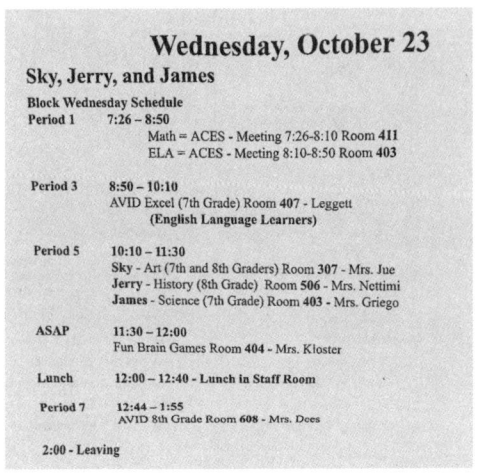

约翰·格伦中学2019.10.17、10.23跟岗人员的课程表，Sky就是我

78　指月纪略——美国基础教育研究初探

印第欧高中2019.10.24跟岗人员的课程表

印第欧高中一位九年级学生的课程表（一天八节课，排得满满的）

美国重素养，我们重技巧，难道就是错的吗？

在美国呆了这么久，我们几乎把"沙漠沙子"地区好的中学、一般的中学都看了个遍。当我流连忘返于他们先进的谷歌教室、资源广阔的在线资源、编撰周密的教材用书时，都会萌生羡慕之情——美国的孩子太幸福了，受教育的硬件环境很不错。

每每产生这种心情，我的心中便会响起另一个声音：难道我们的基础教育就不够好么？凡事都有两面性，有时也该适当寻找一下美国教育的不足，多想想自己的优势，因为教育是全世界都在努力的事情——这才是教育的事实。

这种理性的批判思维引领着我走进了THOMAS JEFFERSON MIDDLE SCHOOL（托马斯·杰弗逊中学）的一间数学教室。这天上午的第三节课，Chhor老师要教的内容是关于"分数–小数–百分数"的问题，通过她的教学过程，我得以透过一些表面现象看到本质，洞察美国基础教育阶段的数学教学。

一、课堂实施实录

（一）导入环节

在美国的课堂教学中，并没有"导入"的概念，取而代之的往往是Agenda（备忘录、议程）或者Warm Up（热身）。这节课老师采用的是Agenda方法，她在白板上出示了这么一些字样，提醒刚进教室的学生们做好准备（见下图）。

（二）授课环节

1. 第一步：准备工作——折纸

这项工作很有意思，老师向学生简单介绍了这节课的任务之后，没有急着马上开始，而是拿出一张白纸（每个人面前都有一张），将它三折，在纸最上端的三栏里分别写上"Fractions""Decimals""Percent"；在进行完同伴竞赛环节之后，这张纸的反面又被写上这三个词汇，用来进行个人竞赛单元。所

```
10/25/19 Welcome Back to School!（10/25/19 欢迎回到学校！）
Period 3 Math Grade6th（六年级数学 第三节课）
☐Have Pencil/Pen &Nicky Interactive Notebook ready.
 （准备好铅笔、钢笔、尼基交互笔记本）
☐Take out your Agenda(Write T,C,H in it).
 （拿出你的日程表，写好 T、C、H）
Topic:Fractions,Decimals,&Percents
 （主题：分数、小数、百分数）
Classwork: Partner Quiz（同伴竞赛）
           Retake Quiz(Individual)（个人竞赛）
Homework:ST Math Personalized Path 50 Minutes Per Week.
 （每星期 50 分钟的练习）
(385+Minutes Total by the end of this week, 485+Minutes if you have Math Lab)（这周结束时你应该有 385 分钟以上，如果你参加数学实验室就应该有 485 分钟以上）
Objectives: I could convert between fractions, decimals, and percents.（目标：能够在分数、小数、百分数之间转换）
SMP1: Make Sense of Problems and Persevere in Solving Them.
 （数学练习标准 1：执着于问题并坚持解决它）
SMP4:Model with Mathematics.（数学练习标准 2：数学应用模型）
SMP3:Construct viable arguments and critique the reasoning of others.（数学练习标准 3：构建可行的论点并批评他人的推理）
```

教师出示在大屏幕上的"提醒"（括号部分是作者标注的中文）

以，一张纸的巧妙利用，给这节课增添了许多可视的逻辑感。

2. 第二步：同伴竞赛（Partner Quiz）

所谓同伴竞赛，就是在2—3人的小组之间，老师鼓励大家展开讨论式学习。Chhor老师给大家出的第一个题目是"3/20"，要求在"同伴竞赛"的模式下，算出它的小数与百分比。这个环节老师给的时间为5分钟，5分钟内学生们互相讨论了一会儿，就赶紧低头写下答案。随后教师叫了两个学生交流，有一个学生说"0.15就是30%"，老师说错了，问大家怎么办？有两个孩子提出了自己的想法，老师就在黑板上书写这道题的过程，一会儿就得出了"0.15=15%"的结论。

这里发生了一件趣事：

我很想知道学生们是怎么通过讨论商量出"3/20"的小数与百分数结果的，于是就问旁边的一个男孩，没想到他一句话也没说，点了点头拿起计算器，1秒不到就计算出"0.15"的数字。我不甘心地说，"你能不能不用计算器呢？可以用写的方式"，这个男孩子在纸上写了一遍，但他也只是写了一个答案，没有具体过程。我不依不饶地叫他写过程，他却怎么也写不出来。师心泛滥的我，忍不住把解题思路给他写了一遍，以确保他明白我的意思。虽然我认为可行，不过这个男孩似乎仍不怎么明白。

和这个男孩子关于第一道题的讨论

3. 第三步：个人竞赛（Retake Quiz<Individual>）

同伴竞赛之后，老师开始组织第二场"竞赛"，不过这一次不允许同伴讨论，且题目的难度略有提升——"18/25"。看起来要比第一题难多了，坐在我旁边的男孩子这一次又默默拿出了计算机，计算了这道题的结果。过了五分钟，老师还是采取第一道题的相同方式，把一个学生的作业放在幻灯机上面，边讲解边释疑。

4. 第四步：同伴竞赛（Partner Quiz）

学生们基本解决"18/25=？"这道题之后，老师又换了第三道题——"0.7这个小数的分数和百分数是什么"，并允许学生再次使用同伴竞赛的方式来进行。

这一次，坐在我旁边的男孩子只花了一会儿时间就做好了，于是高高举手。我忍不住看了一下他的结果，发现他并没有完成"百分数"这一栏的任务，提醒之后，他赶快去算，写下"7%"这个结果。我问他"Are you sure？"

他略微犹豫了一下，似乎恍然大悟，又改为"70%"，我继续问"你是怎么得到这个数字的呢"？听到我的问题，他并不是十分确定，看来理解得并不透彻或是不知该如何表达。

在这个环节里，教师采取了一个教学方法，就是"跟读"。为了解决两个女生始终完全不明白"70%"是怎么来的，教师读一遍解题步骤，学生跟读一遍，就这样连续重复了两遍。

（三）整理环节

最后两分钟，教师请学生把桌面和笔记本整理好，作业签好名字，上交给老师，学生背着书包有序地走出教室，这节课结束了。

二、对比反思

（一）"导入"对比

我没有上过数学课，对数学教学的印象还停留在学生时代，故而无法专业地比较出中国与美国数学课的区别。因此，我借助美术学科的教学方式做一比较，相信亦能从中发现中西教学的点滴不同。

从导入方法的比较上可以看出，我们的课堂教学讲究灵活，没有那么模式化——在美观摩的这些课程，尤其是数学课、科学课等自然学科，都很喜欢按照一定的授课模式进行，如"导入"的程式化。虽然这样很"安全"，但缺少新意，学生久而久之会养成学习习惯，但同样也不会"期待"了。

（二）授课环节的对比

这部分我想略作一些说明：在中学美术课教学中，要严格遵守教学五环

"导入"环节的对比	
中国艺术课（以实验东校为例）	美国数学课（以JEFFERSON中学为例）
视频、图片、问题、道具演绎、行为表演、音乐、比较观察法等	Agenda 议程法

导入的不同

节，即：导入、新授、实践、交流、总结。尽管不太清楚其他学科的要求，但在美术学科中，在"新授"环节，习惯作更细的划分。

以强调技法的"漫画课"为例，在新授环节，通常要走"什么是漫画""漫画有什么特点""怎么画漫画"这一条线，新授才算完整。而在美国，似乎是以"组织形式"——如个人竞赛、同伴竞赛等为主线，而非"学科基础知识点"。学科知识融合在各种不同活动中，以游戏的形式学会并检测，这是最大的不同。

让我颇感疑惑的是"跟读"——读课文尚且能理解，读解题步骤我就不明白，这样能彻底解决那两个女孩做不出题目的问题吗？

（三）总结环节的对比

最后两分钟体现的是学生的自主管理意识与能力，桌面清扫好、作业上交，才可离开教室。在我们的课堂里，尤其是公开课，这两分钟比较容易沦为作秀的工具，师生往往讲一些无伤大雅的话，或是做一些无关紧要的准备工作。反观美国课堂，无论学会与否，学生能够比较自觉地上交作业，老师也没有太多的话。

三、思索

尽管有来自教学方式的诸多对比，感受最深的一点还是这节课里的"三道题"——无论难易，这么少的题量在我们课堂是着实不多见的。不禁让人想到：是不是因为，美国的小学教师大多都是包班，所以少有老师成为单科教师？就因如此，初中的课只好轻技巧而重素养？可这节数学课，想要培养的数学素养是什么？从这三道题以及全体学生的反馈当中，看得不是太透彻。

相比之下，我们的基础教育在重视各学科知识、技巧的获取过程中，越来越重视素养教育，即便是追求学科成绩的同时，也并不阻碍素养教育的良性摸索。不仅是因为分科教学有这个条件，也是因为学生求知若渴的态度——在合适的年纪，获取适当的知识养分。如此良性循环，所以学科教学上，我们的学生确实很有优势。

在追求教育多元化的当下，美国教育重素养、轻技巧，我们反之，这没有什么不对。毕竟环境不同、情况不同，教育目标也不同。只要我们记住，"素养学习的同时不能轻技能"这一初心就好，毕竟，后者更能带给学生充分的成就感，"技能"与"素养"本身也并不矛盾。

为什么美国人的数学这么"差",却还坚持这样教育?

在美访问期间,结结实实听了不少数学课——有时是阴差阳错的跟岗安排、有时是慕"名"而去的观察。在这些不同内容、年级(六、七、八、九)的数学课上,我们切实见识了美国数学教育的"快乐"所在——中学似乎在学小学的内容,而小学更"浅",与我们国内数学课根本不具有可比性。怪不得赴美之前,从各种各样的渠道中都能获知一个信息:美国的孩子,学得很浅,就跟玩儿似的。这一度引得我们对美国基础教育之"内容"并不抱希望。所以,当见到这些浅尝辄止的数学课时,似乎更加验证了这一点。

巧的是,当我们聆听了几节性质差不多、模式无差别的数学课后,在闲暇生活与本地居民打交道中,美国人对数学简直"一窍不通"和几乎零运用能力的印象不可阻挡地扑面而来,似乎"坐实了"美国人数学太"差"的事实。讲两个小故事——听来可笑,但却是美国人民生活中与数学之关系的真实写照。

第一个小故事:买耳环。

一个周末,住家Margo校长提出带我们去大熊湖(Big Bear Lake)观光,那是难得的加州沙漠地带"丰水区"。秋日阳光明媚,几个小伙伴兴致盎然一道前往,于是乎,我们一行五人坐上汽车开始这趟不远不近的"秋游"。大熊湖的风光旖旎无限,周围小镇的汉堡包也着实让饥肠辘辘的我们饱餐了一顿,正当所有人感到不虚此行时,Margo校长提出附近有个更小、更精致的镇子值得一观,于是我们踏上了改道小镇的旅程。

这个小镇果然另有一番风味:浓烈的英格兰特色建筑,道路旁的红枫树染红了半边天空,酒吧的驻唱歌手时不时发出一两声慵懒的蓝调歌声……这一切让人感到生活的节奏变慢了,我们好像一齐被拖入了工业革命前的异国乡村氛围。正当我们惬意地享受着这份不期而遇的周末"礼物"时,我看到街边有一家精致的礼品店,它的装修让人觉得温馨、亲切,忍不住走了进去。进店之后,发现这是一家母婴用品店,只可惜我的女儿已长大实在用不上,但小店老板笑容可掬,像所有美国人那样热情好客,让人不好意思夺门而出,我只好打算买一样小玩意儿作为顾客的"基本修养"。看来看去,看中一幅软陶制作的小耳钉,只要一美元,就是它吧!正当我拿出一美元钞票结账时,被告知还有若干美分的"购物税",总共是1.67美元。我下意识地拿出了一张五美元钞票,准备让老板找钱。谁知这位年龄不大的美女小姐姐挠了挠头,用为难的神情表示拒绝。我纳闷了:难道嫌我买得太少吗?可商店似乎没设最低消费啊?正疑惑时,她看了她的同伴——店里的另一位店员,也用肢体语言表示"我不会找钱"这个意思,她们尴尬地看了看我。一瞬间我明白了,美国人好像不太习惯用现钞,我还是用信用卡付款吧。于是我很"默契"地掏出了信用卡,老板很"满意"地在POS机上刷了一下,我的此次购物之旅"愉快"地结束了。

这个小故事,我还没有留意到美国人"数学差"这件事,直到发生第二个小故事。在这之前,我一直以为是付款方式的习惯问题,跟数学没有半点关系。

第二个小故事:西餐厅。

我们一行十位老师在沙漠沙子学区跟岗的第二个礼拜,学区教育局负责接待我们的老师提议带我们去品尝一次"正宗"的美式大餐——不是大众点评上的那种,也不是当地华人推荐的"头牌",而是真真正正美国人才爱光顾的地方,他们心目中的"网红餐厅"。

前几周时间里,大家已被"中国胃"折磨得不像话,所以对这类建议是非常欢迎的,于是乎,"吃大餐"很快被提上日程。终于,在我们到达棕榈泉美术馆(Palm Springs Art Museum)参观的当天晚上,兑现了这个想法。只是,整个用餐过程,除了让我们对美国人的饮食文化有了更进一步了解之外,"美国人数学真的很差"的观念,切切实实嵌入了脑海里,令人难忘。

印象是这样留下的:付款是AA制,当我们准备结账时(没错,在美国,即使美国朋友请你吃饭,也不要认为请客的人买单是理所当然的,事实上,请客只是虚名,每个人要买自己的单),热情的服务员为我们一一拿上了账单(20多人,每个人点了什么,服务员全部都记得住,令人佩服),然后大家掏出钱包准备买单。我和另外一位老师的账单都是26.7美元(包括税和小费),因为我们点了同样的食物。

看到账单时,我们想都没想,习惯地从各自钱包里掏出30.7美元,交给了服务员。

买完单后没多久，大家就准备离开了，毕竟从棕榈泉市到我们居住的地方还有一小时的车程，我们提上包准备离开。可还没找钱呢！按照简单的算法，把30.7美元交给服务生，他找4美元就可以了。可我们看着那位服务员悠闲地站在吧台边，一点儿要找钱的意思都没有。我们是外乡人，不好意思直说，于是叫了一位男老师去"打听打听"，结果回复的消息是"账单里已经包括小费了，顾客是不用再给小费的，谢谢我们这两位慷慨的中国客人"。听到这样的回复，我和另外一位老师都觉得有点"冤"——不是这个意思啊，因为30.7减26.7正好等于4啊！方便找钱啊！

我们两个面面相觑，忍不住要笑出来，怎么办？这种时候是要风度还是要美元呢？不管了，要回多出的那一部分吧！谁让他们"斤斤计较"呢？（在中国，很多排挡可都是能议价的，几毛钱根本不会要，这种思想在我们心里根深蒂固）当我们找那位服务员小伙子要回这4美元时，他没有拒绝我们、也没觉得奇怪，反而略为不安地问了两次：我需要给你多少？

第一个故事中，也许是因为付款方式的习惯问题，美国人更喜欢用信用卡结账胜过纸币，第二个故事也许是因为这名服务员本身受教育程度不高，并不能代表所有美国人数学差。尽管如此，还是能从这些细节中"片面"地得到一些碎片信息：相比之下，美国人会尽量避免与数字直接打交道，而选择略加委婉的方式或依靠技术操作这一切。比如用什么方式"结账"这样一个需要与大量数字接触的工作，顾客若刷卡或直接摊出钱币给服务员挑，比要求对方计算更受欢迎。或许，前者对于美国人掌握的基本数学知识来说更体贴吧，这或许是"信用卡"被发明出来的重要原因之一。

从这两个故事中得出这样的结论：美国人连最基本的减法题都做不出来，会不会是个谬论？实际上，若是在美国的中小学课堂里呆上几个星期专门观察数学课，会发现委实"不冤"。为什么？再举两个例子，来简单了解美国基础教育数学知识的特点，就会对他们的数学能力有些基本了解，或许就能释怀了。

第一个例子：

在"猫头鹰"小学（Oliphant Elementary School），我们在教务部门给三年级学生编制的一本数学习题集里，看到了这样一些题目：

（书写题）（根据时钟图）写出正确的时间

（计算题）36+47= ?

（应用题）Ben有37支铅笔，Henny有22支铅笔，他们一共有多少支铅笔？

（统计题）算算班级多少人喜欢艺术课？多少人喜欢科学课？喜欢艺术课的比喜欢科学课的人多几个？

（书写题）写出下一个数字：162、262、362？

（选择题）莱斯利桌肚里有24枚回形针，铅笔盒里有8枚回形针，他一共有多少枚回形针？

在读这本书时，如果你家刚好有学龄儿童，便可知道这些题目的难度在什么水平。确实，在国内基础教育纷纷"抢跑"的形势下，这样的题目恐怕最迟在小学一年级就解决了，有的孩子在幼儿园就会流畅地计算这些。

猫头鹰小学给三年级学生编制的数学练习题（例）

但是抱歉，美国人不会在知识的深度上"难为"孩子，而且，就连这样的题目，猫头鹰小学也只要求学生"每天做一道"即可。为什么呢？为什么不把孩子喂得更饱一些呢？

第二个例子：

我在所在学区"排名"比较靠前的一所学校"约翰·格伦中学"里，聆听了一节较难的八年级数学课，原因是这所学校Coach（教师教练）的儿子正好在上这节课，我们进去正合适。

之所以难度高，是因为他们那天教的是平面几何。大部分时候，美国的初中数学课讲到一元一次方程就差不多封顶，即便如此，学生在课堂上的表现也不怎么令人满意，更何况是牵涉到图形位置关系的二元题目。约翰·格伦中学之所以安排这样的课程，是为了因材施教——为学得快、发展得好的学生提供一些可供选择的课程。

这节课主要讲平面几何的基础知识。课的一开始，老师评价了几份学生上节课的作业,然后以这样一道例题开始新学习:请找出一条线,它穿过(−2,7)这个点且与"y=−4x+1"这条线平行。为了降低难度,教师提供了打好格子的白纸供学生画函数图之用,并且邀请优秀学生不断演示题目的解法。可尽管如此,大部分学生的反应也比较平淡,快下课的时候,我们只看见几个学生顺利上交了作业,大部分学生依旧很茫然,对老师到底在讲什么、这几张纸究竟该怎么使用、黑板上的解题过程到底什么意思似乎仍然一无所知。

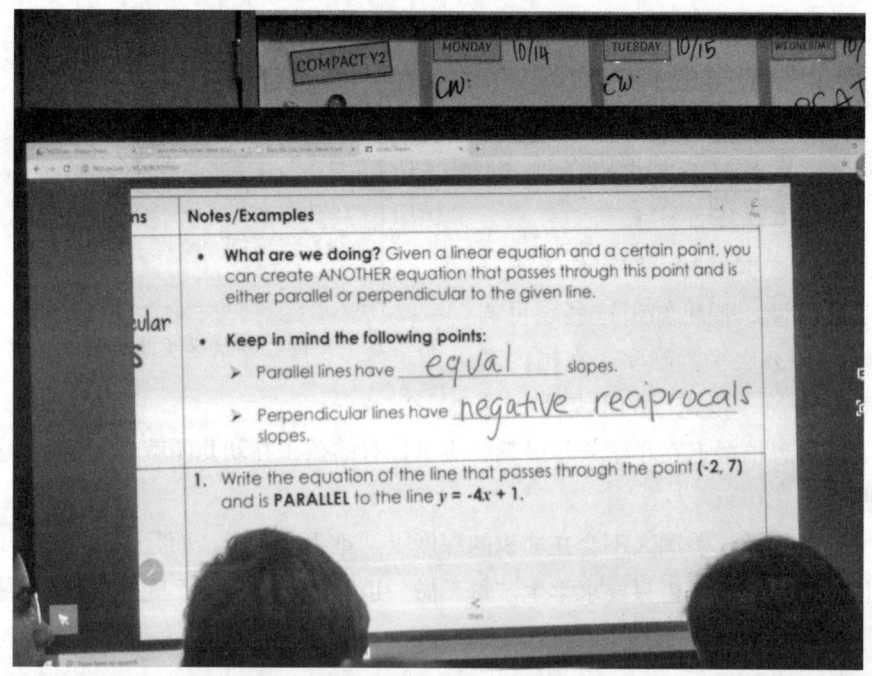

平面几何题:找出一条线,它穿过(−2,7)这个点且与y=−4x+1这条线平行

从这些故事和例子,你体会到什么?小店铺女老板和西餐厅服务员无法解决"找钱"问题,会不会和美国人数学学得太"浅"有关系?如果你觉得有关系,那么,这种联想是正常的,并不使人意外。

即便如此,美国数学课也不是没有优点。客观地说,从小学和中学的这两个案例可以看出:习题量不大,一节课甚至只需解出一道题,但胜在"有趣"。拿猫头鹰小学二年级的习题而言,题目涉及的计算深度虽浅,但知识的"应用"特点却很突出。也就是说,这些数学题并不单纯在某一技术要点上深挖难度,而是围绕重点把题目设计得花样多、灵活性大,训练的是对知识点的理解。这和我们"深挖洞、广积粮"的做法完全相反,他们更像是"挖遍了整个山坳,但每口井只挖了一点点泥巴,每块泥巴都尝了一口"的做法,乍看去让人误以为浅薄,实则是强调在游戏中玩、在玩中体验、在体验中学习,且并不急着追求所以然。

想想那个著名的PISA考试,最近一次的数学成绩,上海高居榜首,美国却40名开外,名次看着耀眼,其实是一场以牺牲上海15岁中学生大量休息与娱乐时间换来的胜利。或许不该用"娱乐"这样的字眼,因为初中生几乎没什么娱乐项目,或真正属于自己可支配的时间。相比之下,我们看到的这批正在上平面几何课的美国八年级学生,他们不必非要学会、不必做家庭作业,且下午2∶30放学后还有大量的体育运动或拓展课程等着他们去参与,心理压力小多了,身体素质加强了。

也许时间的投入恰是中美学生数学成绩差距大的原因之一。可若投入大把时间,美国中小学生的数学水平就能提升吗?

当然没有那么容易。

应该诚实地认识到,我们国家的中学生是非常能吃苦的,能够甘愿从入学开始就进入刷题阵势,但围绕着低阶技能训练的模式一直是困扰中小学生心中的噩梦,以至于多少孩子高考后若未进入数学相关的专业深造,会把数学从骨子里剔除得一干二净。这种付出了大量时间换来的失败与憎恨,一点都不值得,且不实用,因为去买菜只要简单的加减乘除就可以了。

所以,品味下美国中小学数学的"简单"——摒弃非实用主义的难度数学而选择简单易懂的知识,从思想上解放了中小学生,使他们不必在这门学科上特别有挫败感。只是,为了这一点,美国的数学教育似乎放弃更多,因此当然培养不出数学基础扎实的学生。

中国读完九年义务教育的学生所掌握的数学知识与能力,在美国孩子的衬托之下显得优越无比,所以许多初中毕业后到美国读书的孩子(只要不是太糟糕)都会觉得数学学习很轻松,那是因为基础打得好的缘故。所以中式学习也有优势。看到这些的美国教育工作者,应该不难理解优势的意义和好处,所以我们非常费解:为什么美国的中小学数学教育仍要"坚持快乐学习"呢?

在我看来,不外乎这几种原因:师资力量较弱——美国中小学教师的数学水平普遍不是很高,这也容易理解,在全民数学素养比较平均的国度,数学

水平资质一般实在太过常见了,这与美国的阶层分化大有关系——精英都在顶端,大部分很一般;高端数学不够实用——19世纪末20世纪初,杜威教育思想之务实主义风靡美国,几乎所有人都有不同的务实表现,太有难度的数学研究当然不会顺利推行,除非是大学里。

所以,是否可以这样理解,不是美国人没意识到自己的数学教育存在问题,而是因为惯性不想改变,或是迫于形势很难改变。再者,对他们来说,提高数学学习的难度就意味着一系列的改革,比如师资培训、教材设计之类,不仅繁琐,而且成本太大,还可能会与目前强调素养技能教育的美国大环境背道而驰。这一系列"困难",使得美国的数学教学不会在短时间内有较大的提升。

而我们则不必妄自菲薄,为传统教育的桎梏叫苦连天。因为,随着中美两国比较教育研究的深度加强,双方已渐渐从对方身上清楚地看到现象与本质、反观自己的优势与不足,对优质教育目标的共同追逐会促使彼此向着更好的方面改变。相信不久的将来,我们的孩子也能过上有学、有玩,还有闲的快乐求学时光。在核心素养教育的召唤下,在有志于教育的同仁们的努力下,有些事物总会被改变的。

我们离"专业"二字还有多少距离
——观一间"陶艺教室"有感

来美国访问学校，我承认，有些时候心里是略有优越感的——当眼里全是课堂嬉戏打闹身影时，我会想念那些谦和有礼、可爱的中国学生；当然，有时也会羡慕和失落，尤其是触及那些我们希望有、但尚未拥有、将来可能会有的事物。

这种感受，在我来到沙漠沙子学区的印第欧高中时（INDIO HIGH SCHOOL），达到了峰值。"羡慕有理"的原因，在于一间陶艺教室。这间陶艺教室有何神奇之处？总结起来两个字：专业。

怎么个专业法？去参观时，这间教室刚好在上课——一节高中AP艺术陶艺课正在进行，高一某班，约40名学生。顺便提一下，这所印第欧高中，副校长向我介绍，高中毕业生的大学入学率约在65%左右，在这个地区是很不错的成绩。对于只有5所高中学校的沙漠沙子学区来说，不知道如何统计大学入学率的问题，是采用何种标准。所以，不能单纯地用65%这个百分比来度量任何事物，尽管它看起来好像很"低"。

一、教室配置

（一）面积。

从这张教室平面图不难发现，它在面积上占有绝对优势：大。作为常识，我们知道，艺术类专业教室的空间是越大越好，尽管如此，具体情况却常常限于每所学校的具体规划。

现有课标要求与上海市艺术教学场所的面积标准，中学专业教室要达到100—120平米的空间标准，才能给学生提供足够的学习场所，以方便学生活动。譬如，以我校为例，中学美术专业教室有2间，均达到这个水平，而陶艺教室的面积则在120平米以上。所以，从面积上，开设陶艺特色或其他艺术课，我们貌似达到了"专业"级别。

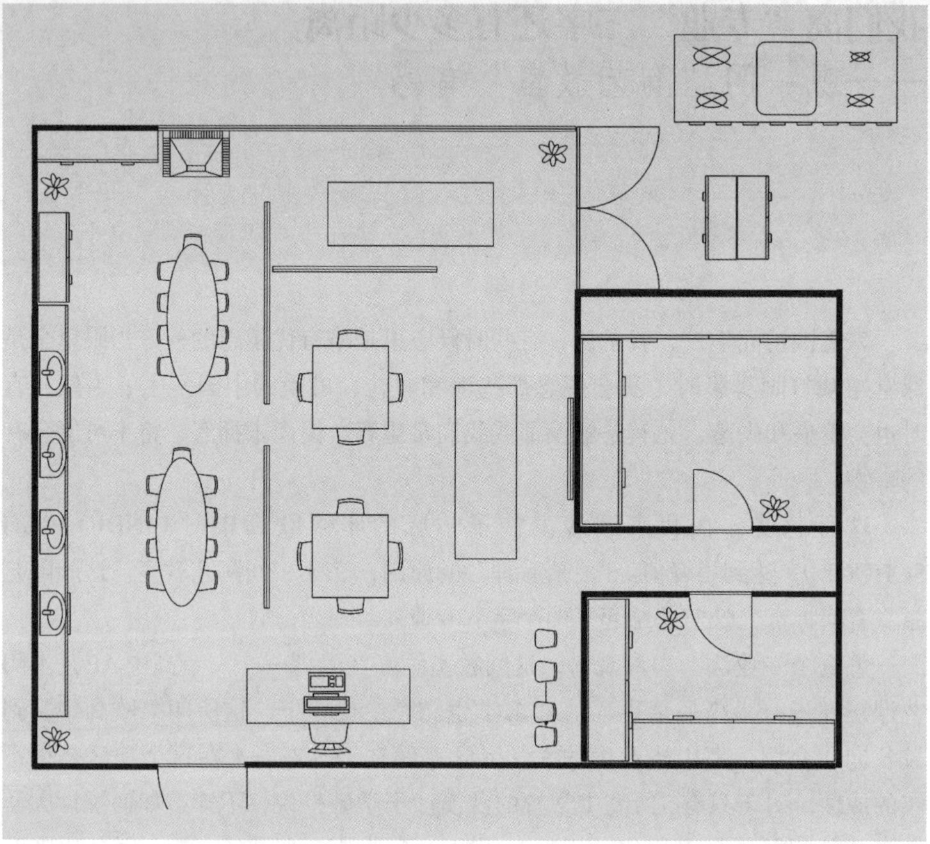

陶艺教室大致平面图，约300平，含教师办公桌、学生操作台2个、学习桌4个、储物室2个、室内烤炉1个、室外晾干架若干、室外烘烤房一个

（二）功能区。

这间陶艺教室的空间规划十分科学、各功能区安排合理，看起来区划非常有效，对学生的集体创作或小组学习提供了较好的空间条件和氛围，没有一丝多余或浪费的空间。

1. 教师办公区。

教师办公室安排在靠门比较近的地方，背靠墙、面向全体学生——这样做是为了方便教师看到所有学生们的活动，对教学管理有极大帮助。

2. 学生准备与储藏区。

远离水池的区域为学生准备与创作区，这里离陶泥材料比较近，便于学生拿取，且靠储藏室近，便于下课时将未完成的作品整理、收纳进储藏室。

两间略大、能调节室温的泥塑半成品储藏室

3. 加工上色区。

靠近水池的区域，存放着陶艺颜料，在这里学生可以将初始阶段的泥塑作品加以上色，然后送至烘烤区。

无污染、无伤害的彩塑颜料

4. 烧造区。

烘烤分为两部分：较小的作品放在教室里的小烧炉里加工，较大作品送至室外大烧炉里加工。如此一来，各功能区能保证在同一时间段内，容纳各种创作水平的学生同时创作，实现分层、合作，且互不干扰。

室外烧造与晾晒区

二、师资力量

教这门课的老师是一个教龄超过20年的艺术教师（美国老师的教龄不能从大学毕业算，许多人是想做老师才进大学修教育学分，并取得教师证书，因此有些人可能从40岁才从教），她是一位非常健谈、热心的老师。据她介绍，当天她给学生布置的是"泥条盘筑"中做"底盘"的任务——需要将泥巴取出适量，然后揉搓、进压饼机加工成饼状、手动切圆（准备下节课作泥条盘筑用）。

听起来"泥巴切个圆饼出来、再围着轮廓加泥条"是挺简单的事，但事实上，如果不是专于此道的艺术教师，会很难把控教学节奏，甚至会直接导致学生创作的失败。从下面两图可得知，单就这节课，经验丰富的陶艺老师已经把制作须知、注意事项、得分情况等——展现于教室白板上，供学生们知晓。而

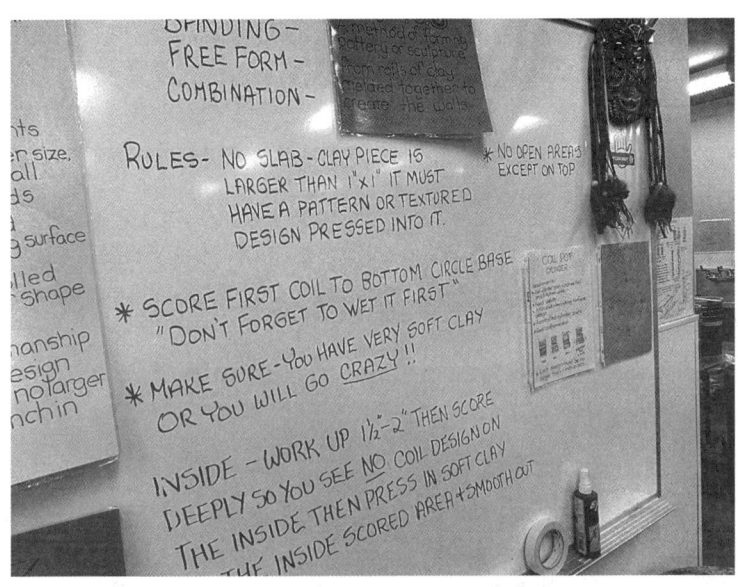

课堂规则、得分须知、学习态度等要求

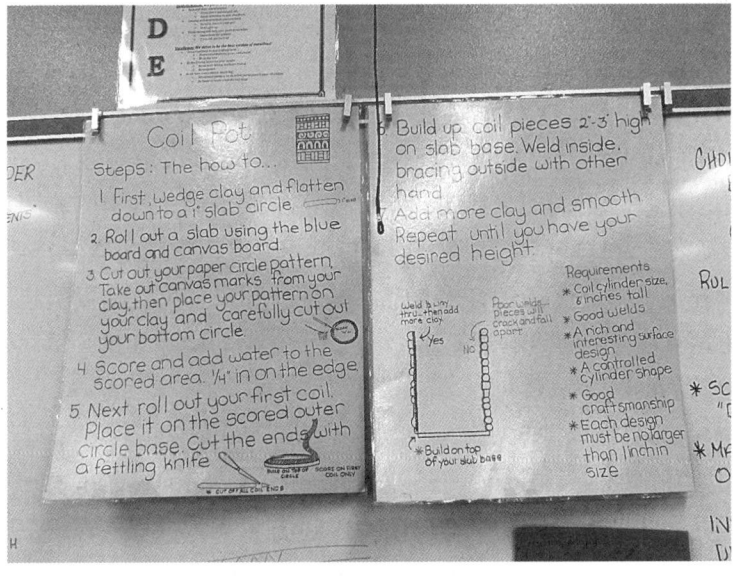

"泥条盘筑"步骤解析图

选了这节 AP 课程的高一学生,大多自律性强,会仔细阅读教师的重要提醒,使自己不致因为技巧或态度问题而得不到相应的学分。

所以,从这个细节可看出:1. AP 课的教师是"专业"级别,尤其是艺术教师，不仅懂艺术而且懂教育，是经验丰富的教师；2. 美国高中的AP艺术课程是强调基本技法的——这似乎是拿学分的关键。

离下课还有10分钟，动作快的学生已经在圆饼底座上开始"泥条盘筑"了

需要补充说明的是，由于时间匆忙，无法向老师了解更多有关陶艺教师从业资格的讯息，但Corle老师说，自己非常喜欢中国、日本、非洲等地的陶瓷艺术，经常造访这些国家和地区，自费学习手艺，以精进教学技巧。并且，Corle老师还向我展示了她的许多作品，其中一套十二生肖瓷板引起了我的注意，不仅是因为它们的"中国美感"，还在于它们的精雕细琢，每一处细节都显示着老师的水平。

三、教学内容及教材

据老师介绍，他们学校所实施的高中AP艺术陶艺课程内容，主要分成两大块：一是各国、各文化形态的陶瓷艺术学习与创作——如中国、日本、墨西哥、非洲风格的陶艺；二是动植物、人物主题的陶艺学习创作。这两部分的教学内容，对于初高中生来说，有一定难度，也兴味无穷。

（一）教学内容

以本节课为例，这节80分钟的课上，大部分学生能完成的只有"泥饼、

Corle老师的作品：十二生肖瓷板（部分）

切圆做底"这两个工序，看起来相对不完整且不急不慢，但教师计划的教学内容是这样的：

老师介绍说，她会根据国家AP课程标准来设计课程内容，且她用15—30分钟时间来讲授"泥条盘筑"是怎样的——以此向我解释为什么这节课大部分学生只能完成"泥饼、切圆做底"两道工序。

我们忽略这个班学生的制作水平，仅推理该内容——以"泥条盘筑"为基本技法，学生居然要用1—3周的时间（也就是至少3个80分钟）来完成！要知道在我校的初中陶艺课上，学生了解了制作方法之后，仅用一节40分钟的课便可以完成这个工序、掌握泥条盘筑的技法。

尽管我看到的只有一个"圆底"，

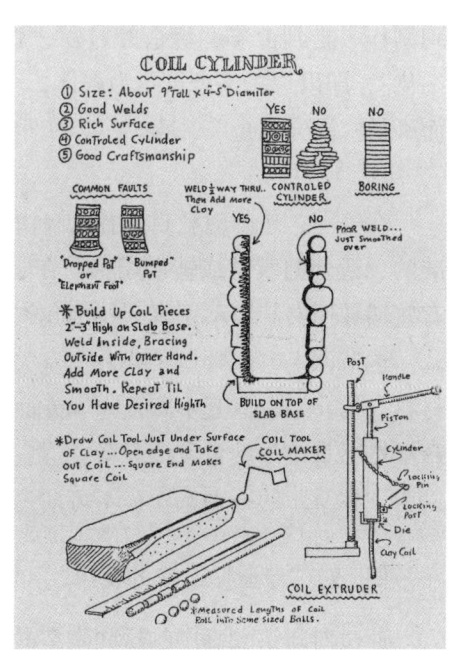

圆形物体的盘筑：学习单（泥条盘筑）

教室里陈列的"泥条盘筑"半成品

且是高中生们80分钟的工作成果,但一想到学生要在未来三周里依次完成盘筑、点缀、上色、调整、晾晒、烘烤等工序,将体验一个完整陶瓷作品从设计到制作,再到上彩、烧造的过程,就明白这份"教学内容"的设计苦心:"精细化",即以"泥条盘筑"为载体,全面了解一件陶瓷制品的设计与制作过程,而不是"浅尝辄止"。

(二)教材

在美国,老师对教材选择的自由度相对较大,只要是符合国家或州课程标准的、适合的教学或辅助用书,在学校内部会议得到通过后,都能顺利使用。有些辅导用书甚至不用得到特别允许,只要教师认为合适,都可以使用。

这节课上,老师送了我一本有关艺术教育材料的书籍,虽然是"艺术教育材料"的介绍,但其中陶瓷艺术方面的技巧和方法却令人目不暇接——这些书籍虽然不直接与教育发生联系,但它对材料阐释到极致的做法,能够让教师引以为"教材"的一种选择,不可谓不是一种特殊的教材。

四、对"专业"二字的反思

通过对印第欧高中的这间陶艺教室的布局观察、教师访谈、教学内容及材料的了解,我深深地体会到"专业"二字的力量。透过这种"专业",我发现

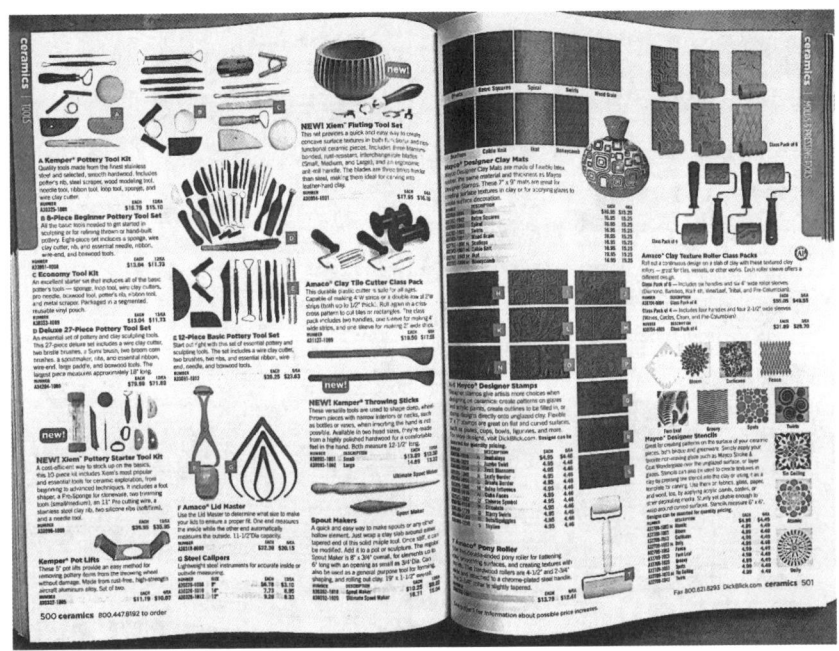

陶艺表面花纹设计垫的用法与种类介绍

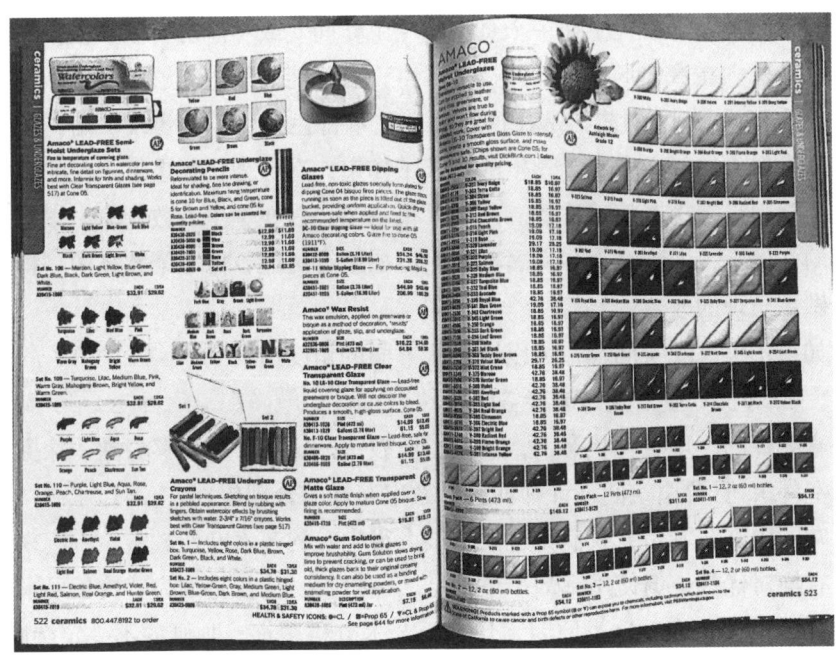

对现代陶艺彩色材料的性能描述

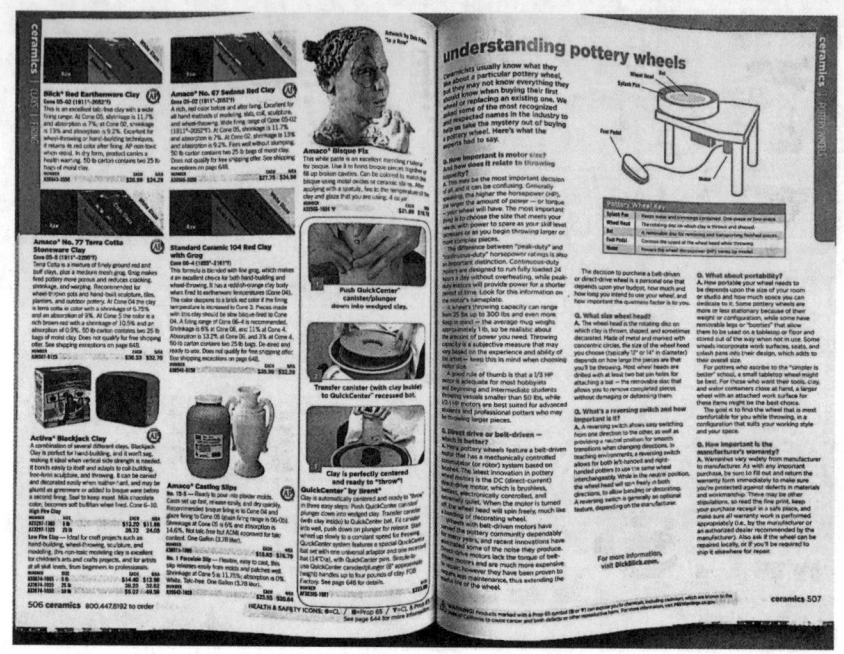

怎样理解陶轮

艺术教育的魅力，不外乎在一个真实的"工作间"或"厂房"里学会真正的技术。这种建立在真实场景之下的技术习得，有可能是学生能够掌握的。

以我校为例，"陶艺"是我校的一个艺术特色项目，从建校伊始，陶艺教师就非常努力地打造专属于学生的陶艺工作室，迄今为止积累了丰厚的教学成果，常常引得来访者啧啧称赞。这似乎很不错——在学生人数众多、学校空间狭小的条件下，做到这一步实属不易。但如果有可能，像印第欧高中一样，相信能做更合理的改善。

如果不考虑现实问题，可以试着从下面的角度出发：

（一）寻找专业力量，改善空间条件。

毫无疑问，理想化状态下，艺术专业教室一定要够大、够亮堂（除摄影专业教室外），且要由空间设计师辅助对教室布局的合理规划。

在国内许多城市，我们见过太多很大很空旷的艺术专业教室，看起来在空间上有绝对优势，但使用率却严重不足。一打听，往往是因为"校长要求艺术教师自己设计空间"这类原因。且不说艺术分科很细，画画的不一定会跳舞，即便是艺术教师，对空间的运用能力也因人而异，以致于够大够宽敞的地方，使用率一点儿都不高的"景象"比比皆是。

因此,科学、合理地规划与布局,造福每一个学生,在空间上产生"专业感",让学生天然融入艺术创作环境,这种对空间的规划与有效布局,非专业力量的加持莫属,仅靠教师自身水平是不够的。

(二)提高教师专业度。

"艺术"这门学科,无论哪一种形式,在我国都能找到源流,以及适合的师资资源,尤其是陶艺。

在美国的高中,我们看到AP课程的师资力量不同于一般课程,那是因为选修了AP课程的学生,等同于提前学习了大学课程,所以AP课程又叫"大学预科"课程。因此,以我在印第欧高中的经历为参考,同一个上午我看到另一节视觉艺术课的师资水平就远不如这节陶艺课程的师资水平——从课程结构到教学方法。

也许我们不能轻易复制这种模式,毕竟我们考虑的是"现实"——高考。但师资水平的整体提高,对学生而言没有坏处。让更专业的教师从事专业的工作,在我们的文化语境下,对学生整体职业体验来说,是一种优势。

(三)扩展教学内容与教育资源。

作为教师,许多时候畏惧教授某个内容,可能是因为欠缺对这个内容的足够了解、对相关资料的占有不足。这一点无论是艺术教师还是其他学科教师,相信都曾有同惑。

在美国,似乎不存在这个问题,因为一方面选择"教师"这个行业的人们,从教之前往往就已储备或是修完该专业的知识;另一方面教育资源往往是来自国家、州政府或学术机构的支持,教师具体教学时并不担心"资源不足"。许多老师告诉我,想要提升、或参与职后培训,机会太多(大部分是付费项目)。如此看来,对于美国的教师和学科教育来说,资源往往是"太多"而不是太少。

相比之下,尽管我们的职后教育做得很不错,但老师们固步自封、一生保持"一碗水"的情况也很常见,这就导致了许多人知识体系越来越扁平化、狭窄化,与快速发展的时代相比,做不到同样速度的自我提高。

固然可以呼吁,采用各种政策或渠道提高教师专业水平,但来自"官方"的教学内容和资源也同样重要,甚至更加重要。在这一点上,我们看到美国

的教师根本不必担心这些方面的问题，因为资源"就在那里"、教材"不怎么翻"，借鉴或者不借鉴，专业的教师们都能保证自己对重要资源的广泛获取。这种"权威的教育资源"，对教师的决定性影响是重要的。

所以，当我们参观别人做得好的地方时，尽管免不了一通"羡慕"，但反思的情绪往往更浓烈。作为教师，来美前，我对上海教育状况与资源水平是有优越感的，看遍风景后，虽然优越感仍在，但"专业"一词对我的触动与影响更是不言而喻。毕竟，当我们的硬件设施、机制管理、资源配备甚至课程等都在加速发展时，可曾有谁认真想过，让这一切都变得更"专业"？

让学校更像求知的地方，让老师更像高超的专家，让学生更像辛勤的学子，让教室更像车间、厂房、工作室，让知识更像树上的果子……如此一来，在"树林"里摘果子的学生们，学的就不仅是简单的技巧，而是如何开疆辟土、种树浇水、施肥除虫的生存本领。我想，这可能才是学校教育的目的吧。

道阻且长，目前来看，单就艺术学科教育水平，我们和"专业"还有一些距离，且行且珍惜。

不可思议的一节汉字美术课

即便作为成熟教师，我也没想过有一天会在大洋彼岸、其他文化语境下去开一节课，不仅是语言的问题，就这个行为，想想就觉得不可思议。这次赴美研修真是望外之喜。

和善的JUE YOLANDA老师协助我们进行了这节有趣的美术课

为什么要在美国上一节课，通俗的想法是：一段时间的观察，发现美国孩子学习的中国历史太过浅显和片面，而美国媒体大都不主动报道中国的发展进步，这导致很多人对中国根本不了解，更谈不上理解。待这批美国学生长大后，这种状况也不会得到太多改进。因此，借着此次赴美的机会，和美国的学生谈谈中国文化、讲讲中国故事、写写中国汉字，是一件很有意义，也很有挑战性的事。

【准备期】

为了此次上课顺利，我略做了一些准备：从中国带了一些水性毛笔和宣纸到美国，以备不时之需。果然，正是因为这些材料，才有底气和两个小伙伴一起讨论这件事。可见，从国内带一些适合的、极有可能会用得到的工具，对于访问型教师还是很有帮助的。

1. 教学材料：

水性毛笔50支、装裱宣纸50张、未装裱宣纸100张、中国结50个。

2. 教学主题：

在打算实施教学的这所学校，一同执行跟岗学习任务有另外两位老师：许岳军老师与史新强老师。我们之间的专业特长正好优势互补——许老师是位专业英语老师，口语水平高，能做同声传译；史老师是地理老师，博古通今、沟通能力强；我长期从事初中一线的美术教学，能够驾驭一些基本的学科知识技能，做充足的课堂演示。

临上课的前一天晚上，我们三人在视频会议上就把"中国汉字起源——甲骨文"作为了此次教学主题，相应的教学内容、设计思路也就明晰了。

3. 教学内容：

环节	内容	预期效果
一	自我介绍	了解讲课人的文化背景，促进理解
二	明确流程：模仿——理解——创造——交流	明确任务与时间分配
三	学习七个甲骨文和汉字的写法	学得会，写得来
四	创造一个属于自己的故事	可以达成
五	互相分享故事、交流	人人讲述、人人倾听

本节课的教学内容

事实上，在整理"中国汉字起源——甲骨文"这节课内容流程的时候，相应教学方法或者学生活动的设计也琢磨得差不多了，只是许多内容需要"美国化"和细化，比如教什么？

甲骨文作为一种"以形入字"的文化源流，教授我国学生尚且需要阐述它"形似"与文化底蕴之间的关系，学生才得以深度理解，美国孩子就更容易疑惑了。为了解决这一问题，我们在教学内容的选择上花了一番心思，怎样才能让美国学生容易理解中国汉字的由来，又不感到疑惑难懂呢？我们三人小团队决定以"山、水、日、月、明、鱼、牛、羊"这八个字作为本节课的主要内容。为了增加学习中国汉字的趣味性，"使用所学汉字书写或绘画一个故事"也将成为这节课学习活动的重要一环。

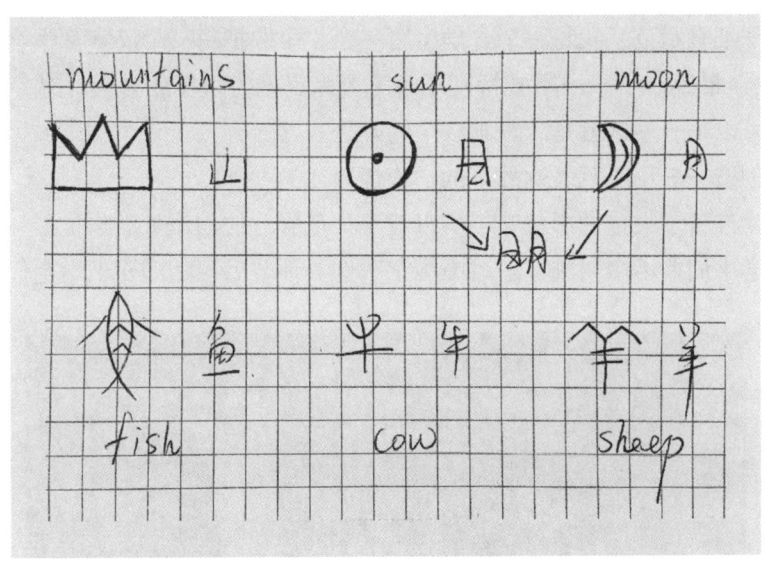

本课教学内容：甲骨文和汉字

【授课活动】

待一切就绪后，我们即着手为这节课做准备——到达John Glenn中学后，我径直来到美术老师Jue Yolanda的教室，找到她，请她给我们一点时间来实施这个内容。她很爽快地答应了，并认为这对孩子们来说是一个"很幸运"的机会，因为美国的孩子几乎从来没真正接触过中国艺术文化。我十分兴奋，意味着所有的计划终于可以成为现实！于是，我马上找到两位老师，请他们到美术教室一起来实施任务。

流程如下：

1. 热身：待学生全部进入教室后，Yolanda老师向所有学生介绍我们，我们也一一向学生们打招呼问好，大部分学生对我们的到来表示欢迎。

2. 介绍：我们是谁，我们准备做些什么。

这部分由许老师主讲，他向学生介绍我们来自中国上海，在这里已经学习了很长时间，为美国学生上课很荣幸，希望带领学生一起感受中国汉字的风采。

3. 学习方法讲解："跟画法"。

充分发扬我国儿童学写汉字的优良传统——"跟画"的方法，我们请美国学生仔细看示范，我写一个、学生写一个，争取把每一个汉字都学会。因为"跟画法"最容易学——不必特别了解笔画意义及方块字组合美，从字形方面模仿就可以了——这就是"跟画法"的好处。

4. 创造——用颜色表达故事的"表情"。

因为准备了大量的彩色笔，所以对于"色彩"的创作可以略扩展一二。因此，在学生们差不多完成"学写中国字"这一环节后，随即要求学生们选择自

学生们五颜六色的"故事"

己喜欢的色彩装点作品。这一环节中，我们看到了美国孩子艺术创作表达时的自由——为主题服务、为情绪服务，强调"自我意识"。

5. 分享。

受美式教育TPS（THINK-PAIR-SHARE）的理念影响，在学生们纷纷完成的时候，我请他们在小组里互相分享自己的故事。为了激励他们，我说，或许某些人已经把鱼放到了牛的肚子里，有趣的是，美国学生感受到了我想要表达的"幽默"，咯咯笑了起来。感慨的是，本以为美国孩子第一次见中国老师会略有拘谨，但他们完全没有这种意识，在分享环节畅所欲言，让我很是意外。要不是Yolanda老师因交代其他事不得不中断分享，恐怕我们之间的交流会延续得更久，也能谈更多关于中国文化的故事。

【教学后续】

这次赴美，我们为学生们准备了各种各样的小玩意儿作为中国特色礼物赠送，比如我准备的熊猫钥匙扣、许老师准备的红色中国结、史老师准备的绘图模具和小玩具等等，颇受美国学生的喜爱——没想到这个不经意的小细节，促成了本节课的情感升华。学生比分享作品的时候更愿意表达了，在我们赠送小礼品的时候，有的学生开心地把两个中国结挂在耳朵上，有的学生则找我们"想再多要一个熊猫钥匙扣给自己的妹妹"。

这件事告诉我们，在语言沟通略有障碍的前提下，只将一节课作为文化交流的纽带肯定是不够的。一定要做足细节准备工作，这会让人与人之间的情感维系变得容易。这让我想起同事间聊天时提到的Karl老师，他接待中国来访的老师，自己会戴好"龙"图案的领带、教室里播放中国轻音乐、教会孩子说"你好""再见"等常用词，教具也是中国龙的材料，赠送给老师的礼物也有中国特点。正因如此，Karl老师在大家心目中的形象才异常伟岸，美国教师对细节的注重也刻在了我们的心中。

【教学反思】

美国课堂与我们略有不同，我们是40分钟一节课，他们这所John Glenn中学周三的课堂时间是90分钟。所以，这节90分钟的课，感觉完全不同，我

美国学生的中国字

们三位老师都觉得十分过瘾。比如：每个环节都比我们设想的时间要久，单就教授几个甲骨文字——从事物形态到具体汉字，我们都有充足的时间去解释。印象最深刻的就是，当我们讲到"日"和"月"凑在一起就是个"明"字时，语言不足、肢体语言来凑，向美国学生解释"日月同辉"的意思，孩子们一下子就接受了，于是创作这个字时就很投入，因为完全理解了。对我们来说，这也是一段不错的经历。

课结束时的大合影

写给我的美式教学初体验

撰写这篇文字时,恰逢祖国70岁华诞。此刻,我坐在学校的阶梯教室里,静静聆听着不同年级的小朋友们发自肺腑的歌唱,时不时被精彩的表演和歌声感动,转而归于平静。

平静,是最美好的幸福——不愁喜,也不生悲,一切刚刚好。人到了某个年纪,懂得不能再改变世界,但也不会轻易被世界改变,于是唯有毕生努力。当看到国家繁荣富强,人民安居乐业,我不知被感动了多少次,相信许多人和我一样,默默流泪却并不悲伤。这种感觉真好。

赴美之前的暑假,我曾赴大理为当地教师做过一场培训,其中借鉴了不少美国教育的思维与方法。然而,撰写这篇文字时,赴美之行还未开始,许多"实践"不知深浅,但它们作为学习美式教育并实践的"证据",在此刻平静时分重新梳理,意义自是不同。

节选一些"片段",描述这些美国教育思维方法在我的初次实践中,它们的"出现方式"与"落地姿势"。也许与它们的本来面貌不太相同,但作为美

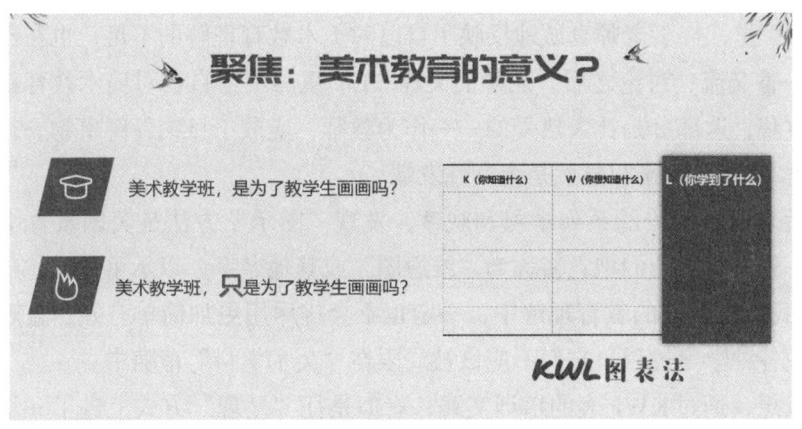

KWL图表法:K——knowledge、W——what are you want to know、L——Learned

式教育思想的本土化初体验,我想还是应该做一些适当的改良与反思,以适应我们的环境与水平。

片段一:"KWL"图表法

在赴美行前的暑期培训时,美国老师向我们介绍过"KWL",但没有强调它的好处,所以我一直没有使用过这个方法。但学科背景与经验提醒我,它的图表式呈现方式似乎更加简洁。作为一个展示学习结果的工具,它的图表规划对于梳理学生的学习情况、把握学习节奏来说,是很好用的。

我曾与同行沟通过"美术教育"的意义,我问了两个问题:美术班是为了教学生画画吗?美术班,只是为了教学生画画吗?

当不停追问这两个问题时,许多老师陷入了思索和矛盾。也许这是重复提问的技巧"造成"的结果;但又或许,美术课及美术教育,绝不是"教学生画画"这一件事而已。

这样一个问题,既然没有那么简单,该如何进行梳理呢?于是我想到了KWL图表法,这是一个能够把所思所想以及收获罗列在一起且使用并不复杂的方法。从图中来看,K代表Knowledge——已知、W代表What——未知、L代表Learning——学到。这三种不同思考层面的结论,将在同一个问题上、以"递进、并存"的方式呈现,容易让学习者本人以及旁观者,对所陈述的观点"一目了然"。

果然,在这种直观呈现的图表里,许多老师在"K"方框里写下了自己对美术教育的固有思维,那是大家彼此熟悉的、常见的观点,并不让人太意外;在"W"里,许多老师真诚地反映了自己对美术教育理解的不足,也在预料之中;一番交流、讨论之后,老师们又在"L"里写下了自己对美术教育新的理解和收获,这部分是让人热爱的——作为教师,应敢于接纳新鲜事物、打破固有偏见,"写"下来很显然是个良性发端。

后来通过访美的系列学习和观摩,发现"图示"方法是美国教育中最偏爱的一种方式,他们把它俗称为"维恩图"或其他名字,以示重视和"与众不同"。我想,我们的教育理解中,一定也不会排斥用更加简单有效、直观的方式呈现各种学习过程,它们不应该被局限在"美术学科"范畴中。

我想,通过KWL表的培训实践,看似是往"呈现"方式上进了一步,其实距离真正自然发生的、依靠"视觉呈现法"解决问题的教育来说,还有很大距离。因为，无论是图表呈现法或是其他方法，"方法"的使用从根本上是要解决具体学习问题的，绝不是花里胡哨的表演。但目前看来，要等到大家都觉得"自然而然"的发生，这个过程还要一段时间。

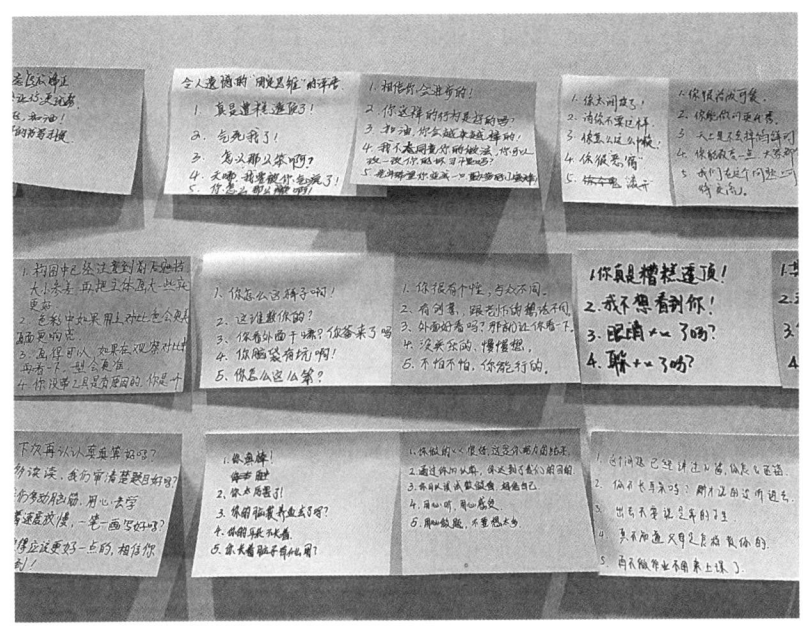

成长型思维：GROWTH MINDSET

片段二："成长型思维"（发展性思维）

第二个与同事们交流的新理念是"成长型思维"，或者叫发展性思维、过程性思维。

其实，这已不算是什么"新理念"了，我依稀记得刚入职时，恰逢上海二期课改，各种教研活动或会议上频频谈及教师要用"成长性思维"去看待课堂中学生的表现，切忌贴标签或者使用打击性评语等。现在看来，这些指导思想和行为，不就是成长型思维的表现吗？它是区别于固定思维而存在的，听起来特别容易理解，但操作起来很难。

为了和老师们搞清楚什么是成长型思维，以及为什么要将自己的教育教学心态调整到这方面，我和老师们共同玩了一个"双停车场"（DOUBLE PARKING LOT）的小游戏——即借助一黄一粉两张即时贴，将自己教学经验

中"固定思维"的行为写在黄颜色即时贴上,再参考成长型思维将改进语言写在粉色纸上、使之能够和黄色纸上的"评价"一一对应。

于是,老师们在两张纸上分别写下这样有趣的内容:

(黄)真是糟糕透顶了!——(粉)相信你会进步的!

(黄)气死我了!——(粉)这样的行为你觉得合适吗?

(黄)你怎么这么笨!——(粉)加油,你会越来越好的!

(黄)天呐!我要被你气疯了!——(粉)我不太同意你的做法,你可以改一改这个坏习惯吗?

(黄)你怎么那么懒啊!——(粉)老师相信你会变得更勤快的。

(黄)你怎么这个样子啊!——(粉)你很有个性,与众不同。

(黄)这谁教你的?!——(粉)你的方法很有创意,和老师的不一样。

(黄)你脑袋里有坑啊!——(粉)没关系,慢慢想,不着急。

(黄)你真粗心大意!——(粉)多看看、多想想,或许能发现不对。

通过这个游戏,大家感受到了"克制"与"隐忍"的力量,也发现以前对学生说话的种种"不合时宜"。老师们一下子明白了,通过游戏的理解,比纯粹理论更容易让人懂得什么是"成长型思维"。这两张小纸片的对比和

T—P—S

Think(思考) pair(同伴) share(分享)

Q1:什么是美术?

请先独立思考这个问题,结合自身工作经验和生活常识,在内心先归纳好"答案",然后和你身边的同伴交流,彼此交流完之后,请在你的四人小组里分享。要求:每个人都要交流,每个人分享的结果都要认真聆听,积极讨论。

Q2:美术教育有什么意义?

请先独立思考这个问题,结合自身工作经验和生活常识,在内心先归纳好"答案",然后和你身边的同伴交流,彼此交流完之后,请在你的四人小组里分享。要求:每个人都要交流,每个人分享的结果都要认真聆听,积极讨论。这部分的"结果",请大家用"PARKING LOT"的形式展示出来。

T–P–S:THINK–PAIRS–SHARE

回应,让我们懂得,在脱口而出之前,冷静想一想,用什么方式学生会更容易接受。

片段三:"T-P-S"

第三个手段叫做T-P-S,即自我思考"T"(think)、同伴交流"P"(pairs)、组内分享"S"(share)。这个方法源于小组合作,但比我们常见的小组合作方式更"科学",原因在于它的设计充分考虑到合作学习的初衷与目的。

比如,TPS一定要建立在四人异质分组基础上,多一人则多、少一人则不足,这是因为四人一组的科学性大于其他组合。但事实上,教师数量经常会多于4人组合,这实际上给TPS交流留下了一些质量隐忧——小组里会有老师无法融入,因为与同伴分享"S"时找不到临时搭档。

再如,TPS一定强调个人先主动思考2分钟,得出具体结论或想法,再和同伴之间交换,最后再到组里分享。这种充分强调个人思考在前、团队分享在后的做法,是为了突出个人观点从封闭到打开、从感性到理性、从单一到多元的整合过程,这会让每个人的收获实际上大大超过于个体的主观理解范围。这些优势,在整场TPS操作中,从始至终都比较突出。

TPS方法用得很多,尤其是对关键问题的讨论。比如"什么是美术""美术教育的意义是什么""鸡问题"等。在已发起的TPS讨论与分享中,最终整场效果都反响强烈,令人意外于TPS的显著成效。

TPS式的交流与分享,无非是希望人人参与话题的讨论,从而使学习者有充分的参与感与成就感。此次培训中,效果之所以如此明显,我想是这几种原因:

1. 话题平常,难度小,思辨空间大;
2. 对话环境平等,个体感到被尊重,从而更愿意表达;
3. 讨论方式允许"不同"声音的存在;
4. 教师是有经验的教育个体,契机合适,便能发现自己的与众不同;
5. 同伴分享建立了对话安全感;
6. 小团队环境降低了对话抵触感;
7. 充分、恰当的时间节奏。

片段四:"PBL"——项目化学习

第四个要书写的是"PBL"——基于"问题解决"的项目化学习。

其实，PBL项目化学习如今已经很火爆了，早在三年前就听人说过，但固有思维告诉我"美术学科有自己的教学惯性和常态"，故而一直未曾深入研究过。此次在美方老师的一再组织、激发下，我渐渐感受到这种被誉为目前最好教学方式的魅力。

我认为，PBL——Project（problem）Based Learning（基于项目/问题的学习）的最大好处在于，没有一个孩子会在学习过程中感到"孤独"，而"孤独感"恰恰是学习过程中可怕的一只拦路虎。这种学习困难冷暖自知的味道，相信每一个人都遇到过，哪怕是再杰出的人物。所以，现代教育若要做到极致的包容，莫过于挽救每一个即将厌学的学生，让他（她）爱上学习。

所以，通过对PBL的了解，它给了我这种"希冀"——假如通过合理的设计、有效的指引、丰富的评价，学生很有可能找到他（她）的存在感从而自发生成学习"幸福感"。这种感受，是任何强烈的鼓励、赞美都不能轻易替代的。

我也尝试了这个方法：准备好白纸、记号笔、彩笔、剪刀、彩纸、胶水等，请老师们按小组为单位完成指定任务——设计一个陶瓶形象并务必使用规定的美术技能。

这次Project，强调了两点：一是"每个人都要参与"，二是"方法不限"。等到团队工作结束的时候，果然发现，正是因为条件"宽泛"、任务"明确"、团队的"荣誉感"一直在暗暗起作用，故而每一位老师都充分发挥了主观能动性，主动判断并分担组里的任务。

比如，有一位男老师，什么也不会画，亦不懂得从何处入手，更不知道该给同伴什么建议，一开始着急得团团转，后来发现"张贴"这件事更适合他，于是在大伙儿完工之后，喜滋滋地把"成果"贴在了墙上指定区域。从他身上我感受到，一个目标明确的PBL项目化学习，只要能做到：小组任务清晰、分配合理、组员责任感得到激发，每一个人都能感受到学习的快乐。

以上四个片段，是赴美行前我亲身实践过的美式教育方式，也是美国教育理念的首次落地。其实，在实践它们之前，我并不确定这样"时髦"的策略与方法是否符合我们教师群体的实际需要。但它落地之后，我发现，当内心不排斥新鲜事物的时候，它们的特性就会被发挥得更好。

所以，相比较美国教育的各种思想与不同理念，关键在于使用它的"人"——再好的工具都要拿来用用，才能知"器物"的价值和功能，否则束之高阁，便成了无用之物。

一节特殊辅导课带来的思考

教学中总有许多细节是刺眼的，值得引起警觉，因为教育工作是多变的、难以简单以一维标准衡量。这周我在约翰·格伦中学（JOHN GLENN MIDDLE SCHOOL）蹲点时观察了一节ASAP课程，主要为学习有困难、进步比较慢的特殊学生设置的一种课程，是一节8年级数学课。

什么是ASAP课程？在约翰·格伦中学，简而言之，就是每周四11：30—12：00，固定半小时时间，由学校组织专人给学习后进生"补差"。原本这个时间段主要安排丰富多彩的社团活动，比如舞蹈社。由于这些孩子学习表现不达标——或智力因素、或行为因素等，所以只能放弃社团课时间，改上ASAP课，否则影响学业。我想确认这类课程的"补差"性质时，得到的回复是：学校必须"为特殊孩子服务"。

可想而知，这些孩子由于各种原因只能留在教室里继续补习学过的内容，他们的情绪有多沮丧；而老师的日子也好不到哪里去，这半个小时里我就没见老师露出笑脸，反而是不厌其烦地"提醒"和"催促"学生要投入学习。相比之前在这所学校里观摩课程时见到的那种师生相处融洽、其乐融融的氛围，ASAP课程的反差感真的很大。

在我很庆幸可以看到一所口碑很好的学校"两幅面孔"的同时，更感兴趣的是，ASAP这节课到底上什么？怎么补的差？补哪些"差"？什么知识对他们来说算是"差"呢？

我观察到的这节ASAP课程，学习内容是"一元一次方程"。教学内容就是一元一次方程的解法，学生需要通过半个小时时间，把解题思路搞清楚并能举一反三，进而解出老师布置的20道课堂练习题。

半小时实在太短，这导致老师除了讲解、示范外，并没有机会采取更多教学方式，唯一"额外的形式"就是邀请了一个女孩来解"$7(2x+4)=42$"这道题目，并请她演示解题过程（通过电脑投屏技术同传），并从旁协助。

这些孩子虽然"差"，但更不情愿来补课，又没有其他选择，所以许多学生根本坐不住。再加上课程时间是30分钟，而老师又专注于解决某一具体技能的问题，因此许多方面顾不上——比如数学思维、情感教育等，使得这节课出现了许多弊端。

最大的问题恐怕就是，至少50%的学生，学习态度令人担忧——对数学课不感兴趣的学生依然不感兴趣，不会因为这半个小时的ASAP课程"加餐"而有任何影响。

还有一些小问题，比如，教师的解题思路单一（据观察这节课教师与女同学的演示方式及思路一模一样，只是题目不同），使得学生中始终有人对一元一次方程无法完全理解与掌握。这种情况下，"20道题目的练习量"简直就是一道难以逾越的鸿沟。

从这两个问题的描述可以察觉到，世界各地都有"差生"问题，且解决效果都不怎么好。尽管影响解决效果的因素可能不止一个，教学方法固然需要慎重思考，可学生态度更加重要。因为"你永远叫不醒一个装睡的人"——这节ASAP课上美国学生的表现，让我们看到他们对数学的不情愿和冷暴力。时间久了，ASAP课在这所学校恐怕要成为形式主义，而它的最大功能就要演变成对家长负责、对外宣传负责，唯一不必担心学生能力是否真正提高。有了这层思虑，我甚至怀疑ASAP课程的反复强化，是否是造成这批"差生"数学始终很差的原因之一。

补差方式真的可行吗？ASAP课起到帮助"特殊孩子"的作用了吗？如果学生态度与教学方法不改变的话，希望学生不要被补得越来越"差"，将会成为这一类课程唯一的期待。

尽管教师和学生都如此"为难"，但这30分钟内，还是出现了很多亮点，比如教师一直用成长型思维（GROWTH MINDSET）来鼓励学生，并不因为他们有过分举止行为而情绪暴躁。比如，"噢！夏莉开始喜欢数学课了！真棒！""杰瑞，你要参与进来，开始你的作业"等语句，让学生听了不会觉得压力太大。

最叫人欣慰的一个小细节，表现在这位老师给大家准备的"小挡板"上。所谓"小挡板"，就是一个A4大小的硬壳文件夹，可以打开以"V字"型站立在桌面上，挡住每个人的脸。老师把这个小物件发给学生的目的是：每个人都可以把作业遮挡起来，从物理形态上和别人的空间隔绝独立，从而留下一点

每个学生面前的"挡板"

难得的私密空间用来处理自己感觉略有难度的作业。

也许,老师的真正目的不是为了遮挡,但它却客观上促成了学生"进入状态"和"安静练习"的有利条件。对于这批需要上特殊辅导课的学生来说,这个小细节设计得很是用心了。

课快结束的时候,一半以上的学生没有完成这20道题,但老师没有多说什么,只是希望他们下一次上课的时候把作业带回来。尽管这样的设置很"人性化",但对于解决学生数学基础问题来说,究竟有没有帮助?

从教育者角度看,如果一直采取传统教学方式——教师讲题、学生刷题,那么这批"差生"的学习效果从根本上不会发生太大改变。他们之中很大一批人会陷在对数学学习的固有恐惧思维里,从而内化他们对数学学习的认识——僵硬、死板、有难度的,以及对自我学习的认识——笨的、不聪明的、做不出题目的。

尽管ASAP课的存在是有道理的,但还是希望我们在发现类似问题的时候,能充分考虑学生的现实层次与心理需求。用尝试变通的方式去代替传统"补差"问题,努力发展最佳教学方法和手段,平等对待需要补差的人,尽可能找出适合他们的学习方法,努力培养学习兴趣。只有如此,才有可能使学生在解题过程中获得成功喜悦与快乐,否则便是变相的折磨与摧残,于教育的本心无益。

第二部分

潜 心 思 索

——体会美式教育中的那些"评价"

美式"以生为本"的教育，让这所新高中来告诉你

Kim是个很热情的人，是那种"站在讲台就会发光"的天赋型老师，从夏天认识她到现在，依然是这种感觉。去她的学校参观，发现她更是一个异常能干的好校长，她把一所学校从"纸上"想法变成触手可及的建筑大厦，学校里到处是她的头像，学生和教师都想成为她那样的人——仿佛NBA明星就在身边。这种人人以校长为荣的校园"盛况"，似乎并不多见，她是怎么做到的呢？

一到E-STEM学校，Kim就热情地走出来接待我们

Kim的经历非常特殊：1岁时随着父母从越南逃出，在海上漂流被美国海军舰队救起，从此开始在美国生活。几年前遭遇重大车祸差点丧命，但热爱生活与教育工作的她意志过人、不屈不挠与病痛抗争，如今成为一所大型高中

的校长。其实，这段曲折的履历Kim谈起时，仿佛早没有了"铭心刻骨"的情绪，但我们仍能从她云淡风轻的讲述中感受到她的坚韧与过人胆识。来美国前，我们只知她的勇敢，未曾亲眼看到她的学校，更无法想象，她居然用她的坚毅，让奇迹出现在这块土地上。

在美国开学校何其困难，却因为Kim的坚持与努力，使得E-STEM正逐渐成为加州优秀的STEM特色高中之一。年轻的它，虽远远没有HTH（圣地亚哥高科技高中）那么有名，但"一出襁褓"就"大声啼哭"的"娃娃学校"E-STEM，在几年前未成形时就因Kim带领的Stem教育而取得令人瞩目的辉煌成绩。这一切，使得这所以Stem著称的特色高中受到更多人的关注和期待。

我主要想描述对E-STEM高中学校的整体印象，尤其是"以学生为本"这方面的简单体会——特别是在一所新开办的高中里。

为方便阅读，下文中共分三个部分，第一部分，校园环境设计与人文关怀，第二部分是"课程设计与学生需求"，第三部分则是"学生的成就感与精神面貌"。希望用这三部分，能简述E-STEM特色高中的风采，更是借机会和大家分享美国高中的学校理念和教育价值观。毕竟，这是我们此次访美很少接触的部分，更何况是一所尚在"雏形"状态的新学校。

一、校园环境与人文关怀

敞亮不失靓丽的校园建筑，与绿植、装置相得益彰

因为学科背景，每到一处，我会格外留意一个学校的整体设计形象。所以，到了这所于2019年8月23日才正式启用的E-STAM校园，我也略微留意了它的格局与设计。

带领我们参观校园的学生介绍说，学校斥资7 000万美金打造这座巨大的Building，使用的是无污染、无味道的建筑材料，以确保在8月份正式运营、招生纳新。从这一点来看，若是没那么急着投入使用或是不考虑材料原因等，这7 000万美金应该能有所节约。但Kim跟我们说，她宁肯晚点开学，也不愿留下任何遗憾。在学校新建之初、处处用钱的情况下，还不留"遗憾"，值得真正爱学生的教育者们细细品味。

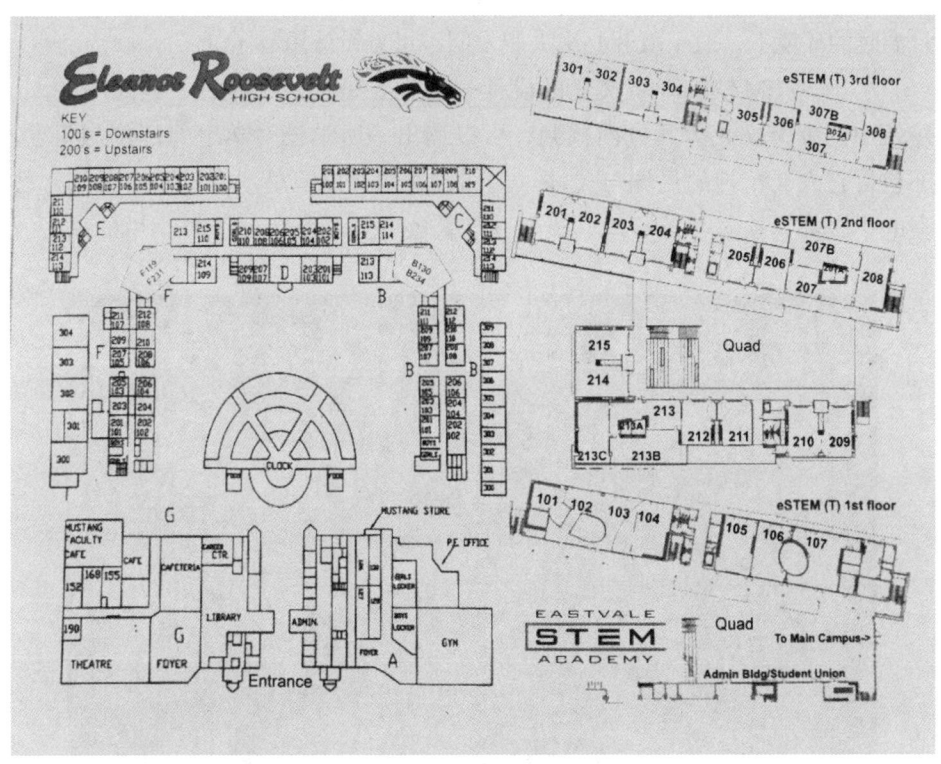

E-STEM Academy学校平面图

来观察这座建筑物的平面图。在建筑设计营造方面，有几处充分考虑了"学生是享受建筑物的主人"的概念：

1. 左侧建筑群的"半包围型"设计——从外观上看，比传统校园多了许多进出口（Entrance & Exit），可以促进学生人群的流动而不觉拥挤（尽管学校目前只有650人，对于它可容纳1 000人来说尚不算"拥挤"）；

2. 右侧建筑群"三斜一横"的整体设计，与全佳教授提到的"风力原理"有关系——加州地带靠近太平洋、沙漠干燥、终年风力颇大，为了防止风力倒灌引起的温度或湿润度不适，建筑才这样布局，使得最终进入建筑群内部的风，不至于过分猛烈而使学习者感到"萧瑟"；

3. 建筑物整体色系设计，主要使用灰色、浅咖色、橘色、白色这四色，强调色系统一与调和，尤其是橘色耀眼，在沙漠地区给了学习者一种心理上的"启迪"与"刺激"作用。

尤其是第三点，对于我这个来访者来说，乍一接触便有此感受：在柔和且温暖的环境下，敢于敞开心扉大胆发问，可见设计用心了。

从E-STEM校园环境文化的设计——主要是建筑、布置、建筑中的人、建筑中的细节文化等几方面预判，可以读出一所学校对学生的定位与要求，亦包含它人文精神的倡导与关怀。比如，我们在校园里"闲逛"时看到，敞亮的小卖部紧挨着学校行政人员与驻校警察的办公室（便于对学生的采买行

橘色、灰色、白色、浅咖——其中浅咖是主色、灰色是第二主色，强调稳重；白色与橘色调和，强调活泼

为进行保护或监管），开放的餐厅与随处可见的活动桌椅（便于学生随时停下商量问题），有天顶的食堂（以防沙漠地区下雨而影响学生的就餐心情），偌大的停车场（便于更多的学生开车上下学），随手可以书写的墙壁与玻璃（便于学生随处思考）、校长小办公室与学生大活动空间（校长室的"小"是为学生服务、学生则更需要大的活动空间）等，无一不体现着这所学校从图纸设计到正式运营，所围绕的"以学生（舒服、方便、自由、表达）为主"的思想。

校园里的大环境以及每一处小细节的设计，让人能够体会这样一层感情色彩：学校若能做到——空间的每一处都能尽显对学习者的宽容与关怀，允许学习者自由想象、自然表达，像家（理想中的家）一样，试问哪个学生不爱来学校呢？

二、课程设计与学生需求

据Kim介绍说，目前学校已有650名学生、220多个PROJECT（项目），且这些项目基本上都是学生自己选择、自己设计、自行组团并按照一定的目标去实践完成。所以，学校在课程设置方面，除彰显特色的项目学习外，学生也需要完成主修与选修课学习任务。

根据对"课表"的观察以及对学生的访谈，我们了解到：学生每天早上第一节课开始于6:30，一直到下午的2:46结束，这段时间里要完成除艺术、体育之外的课程学习（这两门课要到总校埃利诺·罗斯福高中去上）。课表上所呈现的主要课程有社会科学、语言艺术（英语）、数学、科学、世界语、健康混合课程、STEM课程。除此以外，学生还有各种丰富多彩的社团课（从总校埃利诺·罗斯福高中的校园网站上得知），例如唱诗班、国际象棋、电影俱乐部、游戏俱乐部、投融资俱乐部、学生政府、TED俱乐部、现代乐队、多元文化俱乐部等。

例，从这张"四年课程学分和内容"的表格里可以看出，E-STEM的职业高中生所要学习的课程并不简单，甚至颇有难度。比如到了"高四"年级，学生就要在社科课程里接触"政府-经济学""注册-预算"等，这些是职业规划与专业学习的课程。

不得不说，这让熟知中国高中课程的我们感觉到，这类课程是在为学生"早做打算"——如果学生选修了这门课，他（她）又恰好喜欢，取得好成绩

SUBJECT	YEARS REQUIRED	CREDITS REQUIRED	9th	10th	11th	12th
SOCIAL SCIENCE	3	30		World History AP European History	US History AP US History	Government/Economics AP Gov/Econ Honors
LANGUAGE ARTS	4	40	LA1 LA1 Honors	LA2 LA2 Honors	LA3 AP Language Arts	CSU ERWC AP Literature Norco College Dual Enroll.
MATH	4	40	Integrated Math 1 Int. Math 1 Enhanced Integrated Math 2 Int. Math 2 Enhanced	Integrated Math 2 Int. Math 2 Enhanced Integrated Math 3 Int. Math 3 Enhanced	Integrated Math 3 Int. Math 3 Enhanced PreCalculus PreCalculus Honors* AP Calculus AB* Norco College Dual Enroll. Calc 1/Calc 2	PreCalculus PreCalculus Honors* AP Calculus AB* AP Calculus BC* Calculus AP Statistics Financial Algebra Norco College Dual Enroll.
SCIENCE	4	40	Medical Biology Med Biology Honors	Chemistry Chemistry Honors	Physics AP Physics 1	AP Biology AP Environmental Science AP Physics 2 AP Physics C: Mechanics AP Chemistry Zoology Oceanography Astronomy Forensic Science/CSI
WORLD LANG.	3		Spanish Chinese	Spanish Chinese	Spanish Chinese	
VIS & PERF ART	1	10			Art (Summer)	
PHYSICAL EDUCATION	2	20	Intro to PE	PE (in summer allowed IF passed FitnessGram, otherwise will be during school year)		
HEALTH	.5	5	Health Hybrid (Summer)			
STEM ELECTIVE	4	40	Intro to Engineering/ Exploring Comp Sci	CAD 2 Robotics AP Principles of Comp Sci Med Anatomy & Physiology	CAD 2 Robotics Manufacturing 1 AP Computer Science Pathology & Bioengineering Sports and Emergency Med 1 AP Bio AP Chem	CAD 2 Robotics Manufacturing 2 Infectious Diseases Sports and Emergency Med 2 AP Bio AP Chem

Post-Secondary Goals: _____ College _____ Vocational/Trade School _____ Military _____ Work

Student Signature _____ Parent/Guardian Signature _____

这所职业学校高中四年总体的学习计划与课时学分要求，11班艺术课（夏季班）被要求学习一年，10个学分

的概率就会更大。而"好成绩"又会促使学生往更高层级发展，到大学阶段或许会选择类似专业继续攻读也说不定，实现让学习引领"兴趣"或是生活工作的目的。不仅是社会科学课程，医疗健康、物理课、3D打印等课程几乎都如此，让选了它们的学生可以充分展现才智水平。当然，这些课程中的很多，它们的学习方式并非纸上谈兵，因为那些学校斥巨资打造的系统全面的"实训室"，是这些课程专业化的保障。

从E-STEM职业高中的课程设置上，我们能看到这所新学校重视课程结构、强调主体与特色并行的特点，又能隐约看出美国高中学生的学习需求——尤其是AP课程和选修课程更倾向于毕业和升学选择、人生道路选择、职业理想选择等等。

不论是语言文学课还是数学、STEM课，E-STEM学校与其他学区的学校一样，倡导学生"像文学家一样阅读、写作""像科学家一样思考"。除了各科学习理念之外，几乎每门课程还有一些"隐形设置"，它们同样给了学生继续

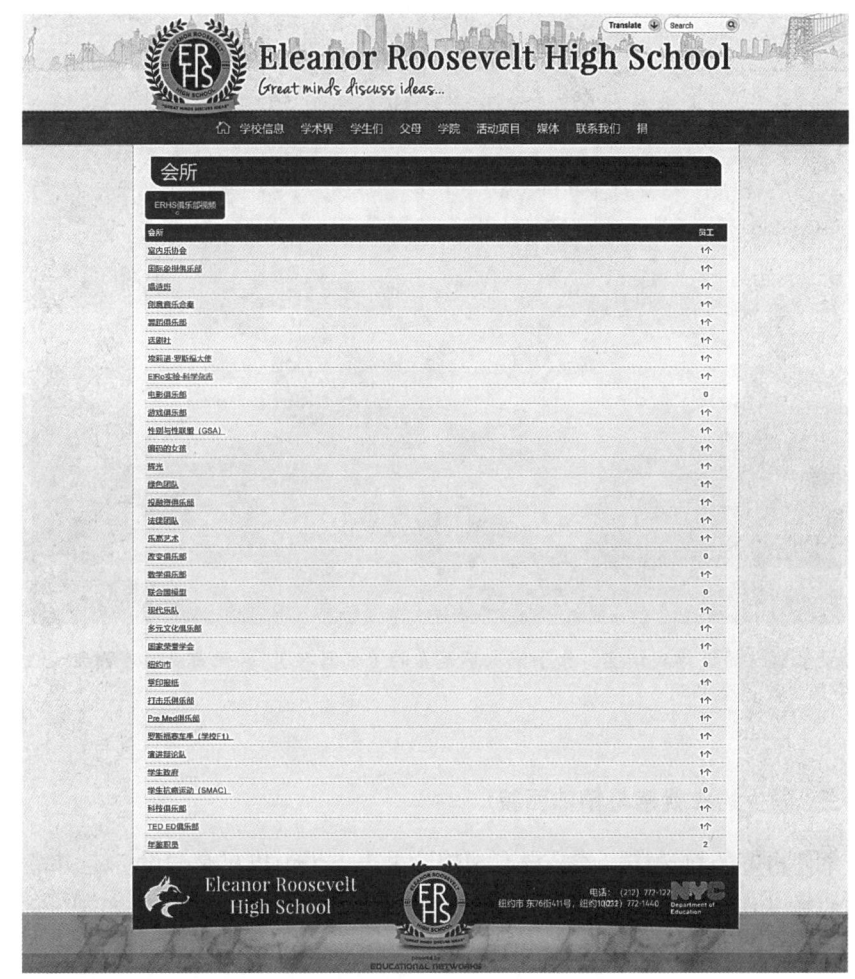

总校埃利诺·罗斯福高中的网站上,学生活动目录栏里所呈现的俱乐部或社团名单

坚持下去的动力。如选修语言(英语)艺术的学生,除了达到合格标准之外,如果在高中各年级能完成不同标准的"50%的文学阅读与50%的实用英语阅读(如纪实文学之类)",且每天早晨6:30到学校晨读,用时间来"积分"并达到一定高度,就能获得诸如与校长一起用餐的奖励等。

这种显性与隐性的课程设计,从一定程度上能够吸引学生不断认可并坚持自己的选择,使某方面比较突出的部分,逐渐成长为爱好、兴趣、优点,再到特长甚至未来的专业选择方向。这种E-STEM高中有关课程的设置细节和与之匹配的美式高中教育理念,值得我们品味。

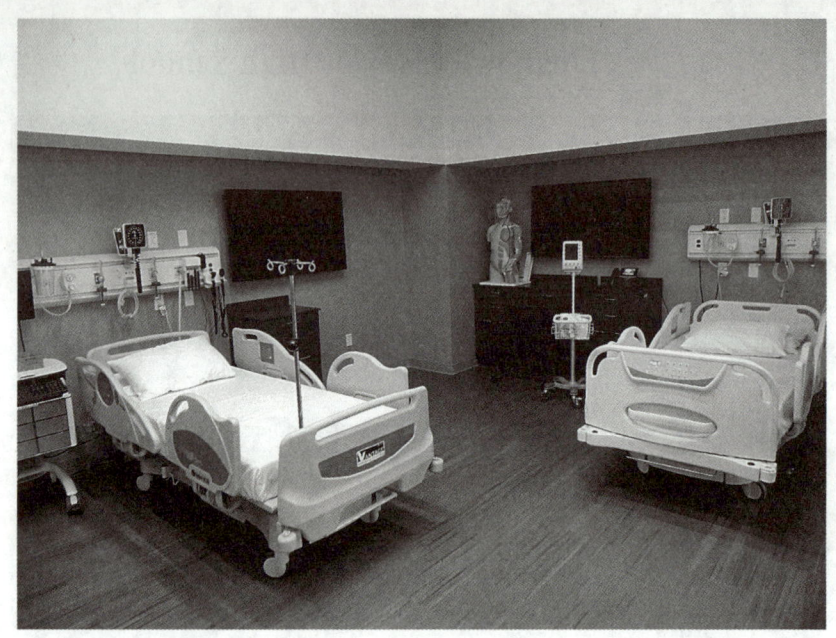

400万美金打造的医疗实训室,除了病人不是真的(机器人),其他都是真实情景、设备配备与美国医院完全相同

三、学生的成就感与精神面貌

条件再好的教学楼,若是没有琅琅读书声,恐怕也只是摆设。走访完大气磅礴的教学楼,我们的目光自然要转移到学生身上。在这所学校参观的时候,几个有关学生的细节令人印象深刻,顺手写下一些,希望这些观察记录的是美国高中生的真实表现与精神面貌:

1. 上课、下课不一样

我们到达这所学校的时候已经是早上9点、太阳高升时。所有学生都在教室里进行7:40—9:41的课(2小时的课)。由于这片建筑物的宏大与宽敞以及隔音较好等原因,我们一度以为这所学校"没有人",直到有人提醒我们"安静"(KEEP QUIET),才发现原来每间教室的深色玻璃窗里都坐着学生。他们好像没有怎么注意到我们的来访,都安安静静地坐在教室地板上(有的教室只有师生、没有课桌椅),聆听老师讲课。

眼前这一幕幕,让我以为回到了中国校园,难道美国的孩子不是"坐在地上叽叽喳喳,教室里乱哄哄"吗?为什么这里的学生有点安静,莫非是隔音太

深色玻璃里，学生在上课，我们却没有察觉

好的缘故？

过了没多久，下课铃响起，学校里立刻沸腾了起来。说时迟那时快，一眨眼的功夫，几百个学生不知道从哪儿冒出来似的，几乎在同一个时间打开教室门，穿梭在校园里——按照课表时间，他们要在8分钟内到达下一个上课教室。人群的"流动"带给人的冲击力很大——安静的校园突然被热闹和洋溢的活力所取代，叫人觉得反差感极强，甚至有些"不适"，虽然我说不清楚那到底是为什么。

下课的短短几分钟里，我观察那些从我身边走过的高中生们，他们虽然没有夸张的头饰和装饰等，但iPad、音乐播放器等电子设备一样不缺、拥有者众多，许多人是耳朵里插着耳机、手里拿着手机。眼瞧着这自由状态，习惯了中学纪律的我们自然会问，学校为什么不加约束呢？这个问题在美国所有的高中恐怕都是极为常见的。学校敢于放手不管，多半是Kim的又一创举（一个有创造力的校长，总是给我们带来许多惊喜）。

我猜想，也许是因为高中生自律，或是学生权益受保护，又或者有别的规矩，所以这所学校才不怕学生"肆无忌惮"。所以，采用"学分制"对美国高中来说，一直是一个好的选择。

2. 下课几分钟的别样故事

就在这短暂的下课时段，远处二层的某个教室门口忽然聚集了好多人，并传来悦耳的歌声——"HAPPY BIRTHDAY TO YOU"，看起来是有人过生日——要么学生、要么老师、要么保安阿姨等。但我离得太远、实在看不清。

当大家在慨叹"课间时间太短上个厕所都不够"的时候，这些高中生就临时举办了这么一场震撼的"演出"，引得人人侧目，这群孩子还真是可爱。反观之，美国学生的时间规则意识被训练得入木三分——过生日并不在课堂时间段里，而在这短短的8分钟时间里，好像很"匆促"，但其实是把属于大家的共有时间保护起来，不占用课堂却充分利用自由时间。这所开学才2个多月的新学校，其校园规则，在这几分钟里，在这热闹Party的背影里，它是怎么建立起来的、学生是怎样认可并执行的，值得体会。

3. "菜鸟"引导员

在国内，学校接待来访者时，也喜欢叫学生去做引导员——一是锻炼高中生的表达与交流能力，二是展示学校育人的窗口，所以不失为一种好办法。我们在这所E-STEM学校参观时，为我们做介绍的也是两位高中生，金色头发的是白人女孩，黑头发的是亚裔，但她只能听懂简单中文。

我原以为这些学校"推举"出来的小"导游"们，会对自己学校的"历史"与典故如数家珍，没想到她们总卡壳，一看就是"新手"。幸亏全佳教授在我们这一组全程补充翻译，否则我真怀疑自己是否能一路看、一路明白。一路上，这两个姑娘叫人疑惑：为什么学校不把最好的孩子推到前台来呢？是不是美国学校出于"不要最好、只要合适"的价值观呢？除了我们这一组，其他两组的伙伴们也表示，给他们做引导介绍的高中生们同样也"说不明白"。

尽管引导员们如此"菜鸟"，但好在我们勤学好问，没受什么影响。因为，一方面"导游"的"菜"无意间激发了自己的眼睛和心灵去体会一所学校的真实样态而不依赖别人的叙述；另一方面，我们观察的数据和结果没有了"先入为主"的印象，反而更加清晰。

这件小事，让我想到前一天在盖蒂博物馆时，对同伴们所谓的"导览"——如此看来大大的不妥。因为，我的讲解完全冲淡了她们自己眼睛里看到的那些画本来的样子，作为观赏者，一旦"固定解释"植入到脑海里，就会"挤压"独立的理解。看来，在这批"菜鸟"引导员的"教育"下，我还收获了一次自我反思的机会。

这帮高中生到底"菜"还是"不菜"呢？在我们的概念里，所有"上台面"的学生都必须侃侃而谈，难道不是吗？就如我们在HTH（高科技高中）见到的高中引导员那样成熟，难道E-STEM做不到吗？不论其他学校如何抉择，Kim的E-STEM高中已经给出了选择，那就是"愿意成为讲解员的孩子，才有可能成为学校的优秀讲解员"。我想，美国高中的形象感，大概也取决于校长的教育观念与具体决策吧，Kim选择尊重自己的学生，给予其更多的成长机会，而建校已久的HTH却喜欢拿出自己最优秀的，很难说哪个才是最好。

以上就是E-STEM高中的三个方面，从"建筑""课程"和"学生"这三个最重要的因素来看，围绕"以学生为主"的重点，每个学校其实都可以有不同的选择，建校方案完全可以不一样。带着这种理解，对于美国教育的想象，我们都可以有自己的判断。不过，这所新生的STEM特色高中，相信在Kim的带领下，会在自己计划的道路上走出另一种特色。

就像所有学校正常成长的样子，我们有幸见到了它初生的时刻，也体会了美国高中"可以不同的发展模式"，相信将来还有机会再见的。

导入：是情境创设，还是营造良好的评价环境？

无论是二期课改时期还是核心素养时代，无论是语文数学课还是体育美术课，在基础教育阶段的课堂里，每位老师几乎都很注重课堂的情境创设。即便是需要大量刷题冲刺的中高考毕业班，也得营造"做题"的氛围，否则，学生便很难有紧迫感与参与感。

在各种教育理论方法研究中，我们时常看到"情境教学法"，它享有很高的热度和知名度。在知网上以"情境教学法"作为关键词搜索，可查到10 000多篇与之相关的文章，可见研究热度之高。当然，这是与教学现实紧密联合在一起的，情境教学的本质在于提供给学生相对真实的学习场景——从心理到客观。情境的创设或再现，可以使学生有种"置身其中"的感觉，学习效果事半功倍。

我之前在教学中就曾向导师学习过"悬念教学法"的情境制造方式，即，将要用的教具藏在纸箱子里，带到课堂上，学生通过触摸、感受、猜测等方式探究其中奥秘，从而引出课题，进入主旨学习。

俗话说，好的开始是成功的一半。若是课堂开头引人入胜，一节课通常也就赢了十之八九。正是因为大家都深谙这个道理，所以许多老师在学会情境创设法则之后，便喜欢把它放在课堂的"导入"环节，用以调动学生的学习兴趣和课堂氛围。久而久之，在课堂上，导入时必用"情境创设法"就成了普遍存在的常态。

一个教育原理有利于日常教学当然值得反复使用，这也符合人们的期许心态与使用习惯。导入环节的情境创设过程中往往伴随着教学中最关键的问题和重要的解决方法，若能"一炮打响"可谓是一举多得。

在此次访美跟岗研修中，我们除了观察美国人的"导入"，还意外发现了这个环节的诸多用途，比如建立良好的"形成性评价"环境，从导入开始便开启学生的自主学习。这些形形色色却同质的美式"导入"，让人感叹，也许

导入：是情境创设，还是营造良好的评价环境？ 133

"导入"这个环节，确实还有可升级之处，导入的作用在今天的语境下还可以更加完善，如"评价从一开始就已经在进行了"。

一、全世界的共同认知："导入"是干什么用的

有时我们会遇上这样的观点：每节课"导入"和"总结"的那几分钟，老师讲的大都是些无关紧要的事，真要砍去，倒也无妨。有的老师可能立马会批驳这个论点：才不是这样！那"几分钟"简直太重要了！

是啊！好的导入，有时就是一节课的灵魂所在，若没有了这段引领，接下去的时间很可能枯燥无味。譬如美术课的导入，教师若在黑板上利用2分钟时间手绘一个活灵活现的人物，可能比什么都不做就直奔主题要丰富、扣人心弦得多；体育课老师若先打上一套标准的组合拳，可能比干巴巴地解析动作要丰盈、有干劲得多。这就是导入的诸多好处。

在美国，大部分教师也是这样认为的，他们普遍以为"没有好的'导入'课堂便难以开始"。但因为美国中小学的课堂时间与我们有本质的不同，有的地方一节课70分钟，有的甚至要90分钟。所以，有些课堂上，教师为了更加合理有效地安排时间、丰富学生的自主学习，在导入环节通常会设置一个"预习清单"，如"Agenda"（日程）、"Warm up"（热身）、"** time"（**时间）等，且每个学校会根据自己的特色行动标语为这段时间赋予不同的印记。如加州沙漠沙子地区托马斯·杰弗逊中学的课堂"导入"单叫做"Jaguar Time"（美洲豹时间）。Jaguar是美洲豹的意思，而美洲豹也是这所学校的专属"吉祥物"、学生的精神象征。

在美国的这段时间，除了发现美国老师一样重视"导入"环节之外，更感到他们对于时间利

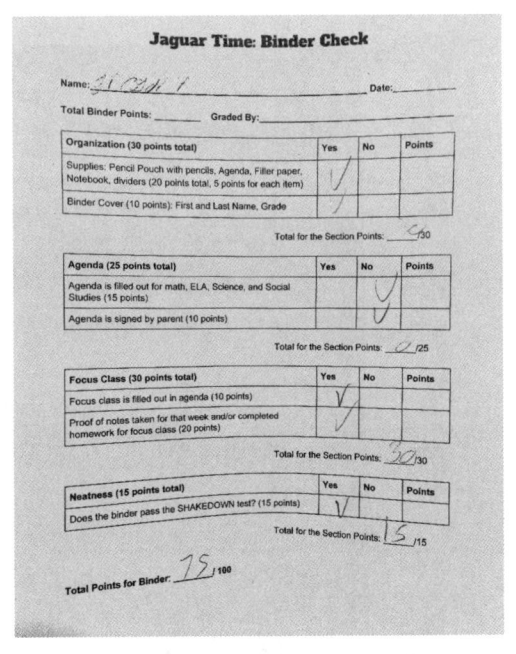

托马斯·杰弗逊中学的课堂"导入"单：Jaguar Time（美洲豹时间）

托马斯·杰弗逊中学的"吉祥物": Jaguar（美洲豹）

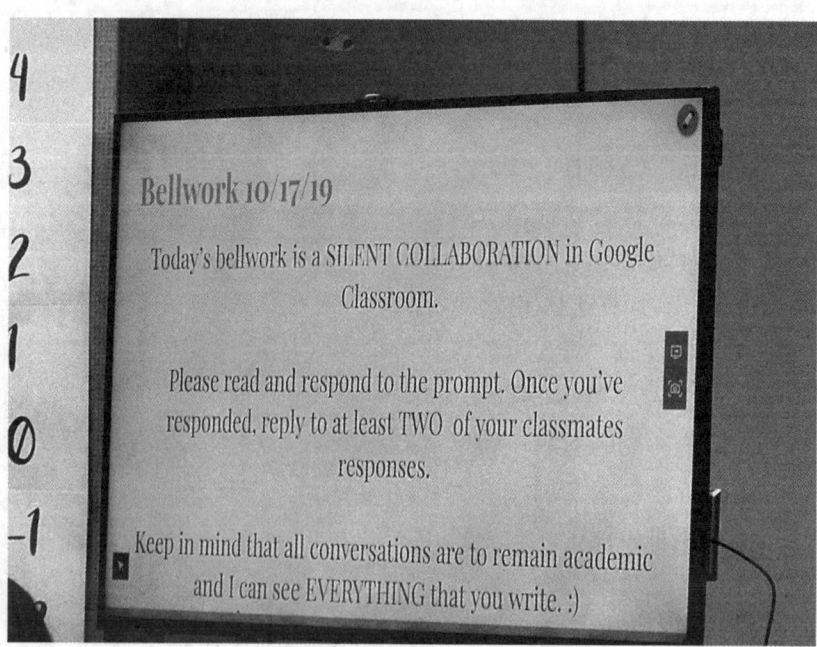

约翰·格伦中学的"Bellwork"时间

用的严谨。相比较我们有时带有表演性、设疑性的课堂导入，美国课堂的导入似乎更加务实一点，强调学生自己"打开门、走进来"——通过各种预习、自学、讨论等方式，而不是由教师打开这扇门。这从美国学校在课堂导入时设计的问题、发放的清单以及安排的具体任务，可窥一斑。

也许这是由课堂时间决定的——课堂跨度时间长，对于每个环节的设计与利用，便都有余地一些，外在表现就是各种"学习单"，包括导入、讨论、反馈等环节的学习单，也包括个人、小组的学习单等。我们的中学课堂普遍是40分钟，客观上就不可能容纳太多的课堂设计，就连最精彩的部分，常常也需要精炼。

二、美国课堂"导入"中的不同之处

本书中，大家能感受到许多美国与中国基础教育的不同。其实，发现这些"不同"很容易，随着地球村的变"小"，从朋友和网络那儿知道一些美式教育的小"秘密"并不困难，但对于教育工作者来说，我们需要知道这些"不同"背后的事，别人做了什么，达到了哪些我们还在企及的水平？能不能在现有条件下，略加改善？

1. 大量使用"纸质板书"

在美国访问了许多所学校，从托班（沙漠沙子学区教育局附属托儿所）到大学（加州理工大学、洛杉矶教育学院等），每进到一间教室，都能发现一些除黑板、投影仪之外的"标配"。这些看上去有些落伍的"家伙"，好像与印象中高度发达的美国格格不入，让人发现了美国老师们的秘密——他们都很喜爱"写、写、写"。

这与我们国内的发展情况略有不同——除非是理科教学如数学、物理、化学等，老师们仍需要板书公式与图示，否则轻易看不到使用纸笔的课。当然，这一点因地区而异，不是所有学校都进入了电子化教学时代。但大部分老师都不太爱主动拿笔写板书却是事实。

其中一个原因可能是"师资水平"问题。在美国，若要成为一名教师，需要在大学毕业后继续就读相关教育学院，通过重重考试后才有可能成为一名教师。芬兰对教师的要求更高，早就将"中小学教师必须是硕士研究生"这一条写进了法律，客观上保证了最优秀的人成为教师。但我们国家若想成为一名中小学教师，目前来说还不算是最难，所以泥沙俱下，许多年轻老师的板书"很

难看"。虽说师资情况近年来已有好转，但年轻老师们普遍不太写板书的情况却是常见。

虽然许多美国老师的字也很难看（这与美国大概不怎么要求练字有关），但为什么美国老师那么爱写字呢？我们询问了几位老师，也观察了大量的教室陈设、翻阅了许多老师留存在教室的纸质板书，发现这些能够保存师生思考、对话、交流痕迹的纸质板书，比起那些电子学习资料更能带给学生"真实感"。这种真实不仅体现在触摸感上，还在于能够便利地帮助学生将课前、课中、课后所学所思全部串联起来，是一种珍贵的学习痕迹。我们看到这些歪歪扭扭的板书时，感觉不仅"看"到了那节课的课堂问题，还想到了问题的前因后果，是一种视觉化回归的产物。怪不得美国的老师都爱写板书——相较"把问题投影在黑板"上这种高级手段，他们简直太爱"纸质板书"这种"老掉牙"的方式了。

那么，这些手写板书上，通常都是什么内容呢？在美国教室驻足多了便会发现，这都是教师利用每节课开始和快结束的几分钟里，给学生提供的一些很好的机会——快速出几道题目，或是画出来，来发现孩子们都记住了什么，是"检查"而不是"评分"。还有的老师喜欢在教室门口摆放一些表格纸张，以供学生进入教室学习时自取并填写——为了节省时间，也是为了更快速摸清学生的预习情况。这些方法，都是典型的"形成性评价"方式，它们在提醒教师"接下来干什么"，在规划下一步教学的同时，发现学生已知或未知的部分。通过这些动作，教师可以快速掌握个人或者一个班级整体的学习情况。

2. 先进的信息技术

在本书的其他部分，提及了美国强大的"谷歌教室"（Google Classroom）——这个由谷歌公司无偿提供给全美中小学生的学习技术支持，是美国基础教育阶段"福利待遇还不错"的一个重要表现。这里主要是说明教师在导入环节使用"谷歌教室"等信息技术的情况。

美国老师从不限制学生使用电子设备进行学习的行为，也不受限制——如此一来有趣的现象发生了：没了限制的国度，学生反而没有太多痴迷手机的情况，上课时也没什么人玩手机或是 iPad，在如此"自由"的美国，这是为什么呢？这个问题一度让我们无法释怀，也许是社会心理学该研究的范畴。我能想到的是大部分中国孩子那种报复性使用手机的情况，兴许是因"得不到"造成的。尽管如此，在看到美国如此开放的"手机（电子设备）环境"之余，教育工作者依然不会认为在中国放开中小学生的手机使用权是一件好事情。

这让人对美国课堂里的这些更为感兴趣,想看看美国学生到底是什么原因能够"受得住手机或电子设备的诱惑",是严苛的学校管理制度吗?还是自律?

以导入环节为例,一部分老师喜欢布置实物资料以自学,一部分老师喜欢安排"谷歌教室"以自学。这个谷歌教室就是前文提到的谷歌公司的贡献,里面有什么?据美国老师介绍说,谷歌公司提供技术,设计超级便利的使用模块,便于学生从海量的学习资料里快速找出自己需要的,从而主动学习。而学习内容大多是由国家力量安排专业机构和科研单位组织、遴选,如美国国家地理的珍贵资料或是哈佛大学的专业研究成果等。总而言之,只要学生想要查找相关的、不同层面的资料,谷歌教室都能提供这方面的便利,而且免费。

这就好像一个大大的信息海洋,学生是划着小船在海洋里徜徉的游客,需要摘莲蓬便可找到最大、最好的,想要莲藕也可以找到质量上乘的。而且,海洋环境很安全,没有海盗、没有污染,船也很安全,不会翻船、不会遇上雷电等。这就是谷歌教室带给人的感觉。

试想,如果学生知道自己随时随地(在学校、在家,在任何有网络的地方)都可以找到需要的资料,还会不会报复性地玩手机呢?所以,这有可能是我们没有看到美国学生受制于手机或iPad的原因之一。

电子设备禁令:当考试时,不允许使用

强大的谷歌教室及其系统，叫我们发现了美国课堂导入的另外一番场景——用实则自学的方式去"导入"，又何止于"导入"？一个"导入"，其实就已经把教师所要做的一切以信息传送的方式送到学生面前，省去了许多设计教学的麻烦。所以，美国课堂的"导入"，表面上拥有叫人羡慕的谷歌教室，其实应该引起我们的反思：若是举社会之力都来支持教育，那我们的基础教育会不会有一天也成为他国取经的地方呢？

除了谷歌教室之外，还有许多与之功能相类似的信息技术，比如中学历史"DBQ教学法"，源自于哈佛大学的研究团队，从资料到技术也全部集中于网络上，使得美国初中的学生几乎"没见过课本"，它以独立的全套系统，实现中学历史的无纸化学习；比如信息科学的"Scratch"编程，由麻省理工学院专业团队设计开发，"傻瓜式"模块编程学习法，使得美国学生从小习得"计算思维"。不过，后者也已汉化，我们的学生渐渐能够享受到这种编程学习的乐趣与优越性。

学生使用谷歌教室进入导入环节的学习——或预习、或复习，教师使用谷歌教室的好处是什么呢？功能如此强大的谷歌教室自然不会只给学生开辟一条自学途径，教师也可以同步跟进学生的学习。因此，无论教学是处在布鲁姆教学分类目标的哪一级——记忆或是应用，还是评价与创造，教师可以通过随时

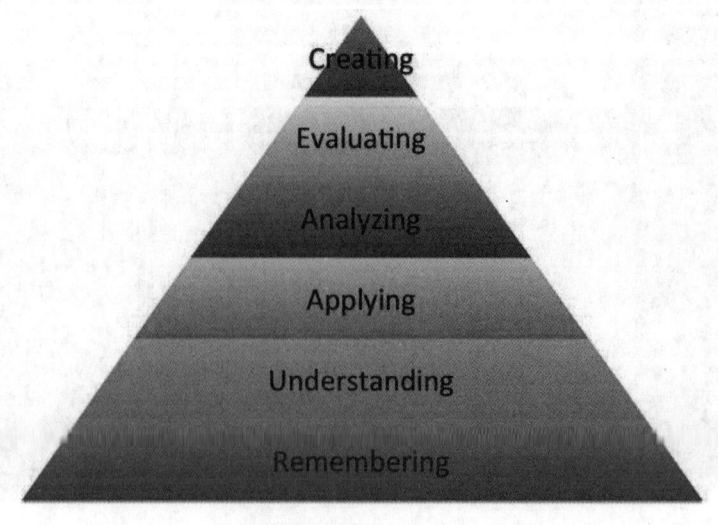

布鲁姆教育目标分类法

随地使用的电子工具,掌握学生的"阻碍点"或是"爆发点"。而且,还会因为是电脑统计的结果,其数据分析大多更加科学可信。这种基于大数据分析的课堂导入环节学习情况即时生成的评价,相比肉眼可见的观察,更有说服力。

3."花里胡哨"的小道具

美国的课堂特别注重学生的反馈——特指每个人的反馈,不仅仅是哪几个人的声音,而是全部。比如,在导入环节结束之后,教师通常会通过一些简单的问题例如"还有问题吗"来咨询学生的实际困难,以判断是否可以继续下一步。事实上这种不经意的小问题,一直发生在课堂的各个环节,而不只是在"导入"之后。

除了通过问题向学生了解情况以外,许多"花里胡哨"的"道具"也进入了我们的眼帘,相比之下,它们和那些简单问题的效能是一样的,但就是有种不寻常的气质。这是为什么?

先来看看是哪些不寻常的道具。说起来也很简单,就是学生用来表达态度的替代物——有些学生不善言辞或处在青春叛逆期,在课堂上不主动配合教师,表达真实感受,哪怕是最简单的"yes"或"no"都懒得说。这时候老师就想出一些办法,比如给每张桌面上放一些不同颜色的卡片,请学生在适当的时候举牌,表达对应的感受,比如绿色代表"我学会了"、黄色代表"不确定"、红色代表"我没学会"。有时,老师还会在这些卡片上写上一些表达态度的标语,比如"Angry"(生气)"Frustrate"(挫败、沮丧)"Satisfied"(满意)等等,用来掌握学生的心情状态以判断学习的水平。

一位有趣的老师戏称这种方法叫做"堆废纸",她的解释是,用红黄绿三色来代表态度的话,则班级里就会出现不同数量的颜色"旗帜",老师可用肉眼快速检查这"三堆废纸"的数量,其结果就是实施下一步教学的重要线索。

看到这些"小道具"的时候,我不免惊讶于老师们的"用心",事实上我们在课堂里也经常会考虑这些细节问题,尤其是在公开课、展示课上。然而,也仅属于"细节"问题才被考虑,相较之下,还是追逐教学目标的实现更为重要,余下的都只是锦上添花,当它们浪费时间的时候,自然会被淘汰。然而,这些小东西对于学生来说太重要了。举一个真实的例子,有些孩子在学校里上学,可能一个学期都不会被任何一个老师注意到,原因是"太没有存在感"了。你听到这样的话觉得耳熟吗?事实上,这样的学生可不在少数,他们老实、上课认真、从不惹事,当然也不太会讨人喜欢,在班级里是"小透明"般的

用来表达态度、可以书写的"小白板"

存在。这样的学生若不说话，谁也不会觉得不自然，可老师若是不给他们表达态度或感情的机会，他们哪儿会有机会呢？

这样的学生在每一所学校里都有，当大部分孩子都在追求举手发言、回答问题、展示自我的时候，他们的默默无闻会一轮又一轮地循环下去，直到彻底沉默。

所以，这些兼顾公平、允许每一个孩子都能发声的小道具，若是长期存在且花样繁多，那么，对于这些不爱说话、不爱表达的学生来说，就是非常重要的救命稻草，关乎到一个人对学习、对生活的热情。

4. 有技巧的提问

问题的设计，对于一节课是至关重要的。通常，对一节40分钟的课来说，在哪里设置问题、问题导向会影响什么走向、问几个问题等，都会被教师重点考虑。然而，对于至情至性的人类活动，尤其是生成性极强的课堂来说，并非所有的活动或问题都可以被设计。如果不是，那么，应该以何种原则来指导提出问题呢？

在美国课堂导入中，也许是出于对学生的"绝对尊重"，教师在引导与启发时，并不都是以确定的口气来询问，更多是"提示"或者"暗示"。比如"刚才那段阅读，哪里你觉得有趣，哪里并不呢"；或是"刚才你感觉到什么不同的地方吗""还有别的选择吗""现在你的感受是什么""你觉得哪个地方最有趣"等。

由这些问题的语气可见，教师并不关心学生能否理解学习内容或具体的掌握情况，而更加关心学生在导入环节里究竟有无参与，注重的是"参与感"，希望每个人都在队伍中。甚至，希望学生通过问题所描述的内容也不一定非要与学习对象有关，可以是自己认为最有意义的事。

我还是认为美国的一节课时间太长了，否则教师不可能把时间浪费在这种"答非所问"的事情上。按照我们的习惯，每一个问题都必须设计得非常精准、周密，才能将课上得行云流水、务实高效。我们追求的似乎是"更有效率"的提问，有技巧的设问，且我们认为精心备课后产生的诸如问题设计的智慧才是真正从磨砺中来的经验，那么，美国人的这种提问技巧，就不符合逻辑吗？

其实不然。对应90分钟的课，美国教师的随性型提问是有技巧的；对应我们40分钟的课，精准型、务实性、有的放矢型的提问也是有技巧的。客观环境不同，学情不同，应该允许存在不同的声音。

然而，抱着学习的心态，我们仍要耐心体会美国课堂的这份"苦心"：为什么要这样提问呢？

5."不合时宜"的表情包

作为一个生在21世纪、拥有智能手机的你来说，"表情包"意味着什么？为了更好地体会年轻人的感受，我特地咨询过初一、初二的学生，他们告诉我，那些早已经"土得掉渣"了，表情包作为"火星文"的历史早已经是"上个世纪"的事了，现在的网络世界已不是表情包的天下。

所以，当我写下这段文字的时候，对我们国家特别是一线城市的中学生是敬佩的——他们什么都懂，完全跟得上日益发展的新形势，是真正的21世纪的主人。因为，在这方面，美国的中学生简直"太落后"了。

在不少美国课堂里，使用iPad或手机进行学习时，学生可以用表情包表达态度或情绪——在设定好的环节里，比如课堂导入和结束时，教师为探求或测量学生的认知水平或学习情绪，用表情包在几秒钟内就可以迅速达到目的。

当我们不少中学生都已经不稀罕这些过了时的表情包时，它们却可以在美国课堂里再"火"上一把，这不由得引起我们的反思：最新的不见得是最好用的，用惯了的东西说不定是有价值的，而这有价值的，不一定是形式最新颖的。

小小一个表情，便可在一秒钟内探知学生的喜好，还能顾及到所有人，怎知它不是一种低成本、高效能的评价方式呢。

三、对问题的反思

以上种种，皆是从美国课堂的导入环节里探究的"奥妙"。然而，通过对比得出的结论，不可能"最好"，有些看似优势的做法，在美国课堂里也同样存在着隐患。"不是每种策略都是完美的"，值得反思的优点，才是教育的真实景象。

1. 反思一：只要是"形式"，就会有僵化的一天，如何永远保持每一个学生都参与，于不同国家的教育来说，都是永恒的话题。

无论是纸质板书还是谷歌教室，教育"形式"一旦固化下来，就会有审美疲劳的那一天，如何保持学生永远在线？我想，于美国的课堂而言，假如习惯了如此模式，便会一直翻新下去，直到适应新的一波又一波学生的口味。这对美国教育与技术来说，会一直是个考验。

与我们一样，传统课堂下的学生千姿百态，如何保证学生时时刻刻在状态，也是不容易实现的，但我们会努力确保学生适应我们，而不是一直创造新鲜的教学形式去适应学生。好比新冠疫情引发的全国性"在线教学"事件，这根"试水棒"一下验证了在线教育的弱项——学生普遍认为还是回学校上课比较好，传统教育有着不可替代的重要地位。可见，信息技术一时半刻的冲击力还不足以摧枯拉朽的态势将传统课堂取而代之。我们的传统课堂，在自己的文化语境下，谈"僵化"还太早，我们还有时间反思。

2. 反思二：太多"技术"的融入，究竟会冲淡什么？

当我们感慨于美国课堂的花哨、富丽堂皇、小道具众多、学生兴奋点十足的同时，不妨冷静下来想一想，教学真正追逐的东西，实现了多少？有人会说，美国的基础教育本就教得少、教得浅，培养的是思维而不是直接灌输知识，这样有何不可？站在让儿童、少年快乐成长的角度上，我是赞成的，采用多元教学手段支持思维教育无可厚非，但换个角度想，人生总共几十年，多少时间留给真正的学习？什么时候已经把"知识的获取"与"素养的培养"塑造成相互对立的形象了呢？

其实，这二者本身并不矛盾，在能多了解一件事物本质的年纪里，多学习一些即使生活中用不上的本领，也并不影响批判性思维的形成。我一直记得在美国听课的时候，一节数学课堂里，一个小男孩百无聊赖的样子。他明明在课的前半段早已学会了因式分解，后半程却不得不跟着各种"幼稚"的游戏一起欢乐，即便这些在他的眼里显得无聊至极。

乱花渐欲迷人眼，甜点吃多了也会引起不适。对教育来说，教学是首位，"技术"次之。当技术可以辅助教学时，技术是好的技术；当技术渐渐使人迷惑时，多一分都是多余。这也是我们需要反复思量的，不能不知饥饱，也不可因噎废食，努力平衡，把握时机，才是智慧。

有关"形成性评价"的一点想法
——通过案例的分析

"形成性评价"是此次美国之行的一个重要学习内容，旨在和"结果性评价"做一个对比，指导教师们换种教学评价思维，用发展型思维指导学生们的学习过程，努力肯定学生每一个细节，使之逐渐具备迎接与挑战21世纪的各种能力与素养。

一、背景概念

什么是形成性评价？英文叫做formative assessment，其中"form"是塑形、建模、造型的意思。也就是说，形成性评价所聚焦的并不是最后的造型结果，其乐趣在于"塑形"这件事本身。放在教育领域，被塑形的对象就是学生，实施塑形行为的是教师群体，二者共同聚焦的是塑形过程是否科学、得体，并适用于每一个学生——这是截止到目前，比"一刀切"的结果性评价更为理性的评价方法。

在OECD（经合组织）2005年负责出版的一本有关形成性评价的书籍《Formative Assessment：improving learning in secondary classroom》（形成性评价：促进中学课堂学习）中，前言部分这样写道：形成性评价是教育改革中的一个突出问题，它是对学生的理解和进步进行频繁、互动的评价，以确定学习需求和塑造教学。这种方法经常与"终结性"评估形成对比，后者是更为熟悉、更有新闻价值的测试和考试，旨在提供学生能力的简要陈述。

由此可见，形成性评价的提倡并不意味着终结性评价的消亡，对于学生的学习，二者各有裨益，都是验证学生学习成果的一个方面，互为补充。只是对于学生有可能不断变化的学习需求和教师的教学行为，在"检验"和"改善"方面更加具备调节作用。

> Formative assessment – the frequent, interactive assessments of student understanding and progress to identify learning needs and shape teaching – has become a prominent issue in education reform. This approach is frequently contrasted with "summative" assessment – the more familiar, and much more newsworthy, tests and examinations that seek to provide summary statements of students' capabilities.

节选自《Formative Assessment》OECD，2005

二、课堂观察

在印第欧高中（Indio High School）和约翰·格伦中学（John Glenn Middle School）的时候，观摩了两节美术课，一节高中时尚设计课、一节初中色彩明度课，这两节课中有关"形成性评价"的部分，均给我留下了深刻印象，现作分类阐述：

（一）印第欧高中（Indio High School）的时尚设计课

1. 课程介绍

这节将近90分钟的课，据这所学校的一位艺术初级老师介绍说，属于"AP"课程，面向将来要考大学的学生而设置。AP，全称Advanced Placement，中文名称为大学预修课程，指由College board提供的在高中授课的大学课程。事实上，并不是所有学生都能参加AP课程的学习，它有一定程度的选拔考试，且学生选报后，要确保能通过课程考试。

关于AP艺术与设计课程

AP艺术和设计课程，由三个不同的课程和AP组合考试组成。AP 2-D艺术和设计，AP 3-D艺术和设计，以及AP绘图——对应于大学和大学基础课程。学生可以选择提交任何或所有AP档案袋考试。学生在一年的时间里创作一系列作品，通过艺术、设计和材料、过程和想法的发展来展示探究。作品集包括艺术和设计作品、过程文档和有关所呈现作品的书面信息。五月份，学生根据特定的标准提交档案袋进行评估，包括熟练地运用综合材料、展示过程和想法，并在问题的指导下通过实践、实验和修改进行持续的调查。学生可以选择提交任何或所有AP档案袋考试。大学课程相当于AP 2-D艺术与设计、AP 3-D艺术与设计和AP绘图课程，分别设计为相当于一学期的2-D艺术与设计、3-D艺术与设计和绘图的大学入门课程。艺术与设计课程的先决条件是所有对探究式思维和制作感兴趣的学生。虽然AP艺术与设计课程没有先决条件，但学习和制作艺术与设计的经验有助于学生在AP艺术与设计课程中取得成功。在AP之前没有机会参加艺术或设计课程的学生很可能需要一个对艺术和设计材料、过程和想法的基础理解，以帮助他们成功。

——《AP ART AND DESIGN》（COLLEGE BOARD）2019

2. 学生参与度

参加这个课程的高中生——尽管大部分个性十足、鼻环耳环、奇装异服、浓妆艳抹等，但在整个90分钟内，除了偶尔说笑、走动、吃东西等现象，还真的没有学生不在创作。这种对学业执着的态度与他们的外表形成莫大的对比。

3. 与美国国家艺术课程核心标准的粘合度

据了解，AP课程根据美国大学理事会（The College Board）制定课程标准，因此，它与国家艺术课程核心标准之间可能略有不同。最不同的地方在于制定标准的"甲方"，后者由美国国家核心艺术标准联盟制定并颁布，于2014年发布了最新版。与AP课程旨在帮助更多学生进入大学的目标不同，艺术课程国家标准旨在帮助所有学生认识艺术课程的学习方法、内容与目的，塑造与新世纪更加匹配的艺术素养。

4. 教师实施的"形成性评价"

在看上去"很随意"的这节高中AP艺术课中，老师是如何实施形成性评价的呢？通过观察，我发现与我们的"面批面改"颇为相似，有强烈的异曲同工之妙。

比如，这节90分钟的课，连同导入部分的奏国歌冥想、校园新闻浏览，教师总共用来讲解的时间不超过10分钟。在这短暂的10分钟内，教师也仅是强调了一下这节课的重要性——假如不把手头上的事情完成，就无法顺利进行下一步（这节课是画好服装设计图，下节课要利用废旧材料做出服装小样）。另外，教师还提及有关学习态度与行为规范的问题，比如专心、上卫生间主动上交ID卡等等。

看起来有些"匪夷所思"——难道AP课上，老师真的什么都不讲吗？正当我疑惑时，有学生陆续拿着自己的"作品"走到老师办公桌前，询问自己能得到什么等级。

于是"形成性评价"的一幕就出现了。通过观察四位学生先后与老师的沟通，我发现老师在这个阶段评价学生作品的方式大多是：肯定、认同、赞美、

老师在给学生作品做过程性指导

询问、建议。在学生向老师咨询的过程中,我没有听到老师提过哪幅作品是她喜欢或不喜欢的,教师基本不表达自己对作品的好恶,但会从专业的角度给学生一些建议。比如一个男生兴高采烈地拿着自己的服装设计稿跑来找老师,他的作品虽无太多创意但完成度很高,色彩搭配虽不高级却很认真,但就是脸部画得不怎么好。这时候老师一改赞美口气,很认真地对他说:"噢,我觉得这

这个男生的"时尚服装"设计稿

个脸真的不能这么画,你去翻翻那本书,那本讲脸型的书。"

5. 我的观察

教师讲课的部分虽然未占主导权,但似乎多讲无益——通过对前文了解得知AP课学生需交作品申请相应学分,因此在有限时间内"出作品"更是当务之急。因访问时间较短不能观察到这个班级上次课程讲了什么,这节"时尚服装"课是如何开启,但也能从这节课可窥一斑:每个学生设计都不同,说明教师允许学生自选主题,进而实施相应设计任务;目标也非常明确:在规定的时间内,完成设计稿即可。

(二)约翰·格伦中学(John Glenn Middle School)的色彩常识课

1. 课程介绍

按照教材角度来分析,我所聆听的这节课隶属于美国戴维斯版初中美术教材第二单元《艺术元素》第六小节"色彩"的内容。这部分内容由三节课组成,分别是:色彩的属性、色彩方案、理解并运用色彩。我观摩的是第一节课"色彩属性"之"明度变化"。

之所以明确这节课是有关明度的学习,是从学生作业观测到的。这节50分钟的课,学生只练习了一个主题——"明度变化",所选材料是水粉颜料,不借助水直接用排笔来调和,在纸上做多条练习。

有一点特殊——教师的教与学生的学,均不依靠、甚至不打开教材。我是从教师赠予我的教材上找到的有关内容的文字。

2. 学生参与度

约翰·格伦中学是一所远近闻名的"好学校",所以学生全程投入的程度要好过印第欧高中。通过观察,整节50分钟的课,没有学生不在关注自己的"作品",且学生的自主性比较强,主要表现在:选择自己喜欢的颜色来做明度渐变练习;颜料没了自己去取,丝毫不麻烦老师和别人。

在作业的"量"上,所有学生至少完成明度练习的"一条",大部分学生完成2—3条,10%左右的学生完成4条或以上。这种"金字塔"式的分布状况,与我们课堂的作品完成度十分类似。

3. 与美国国家艺术课程核心标准的粘合度

通过与教师访谈、查阅资料得知,类似这样的课,虽然没有使用教材的痕迹,但并没有脱离教材,而是高度符合国家艺术课程标准的评价体系。

以下表为例,左侧第一栏"艺术活动"中分列着"创造、表演、呈现、生

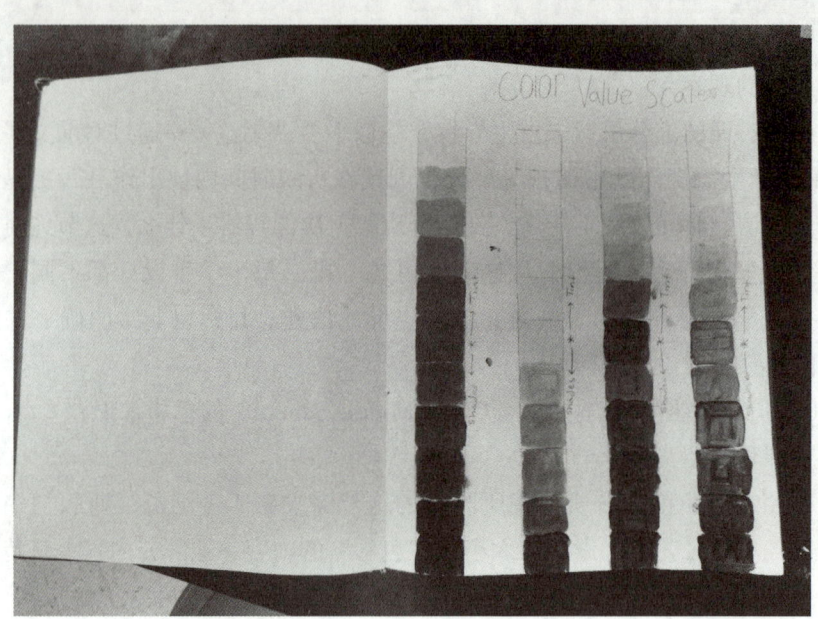

一幅完成四条明度渐变作业的学生作品

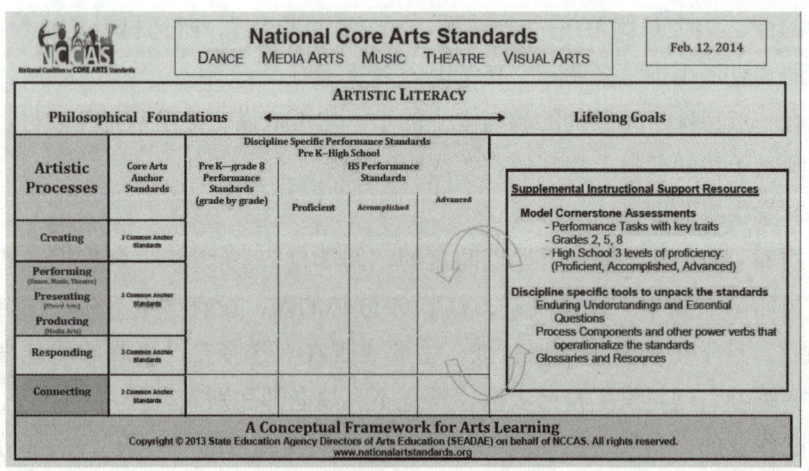

美国艺术课程国家标准评价框架

产、回应、连接"几大项评测艺术课学习的要素,单就这节课为例,学生在"创造、呈现、生产"这三方面均具有很好的表现。可见这节课的总体设计还是符合国家标准的,虽然没有"回应"和"连接"的体现,但对于一节色彩基础课程,也是可行的。

4. 教师实施的"形成性评价"

这节课教师主要使用的教学策略有:逆向设计——定好目标"画色彩明度变化的彩条(黑板上有图例)"、发展性评价以及面批面改。在我看来,这三种策略均能够指向对学生过程性学习的"形成性评价"。

比如,"逆向设计"是定标准——学生可以借此调试匹配这节课学习所需的自信与能力;"发展型评价"是做推力——老师不停地给学生们点赞、肯定,不放过任何一个能带给学生自信的机会;"面批面改"是找锚点——告诉一些孩子哪里可以改进、如何改进。

老师高兴地举起一个认真画了五条明度渐变的学生作品,给予赞赏与肯定

5. 我的观察

在我看来,这节课虽然是美术基础知识里相对容易的"色彩"知识,但教师的教学方法与评价方式还是趋于传统的——即便是有一些形成性评价的闪光点,可对于那些作品拿不出手的学生来说,他们并没有感觉到形成性评价带来的促进作用。另外,学生作业的创作也并没有太多新意,有技巧练习的味道,缺乏艺术美的形式感。

三、课堂反思

通过以上对两所学校、两节课案例的列举，我的结论是：

1. 作为人文学科的艺术课，无论是传统课还是AP课，在形成性评价的形式上，始终要保持更多探索。

纵然我们深深地知道"形成性评价"是好东西，但在艺术课的实施过程中，究竟应该从哪些方面实施定点评价，还是中美课堂一直在探索的问题。当然，也许是语言问题，美国老师的更多做法没被完全观察到，但总体形式差不多，甚至我们做的还要更出色一些。我们在自己的教学中，可以从材质、用法、技巧、感受等多方面表达对学生学习的评价，对自己教学的深度了解等。

2. 对于美术学科而言，始终要把"形成性评价"和"结果性评价"放在同一个篮子里，不能厚此薄彼。

原因就在于，学生的美术作品多数时候是可见的——可以被看见、被感知、被获悉，联想它的诞生过程。因此，从结果看过程，这个意义对美术学科也很重要，所以我们现在也强调"逆向设计"，就是这个道理。

从"形成性评价"看"逆向设计"课堂与核心素养的促进
——以《甲骨文风格化》一课为例

"逆向设计""PBL项目化学习""深度学习（简称DOK）"和"形成性评价"等美国已实施十多年的教育理念或方法，它们在各学段、各学科的课堂上以不同方式呈现，对美国学生的创造性、批判性思维培养产生了积极影响。因此，我希望将美国美术课方式和读者们分享，尤其是对美术学科学习思维大有裨益的"形成性评价"和"逆向设计"理念。本文中的案例是我设计并实施过的一个真实案例，希望通过本案例解析，对"核心素养"教学促成一些积极的思考。

一、概念阐述

（一）形成性评价

是指在学生的学习活动中，对学生的细节点评或进行频繁的、互动的评估，以确定学习需求并适当调整教学的评价方式。形成性评价不直接以结果为目的，而注重对教师的"教"与学生的"学"之过程的层次分析，以求在过程中不断为教与学双方提供诊断性的、促进性的有效信息，不仅改进教学行为，同时也改进学生学习效果，使教与学的行为更趋于完善。形成性评价一般具有几个特点：1.学习目标的明确；2.带有"反馈"意味的评价行为或语言；3.根据"反馈"对课堂行为不断做出调整。

形成性评价一般包括这几种方式：1.课堂观察与反馈；2.过程性学习单；3.间隙式测验；4.讨论；5.学生评价、教师评价、师生评价等。

（二）逆向设计

这是一种美国课程改革过程中脱颖而出的课程设计，旨在通过课程设计，加深学生对学科知识与核心概念、意义的深度了解，以增长其学科素养。逆向设计的课程有几个特点：1.在情境创设中，学生自主学习；2.以成果引导学生的探究过程；3.尊重学生的思维规律，强化探究，允许个体异同；

4.教师以协助行为替代主导行为；5.过程大于结果；6.思维大于技巧。

（三）核心素养

美术学科的核心素养，即现在中小学教师广泛认知的五个方面：图像识读、美术表现、创意实践、审美判断、文化理解。自美术学科核心素养出台后，在教学中我们一直摸索合理的教学手段、创造优质的课堂以涵养学生的核心素养。核心素养的培养方式和内容，目前是中小学美术广泛关注的热点，也是一线教师关心的问题。

二、案例概况

《甲骨文风格化》这篇案例，是建立在上教版八年级第一学期第一单元《走进古老文明》基础之上，内容是学生以小组形式、按照指定的艺术风格，分别创作不同形式的甲骨文艺术作品；教学设计采取以"成果引导学习"的"逆向设计"法，即，先亮出最终成果给学生以导向、明确创作内容，再组织自主学习、实践体验后，由教师"揭晓"学科知识或技术；课堂学习形式主要是"PBL"（Problems Based Learning）基于问题的项目化学习，以有效的学生分组，小组自主探究的方式学习；教学评价以"形成性评价"为主，占比约70%，同时辅以结果性评价，约占30%。

表1：案例《甲骨文风格化》基本情况

分项	内容
教学内容	以六种不同艺术表现风格（后印象派风格、表现主义风格、野兽主义风格、波普艺术风格、浮世绘艺术风格、立体主义风格）作为主要创作手段，表现一个指定象形文字，形成一幅优秀艺术作品。
课时	一课时（本单元为五课时，本课是第五课时，前四课时分别是《走进象形文字》《四大文明古国象形文字》《活着的古文字——东巴文字》《剪贴象形文字》）。
重点	艺术风格特征及创作方法。
难点	艺术风格特征及方法的运用。
设计方法	理念："逆向设计"，即，成果先行——先展示终极成果，明确创作目标，再行任务的尝试与实践。 目的：尊重学生学习欲望与规律，允许探索各种可能，将课堂时间与探索过程还给学生。

分项	内　　容
学习形式	"PBL 项目化学习"——基于问题的学习。 ① 分组方式——四人一组； ② 小组任务——利用现有材料、参照指定艺术风格制作一个甲骨文字艺术作品； ③ 小组目标——在问题引领下，自主寻找模仿艺术风格的创作方法，在过程中交流合作，人人参与，完成任务。
评价方式	① 主要评价方式："形成性评价"，即 Formative Assessment。 教师根据课堂动态不断调整教学结构，以符合学生的动态需要。可观测的一种形成性评价方式是"发展性评价"，即，教师不以标签式评语为主，多鼓励探究，以关注课堂实时过程、促进学生积极表现为目的。 聚焦于"深度学习"（DOK-Depth of Knowledge）的本课形成性评价包括四个层次——A 理解、B 技能发展、C 思辨式创作、D 反馈。A、B、C 三阶段的评价，分别对应小组自评、个体自评和学习作品；D 阶段的评价"艺术写作"在课后呈现。其中，C 阶段学生小组的"作品成果"，既是形成性评价的主要关注点，又是一种结果性评价。 ② 辅助评价方式："结果性评价"，即 Summative Assessment。本课 C 阶段"思辨式创作"的具体结果，即指向学生深度合作学习的最终成果。

三、教学片段

为更加直观、清晰地认识"形成性评价"与"逆向设计"的实施过程及策略，本案例列举两个教学片段，用以诠释"逆向设计"模式，同时，观察形成性评价是如何在逆向设计理念下帮助培养学生"核心素养"的。

（一）片段一——课堂导入

1. 实录

师：同学们好！我们知道象形文字作为历史文明的符号，承载着厚重的历史文化，每一代学生都要认识它、学好它。这节课大家有个创作任务，叫做"象形文字风格化"，来解读任务清单（板书）：

```
任 务 清 单
01  自行阅读组内文本材料
02  完成"艺术工作反馈单"基础部分以及前三题
03  小组合作，进行"象形文字风格化"的作品创作
04  完成"艺术工作反馈单"后三题
```

任务清单

生：以小组方式，阅读组内文本材料，约3分钟后，填写桌上每人一份的"艺术工作反馈单"基础部分和前三题，并在小组内讨论交流。

导入部分的"学习自评单"——"艺术工作反馈单"

师：这节课的任务叫做"象形文字风格化创作"，什么是"风格化创作"呢？给大家欣赏三幅作品，它们分别是用哪种风格表现出来的？

生：观察欣赏，交流讨论——"书法""星月夜""抽象"。

以"书法""印象派《星月夜》"和"蒙德里安冷抽象"风格为创作基调的甲骨文字作品（马、蛇、鸡）

2.设计理念

这一环节,教师采取"发指令、明方向、搭建学习支架"的方式,通过资料阅读与欣赏观察,引导学生感受创作任务。主要分成这么几步:(1)为达成自主学习目的,教师为学生准备了指定风格的阅读材料,学生在规定时间内阅读并填写自评单反馈;(2)为明确艺术风格怎样和作品创作联系在一起,教师为学生准备了三幅典型作品的欣赏,学生观察、对比,得出结论。艺术风格阅读材料在这一环节起到关键作用,是本组研究风格化创作方法的重点。

(二)片段二——创作实践

1.实录

师:我们有九个小组,每个小组不同风格。桌面上的工具材料正好可以达成你们的创作风格。因此,请同学们思考用什么创作手法,能表现这种风格、创作出指定的甲骨文字作品?

生:小组分工合作,研究方法,完善创作。

师:巡视辅导,深入小组,观察小组自主探究过程,给予必要的辅助与过程性评价。

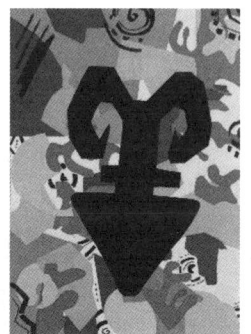

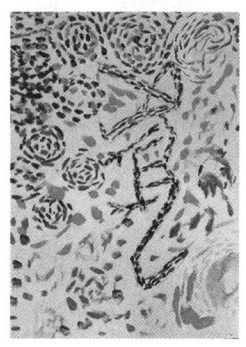

2. 设计理念

这一环节的教与学，学生行为动词只有三个，却是这个环节主要的活动主体。教师是协助与支持作用，必要时给某些小组个性化建议或帮助，但不动手示范。因为该环节是实施逆向设计教学的实践主体，必须保证学生充分的时间来体验，教师要保证给予"坚固的支架"。该支架包括诠释工具材料与阅读材料的关系、引导学生科学分组（以保证互补性学习）、明确小组探究重点——风格化"手法"等，这些均是出于对课堂时间有限性和自主学习有效性的考虑。

四、研究反思

（一）学生作业——观测课堂"理念-设计-实施"全过程的镜子

逆向设计究竟有没有效果？该如何实施？自从倡导逆向设计的美国作者格兰特·维金斯和杰伊·麦克泰格的专著《追求理解的教学设计》一书的中文版问世后，在美术教学中鲜有具体定论或基调，课堂实施需要摸索。但显而易见的是，作为逆向设计的实施结果，课堂作业能说明问题。

从本案例的作业效果来看，虽然各小组作品未完全达到"封顶"状态，但作品风格已然非常明显。比如以马蒂斯野兽派风格为

野兽派风格特点的"羊"字学生作品

风向标的这组作品，其中大色块拼接、奔放的色彩搭配、前后遮挡、相互呼应等处理手法，小组学生通过自主学习与尝试摸索，把野兽派"平面化的构图、强烈对比的明暗、狂野鲜艳的色彩、率直奔放的笔触"等视觉符号特点，在有限的时间内表达得淋漓尽致，叫人在欣赏时忍不住将野兽派风格带入到这幅作品的感情中来。

（二）小组合作——获得"形成性评价"与"逆向设计"相关实证的重要抓手

形成性评价更加关注学习过程的"生成"，而逆向设计课程，则给予学生更多时间和主动权把握学习过程。"逆向"下的学生通常能够主动合作，教学

的实证也更自然且充分，更能彰显形成性评价的合适与贴切。

本案例中，形成性评价体现在A、B、C、D四个阶段，其中C阶段评价的依据主要是小组合作的结果——作品。除此以外，A、B两段也发生在小组合作状态下——小组自评、理解分析阅读资料以及个体学习自评。在这两段评价中，小组成员要面对共同任务、解决相同的问题，为保证行动一致，小组自身会进行奇妙的自我调节，可以说，小组合作是个充分体现"适应、调节、认同、理解"的深度学习过程。所以，针对小组合作中的形成性评价记录，是客观的、可取的，具有研究教学效果与学习评价的实证价值。

尽管小组合作能产生相对真实的见证，但分组也需科学，比如人不能多且每个学生都应负有明确的任务，组员之间能够相互支持。因此，并非所有形式的小组合作都是良好实证的观测点，本案例中采取的"四人小组任务制"，通过合理的设计与评价，基本达成预期目标。

（三）"艺术作文"——"逆向设计"美术课优美的回音

本案例中，形成性评价D阶段方式是课后"写作"，即每位学生使用美术专业词汇书写一段学习感受。从这些文字当中，能够读出学生对于"逆向设计"课程的喜爱——相较于传统讲授型的美术课堂。以下是三篇不同风格小组成员的"艺术作文"，字里行间可以感到，学生对于拥有较多创作时间和较大创作自由的喜爱。

李昀轩同学写道："课上我们小组学习了波普艺术并尝试制作了一幅波普艺术画，在此之前我并不了解这种艺术风格，通过一节课的时间对其有了深刻的认识。在创作的过程中，四人互帮互助，分工明确，尽力完成了一幅波普艺术画。在过程中，收获了更多的艺术知识，并且提升了团队合作的能力。我们十分喜欢这样的课堂，希望能以这样的方式学到更多，体验更多的快乐。"

陈诺同学写道："在拿到固定的参考资料时，大家都很惊讶，我们组的野兽派剪贴艺术作品中，大家都很努力，分工十分明确。在此次的活动中，我们训练了团队合作能力和艺术创想能力。我在我们团队中是主力，我负责提供思路和方案，以及后期的美化加工。大家都很配合，我们策划并且出色地完成了作业。我很感谢他们，希望可以多多开展此类团队活动。"

杜唐棠同学写道："发现原来自己这位灵魂画手竟然能和同学们一起画出一张好看的画，我们小组的主题是印象派梵高的《星空》+牛的甲骨文，觉得是全班最好的。与同学增进了感情，发现团结的力量是强大的，我们还运用了

水彩，一笔一画的超好看，发现凡事只要用心就能画好。"

采用"写作"作为形成性评价最后一个阶段，不仅是美国美术课的评价特点之一，也是基于美术学科学习表达的一种思量。不同于"学后记"，艺术写作，更强调对美术学习过程的专业细节记录与情感真实表达，能促进学生个性成长并涵养核心素养。通过"多写、多感受、多用描述式"的形成性评价，对提升个体"图像识读、美术表现、创意实践、审美判断、文化理解"五个方面核心素养有着积极意义。

五、归纳总结

以上就是本文诠释的美国艺术教育的两大亮点——"形成性评价"与"逆向设计"。本案例的设计、实施与解析，皆以这两点为研究重点，且本课教学过程与结果，在"生成"方面尤为显得生机勃勃。就课堂来说，在40分钟内，从形成性评价"A、B、C"三阶段看到的"逆向设计"结果，对学生核心素养的培养有较明显的研究价值，学生的主动参与和积极情感体验证明了这一点。且目前，这二者在国际上亦渐有流行趋势，说明其可行性与可探究性，值得一线教师尝试与判断。

参考文献：

[1] OECD(ORGANISATION FOR ECONOMIC CO-OPERATION AND DEVELOPMENT), Formative Assessment-IMPROVING LEARNING IN SECONDARY CLASSROOMS)[M].OECD，2005.

[2] 丁邦平.从"形成性评价"到"学习性评价"：课堂评价理论与实践的新发展[J].课程·教材·教法，2008（9）.

[3] 李润洲.指向学科核心素养的教学设计[J].课程.教材.教法.2018(07).

[4] （美）格兰特·维金斯，杰伊·麦克泰格.追求理解的教学设计[M].2版.闫寒冰，宋雪莲，赖平，译.上海：华东师范大学出版社，2017.

[5] 张华.论核心素养的内涵[J].全球教育展望，2015（4）.

[6] 中华人民共和国教育部.义务教育美术课程标准（2011年版）[S].北京：北京师范大学出版集团，2012.

成长性思维，我们还有很长的路要走吗？

一个大周末，阳光正好，趁着不用走访学校的机会，我们来到了沙漠动物园（LIVING DESERT ZOO）。沙漠中少有绿洲，但加州的地中海气候造就了特殊的沙漠景象，满眼的黄沙之下隐藏着大量的水，使得这个地区物种丰富，生物种类品种多样。

正当我们以为动物园仅仅就是"动物栖居的园林"时，动物园的公共教育中心（EDUCATION CENTER）的一位老师对我们说了这样一句话，她说："（一个博物馆或者动物园）必须具备强大的教育功能才有资格成为一个非营利机构。"

这句话令人醍醐灌顶，不禁想到，这不就是公共机构追求的目标吗？无论是博物馆、美术馆，还是动物园、公园等，这些国家或城市的标志性建筑或区域，正因"公共非营利"的属性，应该为社区、大众尤其是儿童、学生做积极的教育影响，否则它们的存在便没有太大的意义——于人类如此、于自然更是一样。公共机构"教育功能"这一点上，中外本质上应该相同。

公共场馆尚且能做如此规划，作为基础教育的中小学校，就更该时常思考教育功能是否充分发挥的问题了。这一篇想聊一聊令人印象深刻的"成长性思维"（GROWTH MINDSET）——作为教育大国的主导思维之一，是如何在美国的基础教育里发挥作用的呢？

到美之后，每一次与美国学校、美式教育接触，都能发现成长型思维在教育行为、评价或与之相关的各种事务中的体现，有时这种表现是不自觉的。什么是"成长型思维"呢？简单地说，就是实施教育行为的单位和个人，在面对学习者或评价对象时，避免用"终止性"、下定义式、或者贴标签式的评价语言和方式对其进行限定性的评价；要尽量使用激励的、观点积极的、强调优点的、促进发展的评价方式。这种思维就叫做"成长型思维"，也可以叫做发展性思维，借助这种思维进行的评价，就可以叫做"成长型"或"发展性"

评价。

下文中,我将把不同学校、不同学段观察到的细节做一梳理,尝试从"成长性思维"的角度描述我眼中的美国教育。

一、"漫天飞舞"的教育鼓励性标语,多么夸张都不为过

像幼儿园与托儿所这类场合,"教室布置"随处可见,我似乎在这里应该再放一些初高中的照片,但其实都差不多。客观地说,所有的教育行为都应有它的内核,所以"教室布置"充其量算是一种表面现象。

走马观花,只会觉得它们的存在特别漂亮、营造了温馨的教室环境。但是看多了,会对这种"表象"理解得更深刻,比如我认为它们除了"美化"环境之外,更多是为了表达学校和教师对学生一贯的态度,这种"态度"是何种风格,教室布置也就是这种风格。

先说说"教师和教室"能如此表达"态度"的先决条件:在美国无论哪一家学校——大型还是小型、小学初中或高中、公立或私立等,个性化教室布置一直是被允许的,教师可以根据自己的喜好安排教室或办公室(走班

加州大学洛杉矶分校附属实验小学的一间幼儿园教室里的展板:我们是个共同体!

制,教室有时也是办公室),在这方面拥有极大的自由度。不论怎么布置、不论安放哪一种内容(文字或图片、艺术品或装置),教师们认同的出发点,是激励学习者、强调人的优势,以及给予每一个人更多的选择。

所以,我们会在每一所校园里看到这些"漫天飞舞"的标语,其中不乏空泛的、纯精神的、无特定所指的语句和论调,这在一定程度上验证了学生需要时常"被激励"、校园里需要充斥"鼓励使人进步"的氛围。深究它的底层原因,无外乎"人人都需要被鼓励、被包容"的心理安慰,这些"表象"很好地验证了这一点——"成长型思维"是被人们需要的。

DSUSD学区教育建筑内部的一间托儿所,接收3—5岁幼儿,教室里的一个柜子上被贴满,左侧是"THIS IS OUR HAPPY PLACE"(这是我们的快乐地方),右侧孩子们的笑脸照片,标注谁几岁,庆祝生日的仪式感

二、"可随时调整"的课程及学校岗位设置,怎么自由都不意外

先记录一个细节:在E-STEM学校参观的时候,我们向两位辅导员(counsellor)咨询什么是counsellor职位的职责时,她们介绍说,2个老师主要服务650名学生,重点是做好学生选课(主修课与必修课)的辅助指导工作,以及心理健康工作。

这两方面,一是尽量让学生看到自己的优点与能力以及职业理想(通过某些测评打分),选合适的课程。若是一个学期之后发现不满意或不适合、跟不上,还可以向她们提出申请调整课程;二是尽量观察、观测学生的心理健康状况,及时给予帮助。解决不了的问题可向社区工作部门提出协助申请,或请州里的职业心理医生干预治疗。总而言之,这两件主要事务的职责,要求辅导员老师一定要帮助与保护学生的各类问题,并解决潜在的问题。

这个"counsellor"职位确实很有意思,为什么?

因为，美国学校的辅导员做的实际上是"班主任"工作，但基本不单独为某一个班级或某一个学生个体负责，更不会做一些为学生定性的事。从某些角度来分析，辅导员们纯粹属于"咨询"与"服务"的角色，而不是教师。他们甚至可以不具备教师资格，只要懂得如何帮学生选课、如何调节人际关系等，足矣。

而事实上不是这样，辅导员在美国学校是一个很重要的岗位。假如一个学生表现不够好，辅导员老师就必须管理、帮助，辅助他回到正轨、做该做的事。这里就不只是"咨询"和"服务"的简单范畴了，只有积极的教育者，并且要相当"懂教育"的人才能胜任。有时我们会听到"一个辅导员长期跟踪服务一个学生"的情况，这在中国学校里是很难做到的，不是我们的班主任不能，而是学生人数太多，有时往往无法长时间关注一个学生的情况与问题。

这种"弹性"的工作机制，对辅导员这个岗位来说，实则蕴含了"成长性思维"的教育价值观——学科教师若是只负责学生的学科学习，辅导员教师则更需要开放与宽容的心态，否则无法接纳和应对"有问题的学生"。若是辅导员教师没有经验，他们无法做出合适的选择，从而无法做出符合每个学生发展特点的合理行为。如修改"选修课"——选修课能在一定期限之内更换，这是允许学生"犯错"，也就意味着允许学生在"有资格反悔"的时间里做出改变。从这一点来看，难道美国的高中生不怕浪费时间吗？换一个课再修半年或一学期就那么容易吗？我看并不尽然，学校和辅导员赋予学生更多机会的同时，也修炼了自己足够的耐心。

课程的设置也是如此，除了常规的必修课之外就是选修课，选修课通常种类繁多，便于学生做出正确判断，但并非只有必修和选修才能拿学分。学生通过一定的学校、社区和社会活动，也可以为自己挣下一些"好名声"，从而实现更高学府的梦想。也就是说，基本上，教育系统会尽量避免"一锤定音"，就是为了防止误判某些学生的前途。

这些在我们看来，想尽办法给予学生一切的行为——包括辅导员的职责和课程的"灵活变通"，其实体现了对学生的尊重与包容。为了适应学生的成长、满足学生的需要，辅导员可化身各种角色，如课程指导员、心理辅导师、人际交往训练师等；课程亦可不限于无形与有形，社会服务时间也可抵充课时。这样的"适应和满足"，实则是一种迎合的需要。

拉昆塔高中的厨房教室很大，专业厨房模样，学生也是专业厨师着装

"自由"之下，指向的是学生"野蛮生长"；无限包容的背后，指向的是学生个性发展。

三、更有"义务"的义务教育，如何深藏都觉有趣

美国的中学生毕业后并不一定都要去读大学，在美国，如果一个学生考上大学，那也只是他的一种选择，并不值得额首称庆。初高中毕业后若是喜欢或有特长，可以去读职业学校或是其他能发扬优势的教育机构，因为美国人相信"读书就是为了有事可做"，不管做什么，"喜欢"和"实用"最重要。

比如拉昆塔高中（La Quinta High School），学生除了必修课，还有各种选修课（PATHWAY），这些选修课的目的就是为了让学生找到自己喜欢的方向，从而奠定人生职业基础。如护理课程的老师告诉我们，她们的课程目的可能并不是为了单纯让学生学会基础护理知识，而是为了让学生彼此之间建立良好的人际关系（make a family），让那些厌学的学生走到一起互相温暖，从而起到降低学生退学率的作用。同时，这位老师又谈到，她的目的是学生在同伴的激励下，互相鼓励，保持坚毅，不要掉队。

美国一直到高中毕业都实行义务教育。我想，实施义务教育的年限纵然不是我们该操心的问题，但义务教育的"义务"在何方？初中毕业的孩子尚无法独立生活与工作，学校教育的一般义务是助他摆脱"文盲"的困扰即可，除此以外，无法保证更多。这显然不是教育愿意看到的，但又是客观事实。所以，美国这类高中课程，无形之中，诠释了义务教育中"义务"的定义——给学生奠定未来独立生活的基础，包括技巧与感情。而是否上大学，只是高中生毕业之后的一个选择，不是必然选项。可能他们深信，假如一个人没有基本生活的本领与情感，即便读了高等学府也是枉然吧。

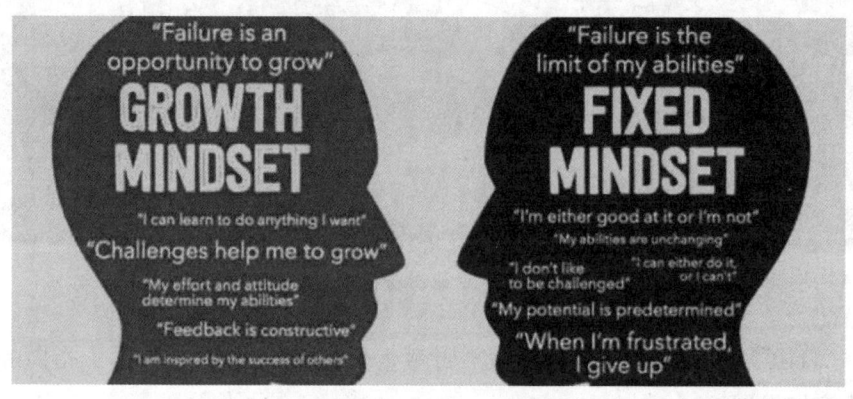

发展性思维和固定性思维

无论美国十二年义务教育的成效如何，这份基于"义务"的设计初衷，提供给了"成长性思维"生长的肥沃土壤。

纵观这三个小细节，想想自己，"发展性思维"离我们有多遥远呢？在思想的深海里，可能有这么几个因素，需要学着看清楚、理解和接受，才能谈及更多：

1. 若要改变学生的发展性思维，首先需要改变老师的思维习惯与水平；

2. 如果老师是在一个固定思维的环境里长大的，那他基本很难克服，但不是不可能，要更努力，同时环境要更好；

3. 掌握发展性思维是要有技巧的，可以通过习得来获得和加强，但要试着转成我们中国教师容易操作的模式；

4. 整个社会都需要多一些赞美，少一些无厘头的批判；

5. 永远具有感恩精神，育人教育要走得更深刻一些，不能流于表面；

6. 减少整个社会人与人之间过重的比较与竞争。

假如我们能改善或克服以上这几个小因素的存在，我们的"发展性思维"有可能会得到增长。尽管时间会很漫长，但改变是势在必行的事。

就像沙漠动物园考察时遇到的可爱男孩Jax，他小小年纪（10岁）就有了自己的职业理想——做医生，且要做能使用高科技手段治疗癌症的医生。他计划将来做医生之后发明一种"药丸"，人吃下后，会把身体从上到下"扫描"一遍，查出哪里可能有癌细胞，然后放出"杀手"杀死那些癌细胞。在我看来，这真是一个了不起的想法，因为他纯粹的、高尚的理想非常伟大，没有考虑"困难"、没有提到"国别"差异，只单纯想着要为人类造福。这一点上，我们许多学生，包括高中和大学生，都望尘莫及。

Jax的故事叫我们看到他生活在一个绝对包容的环境里，只有从小不习惯说"YES"，恐怕才能保持创意。"Jax们"也让我们明白，不改变，只会陷入自己的固有思维里，被生活和世界推着向前走。

所以，"发展性思维"的确能带给人们很多改变，我们确实还有很长的一段路要走。具体怎么走、如何走，还要摸索自己的方式，但只要一直在路上，就不担心何时到达终点。当这种利人、利民的思维深入每个人骨髓的时候，就是它接近成熟的时刻，那时的教育者和学习者一定更幸福。

对"低风险游戏"的猜想

日常生活中，我们常常会参与一些"心理测试"类的小游戏，比如"测测你的前世是哪位皇帝""测测你今年的运势""测测你的内心住了哪位隐士高人"之类。这一类测试通常以"门槛低""姿态低""添好运""好意头"的特点出现，所以参加者众，且人们还会"主动分享"给自己的家人或朋友。这是为什么呢？

究其原因，不外乎：被测者不用付出任何成本、不必承担任何风险——无论怎么测试，结果都是趋向于有利的一面。这样的利好吸引着人们趋之若鹜，不介意用各种各样的心理测验检阅自己的灵魂，乐此不疲。

信息社会，这类娱乐活动丰富着人们的生活，有趣且有益，是一剂良性的生活调味料。然而，作为教育工作者，能否发现游戏背后掩藏的教育价值？能否学会适时地将游戏中益于教学的部分引用到工作中来？使生活与工作部分有效地融合在一起？

在美国跟岗研修过程中，我们有幸发现了类似情况：用低风险的游戏，"诱导"学生参与，获得高一级学习认知或体验。这种"低风险的游戏"，其运作本身代表的是美国心理学研究成果在教育领域的发展，其核心是被充分掌握的中学生心理特点。这种以游戏为代表的混合式教学的存在，使得美国的课堂教学内容一般不难，但对学生个体的影响水平颇高。这是个有趣的观察点。

一、什么是"低风险的游戏"

低风险的游戏，英文叫做"Low-stakes quizzes and polls"，本书其他章节中谈到的"选表情包"方式也可以看作是一种"低风险的游戏"。在教学中采取低风险游戏的目的，是激发全员参与、确保人人有份，也可以是教师用来评估学生学习与教师教学的一种手段。

其实，这种类似的做法，在我们这里只是说法不同而已。

在教学中，教师设置提问或其他活动时，若是感到于学生"太难"、达不到，便会自觉降低难度和风险，使学生"轻轻一跳便够得着"——这几乎是一个有经验的老师在面临"卡壳"时都会选择的做法。比如，美术课堂中邀请学生到黑板上画一画，假如学生画不出教师要求的，大可以画出能够表达的部分。一般情况下，教师不会轻易更换人选，以免伤及学生自尊。这种降低风险的做法，不仅能使学生普遍接受，也符合"次要满足"情感规律。在我们的日常教学中，这样的问题经常发生，但研究热点并不算高。

来看看美国课堂是如何操作的：

教师若要执行"低风险的游戏"，会跟学生说清楚，做一个"特别声明"或举行一个小小的仪式，声明玩法和游戏规则；完成准备工作之后，学生开始游戏，游戏过程中，除了游戏本身具备的生成评估之外，教师不作任何评价；游戏完成后，教师会对大数据统计结果做分析，告知学生结果与原因。当然，这些都在极短的课堂时间内完成，因为，既是"游戏"，就不会作为提升思维或克服知识难点的重要时刻，相比之下，游戏作为"巩固""复习""预演"的可能性更多。

在游戏中，教师与学生会认真对待这件事，尽管性质是"游戏"，但参与游戏的人往往足够投入，具体会表现在——好奇于游戏形式，尊重组织游戏的人，以及游戏结果。

二、"低风险的游戏"——长什么样子

既然这类游戏被定义为"低风险"，那么，按照美国教育喜欢细分并归类的习惯，这类游戏很可能已经有了自己的"队伍"，甚至是评估方式。根据我们的学习与观察，"低风险的游戏"主要包括以下一些：

1. 设计好的、拿来就用的游戏或工具。

在加州洛杉矶大学教育学院学习时，给我们讲课的 Amber Green 博士介绍说，通常，在检查学生是否真正理解某些知识点的时候，"低风险游戏"网络工具是很多见的，比如"Kahoot！"（卡胡特）。这是一款可以实现在课堂上以游戏形式互动的在线测试软件，由挪威一家公司设计开发。这款软件的最大好处就是易于操作，教师可以随时设置一套测试题，配上音乐、色系等，和学生实现实时互动和效果测试，是一款可以变被动为主动学习的神器。它的兼容性极强，几乎可以在任何电子设备上即兴演绎，且知识性、娱乐性都不错，故而

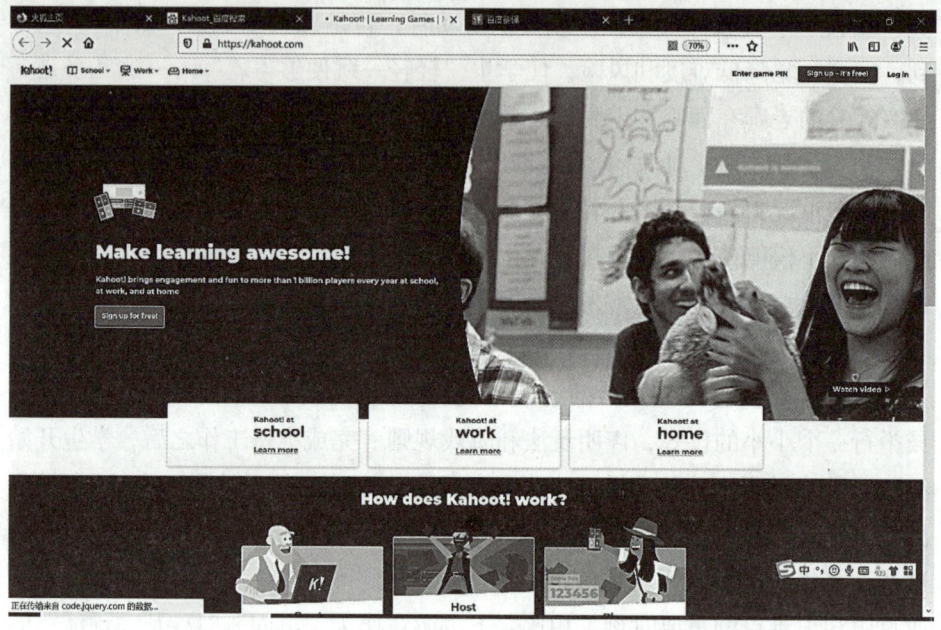

一个通用的游戏软件：Kahoot网站页面

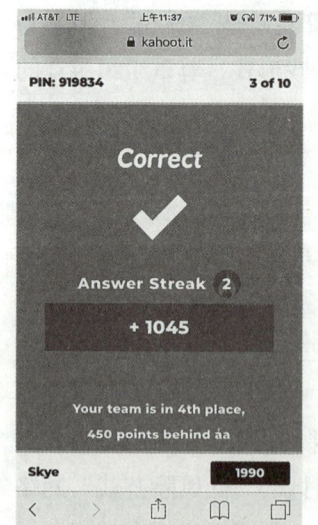

在Amber Green博士的指导下，我们在"卡胡特"软件上即兴参加一个小游戏，做到10题中的第三题时，我们团队位列第四，我个人得分1990

在欧美国家比较流行，热度较高。

简单介绍一下这个对我们的课堂教学来说还比较陌生的"卡胡特"用法：

首先，教室里保证要有电脑、大屏幕、投影仪等，教师和学生要人手一个手机或者iPad等电子设备，无限网络做基础，这是硬件条件。然后，进入卡胡特平台，教师发给学生一个"邀请码"，学生便会进入同一个测试项目。这个测试可以是老师根据课堂所学内容事先编辑好的，也可以是一个纯粹娱乐的项目——为激发学生的参与度与成就感。

随后，学生根据教师的节奏逐题开始游戏，在醒目的、高饱和度的色彩环境中，在趣味性极强的互动环节里，一步一步看到自己与团队的分值不断增加；在即时生成的"战绩报告中"，一点一点认清自己与团队的默契合作与真正实力。整个游戏过程中，师生能发现优势，也能及时检查不足，是一款在游戏中实现即兴评价、促进学习动力的有效教学（辅助）软件。

与"Kahoot"（卡胡特）类似的低风险游戏软件还有诸如Quizalize、FlipQuiz、Gimkit、Plickers和Flippity等，这些都可以在网络条件下快速实现教师、学生、评价这三者之间的有效连接。

2.简单制造、基本有效的纸质工具。

除了借助电脑软件，许多老师突发奇想，在有限的条件下，为了追逐学生的参与感，能依靠简单的工具材料同样完成"低风险的游戏"。

比如在国内受训期间，美国老师给我们使用过的一种方式"Parking Lot"（停车场），是一种仅依靠即时贴就能收集所有学习者学习意见的评价方式。它

Parkig Lot

简单、易行,且安全。说它简单,简单到一张纸、一支笔;说它易行,只要"书写+粘贴";说它安全,是因为,学生甚至可以不具名书写意见,写任何东西都可以。这个方法因为所需材料要求不高且简单易行、能收集最真实的教学意见,后来被我们反复采纳使用,效果也是很不错。

除了上文提及的方法,使用彩色卡片、表情包等等,都是属于"低风险的游戏"。它们既能满足学生表达态度的要求,又能保护其不受伤害,在课堂教学中可谓是得体的、能适应过程中有效评价的几种方式。

三、"低风险游戏"的更多猜想

游戏软件也好,纸质游戏也罢,这些方法所代表的混合式教学设计都体现了一样最珍贵的品质——"人性化"。这些媒介中大量包含人文关怀的成分,从小处着眼,为检验短时、速效的学生行为,用动态的评价指向美国教育的核心目的——培养具有21世纪技能(6C能力:交流communication、合作collaboration、批判意识critical thinking、创造力creativity、国际视野citizenship、个性化教育character education)的学生。

也许,这些游戏到底是什么也没那么要紧,要紧的是,教学要始终关切学生"学会了什么""理解了什么""还缺少什么"。

教学不是粗放地赶路,而是要不停地试探、调整教学双方的行为表现,形成双方更好的学习。这样才能与教育的最终目的不谋而合。为了达到这个目的,教师可以放下架子,教学可以摒弃形式,学校甚至可以没有"规矩"。这让人想到一个小故事:在沙漠沙子学区跟岗时,住家Margo女士为我们推荐了一个视频,是她们的"教育局长"司高特先生(Scott Lee Bailey, representative of California School District)的幽默短片。在短片中,堂堂教育局长贴上假胡子、戴上帽子扮演校车司机、学校食堂分拣水果的工人等角色,在众人完全不知情的情况下,以普通人的身份参与这些与学校教育密切相关的工作,目的是让学生懂得平等和关爱。

这几乎是不可思议的事情——一个官员首先应该组织管理好下属机构或人员,为工作建立更好的秩序,然而教育局长却跑去搞"娱乐节目",好像有些"不务正业",但"全民娱乐"的确确又很像"正统美国白人"爱干的事。我们应该怎么理解呢?仿佛只能用上文来诠释一二:形式不要紧,只要教育目的达到,游戏也好、娱乐也罢,都是成就目的的一种途径。

司高特先生（Scott Lee Bailey）扮演成食堂工人拍摄校园真人秀

21世纪技能是美国当代主流教育理念最为追求的东西，所以，我们可以从"低风险游戏"这样的小细节上看出许多。

所谓以小见大，大概就是这个意思。

非正式评估：走进学生心里

在美国的课堂里，随处充斥着各种各样的"评价"，只是有些评价看起来不那么正式而已。为什么这样说？之所以有这样的结论，是从教室的每一处角落、每一个布置、每一个活动的人和事中品读出来的——美国教育之所以和我们的不太一样，处处流露出潇洒、随性的样子，是因为在素养目标方面的不同定制。今天的地球村在慢慢变小，我国经过几轮课程改革也慢慢确定人才培养的素养方向。今天，更应多从其他国家的教育模式中、从各式各样的细节中，体会别样不同。

形成性评价，没有那么正式，甚至不遵循什么自有体系，也没有固定的方法，但却扎扎实实地促成了教师的"教"与学生的"学"，是学生成长过程中成本较低的铺垫式评价手段，暂且统称它们叫做"非正式评估"吧。

哪些属于美国教育的非正式评估？这种评估手段，给人何种体会呢？学习者从中得到什么收获？非正式评估是否只存在于课堂中？下文中，通过几个在美跟岗研修时的小片段，来诠释这种非正式的教育评价方式。

第一个片段：小学低年级的各种"本"

当我们在加州大学洛杉矶分校教育学院进修学习时，带队的全佳教授帮我们联系了加州大学附属实验学校的负责人，特地组织我们去这所闻名遐迩的优质学校进行参观。

这是一所集小学、中学为一体，号称"加州大学洛杉矶分校教育与信息研究学院的实验室"的学校。校园距离加州大学洛杉矶分校很近，掩映在郁郁葱葱的树林中，从外观难以发现闹市中原来有着这样一所学校。学校整体教育质量很好，家长口碑也不错，源自于它与加州大学千丝万缕的关系，也是因为它有着"实验体质"的原因——各种全新的、超前的教育理念，将优先在这里实践与拓展。因此，这样一所通常只招450人的小型创新学校，其特色以"双语沉浸式、协作式学习"为主,常年吸引着来自世界各地、形形色色的参观访问团。

一个阳光明媚的下午,我们来到了这所学校,接待我们的教务长老师热情地问候我们,并详细介绍这所学校的概况。我们像去所有学校那样谦逊而有礼、安静地走过每一间教室。当我越过幼儿园区域,走进一间一年级教室时,一个个低矮的柜子引起了我的注意。这些柜子里都是五颜六色的盒子,每个盒子外面贴着标签,说明这个盒子里装了什么。我好奇地拿起一个盒子里面的本子,发现这盒子里放了大概20来本"本子",扉页上写着"关于我最爱的东西"。随意拿起一本欣赏,发现其中的每一页都代表着孩子最喜欢的一样事物,在我翻阅的这本中,这个孩子在"我最爱的学校的一部分"页上用稚拙的铅笔画了一个类似桌子的东西,并且还把自己的肖像画在桌上的"上面",意思大概是"我坐在这里"。小朋友具体画了什么内容,大概只有自己能看得懂,我虽然不能轻易揣度小孩子的心思,可这幅稚嫩的小画,却恰恰表达了一个小学生爱学校的一种情绪表现。

这盒子里的每一本,都代表着一个孩子的喜好。本子里的每一页,都是老师提前设计好的"场景"——或最喜爱的动物、最喜爱的家人、最喜爱的朋友、最喜爱的食物等。尽管大部分小朋友还不怎么会书写,可半页纸上依然留出列举理由的地方,充分考虑到孩子发展水平的差异。除了这个"最喜爱事物"盒,柜子上还有更多类似功能的盒子,大大小小各种颜色,在教室里形成了一个属于孩童的特别成长区——不仅记录了小朋友们的成长,将来还有可能成为孩子内心世界最柔软、最真实的地方。

 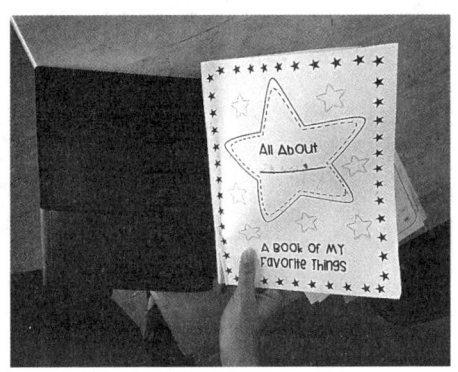

这名一年级小朋友的"我最喜欢的事物"本

这些"本本",看起来毫无用处,数量多、体积大,还占地方,可它们背后难以估量的价值,却是可见的。这种详细记录学生成长点滴的方式,于我们来说,是否有可取之处呢?

第二个片段:家庭树(Family Tree)

其实,"家庭树"这种兼画带写的内容,在国内并不少见,它可以出现在各种学科的教学当中,锻炼学生的思维能力、动手能力等。

我在美国见识的家庭树,已经不仅仅是作为逻辑与图像思维的练习手段,而更像是一种潜在的情感暗示——"家庭对我来说是第一重要的,在学校上学的每一天,我的家人都陪伴在我心里"。

以图片中这棵"家庭树"为例,它的制作材料就是常见的树枝和牛皮纸,教师特地选择了一面空白的墙去展示这棵巨大的"树"。可想而知,教师们在布置好这棵"树"之后,曾郑重其事地要求孩子们选择一张最满意的家庭照片贴在这里,作为班级里重要的一个"分子"。我能想象的是,学生回家之后是

某班级的"家庭树"作品

如何思考、选择、制作这张照片的，其中一定促进了社会情感、批判思维、创造性思维以及合作力的培养。等学生将自己的那一份成果组合在这棵"树"上的时候，心里一定充盈着满满的荣誉感与自豪感，与此同时，也能够感受到来自他人的温度。

这种完全掩盖在"班级布景"或"家庭海报"表象之下的非正式评估，你如何看待它，给它打几分呢？

第三个片段：有商有量的小伙伴

在美国各种评价方法里，有一种说法叫做"TAG feedback"——告诉你的小伙伴他做得很好，然后问一个深思熟虑的问题，再给出一个积极建议（Tell your peer something they did well, Ask a thoughtful question, Give a positive suggestion），用在介绍这个片段故事的开头正合适。

与本文中其他非正式评估都不同，这个"TAG feedback"是有名字的，特指教师将一部分评估工作"转嫁"给学生，然后在学生可能不知道自己正在被评价的过程里，在寻找另一小伙伴分享的同时，由教师同时观察这两名学生的学习情况。简单地说，就是教师设计情境，引学生加入情境的同时带上自己的一名伙伴，再由教师观察其情况的评估方式。

很明显，这种非正式评估的重点在于"不着痕迹"。

正当我疑惑这种方式是否真正可行并有效的时候，在一所中学跟岗时，偶然发现了它的存在。

那是一节机器人课程，课上老师给的任务是：分组观察一段发动机零部件组装视频，然后交流讨论、自主选择材料组装出一模一样的零部件，用于下节课机器人的完整组装。顺便介绍下，支持美国基础教育的学校开设机器人课程的公司有很多，其中就包括我们熟知的"乐高"玩具公司。因此，在这间机器人教室的中间区域，就专门留有一个"库房"用以储存各种造型的乐高零部件，学生可以根据任务自行在里面挑选、尝试、试验。

每个组的任务都是一样的，学生们在听到任务后便立刻分成了五组，每组开始在自己的小组内讨论、交流。按照我们中国教师的理解，按照一定差异规律组合的各小组，没有一点学习的竞争性是几乎不可能的，他们应该不会互相透露组装零部件的奥秘吧？可令人出乎意料的是，两个不同组、负责挑选零部件的孩子在"库房"里的一场讨论，让人不仅看到了理想状态下的协作学习，更让人羡慕这所学校里的老师——只要留心，随时都可以观察到这般宝贵的学习评估反馈，它是发生在两个伙伴之间的、以学习为沟通桥梁的、以追求问题解决为目的的真实过程反馈。只要教师愿意，这对研究学生协作式学习或项目化学习来说都很有帮助。

两个孩子具体讨论了什么呢？红裤子男孩问扎马尾的女孩，"你们组看上去做得不错，速度挺快，能不能告诉我你们是怎么做到的"，女孩子骄傲地说，"那是当然，我们组在这方面一向比你们厉害啊"，男孩子听完又说了一句，"可我觉得你不该选那个黄色的乐高，你应该拿这个（小一点灰色的），它更能匹配那个齿轮"。

这样的对话是不是很常见？是不是也经常发生在我们的课堂里？当它发生的时候，我们会不会把这种孩子之间的对话看成是没什么价值的日常聊天？可是，这个男孩怎么知道灰色乐高更匹配齿轮？他又怎么知道其他组的进度？女孩子组里的任务进度为什么那么快？男孩子是出于什么样的考虑告知女孩应该选灰色零件？这些问题值得思考吗？

事实上，我们中的多数人是这么做的——视而不见，或没时间去想这些。是的，作为一线老师的我们太忙了，这个理由无可厚非。

但是，别忽略，孩子之间围绕学习问题的对话，才是对教学最真实的评价内容之一。因为，它的发生不是由教师引发的，但教师可以观察从而得出有利于教学调整的结论，是一种容易直接改变教学方向的非正式评估。

第四个片段：美术馆里的一场面试评估

不知道老师们是否曾有与美国教师或者美国人之间对话聊天的经历？有没有发现，一部分美国人相当热爱聊天，他们会乐此不疲地与人们谈天说地，即便没有话题也能制造话题？美国人为什么那么爱讲话呢？

来到美国，除了学校跟岗之外，我特地留意了去过的每一处、见过的每个人，他们是否都很健谈？而这健谈的背后，仅仅是因为热情吗？

在洛杉矶郊外的棕榈泉市美术馆（Palm Springs Art Museum），我们与公教部的Zach老师来了一场不期而遇的约会，他听说我们是大老远从上海来的老师，高兴地非要拉着我们去他的美术教育部看看，我们一行十位老师就这样坐在了他那独具设计感的教室里，听他讲话。他是一个不修边幅、特别能说会道的年轻人，语速很快且滔滔不绝，肢体语言非常丰富，是个灵活的艺术家。

看似侃侃而谈实则在"面试"我们的Zach老师

在他与我们聊天的过程中，我发现他有一个不同于别人的特点：总是努力用目光看着所有人，生怕遗漏哪个人，引起不必要的不快。他这个细微的肢体语言，"暴露"了一个好品质，即照顾他人情绪。默默赞许后，忽然之间，我想到一种美国老师常用的评估方式："面试"式的聊天，美国老师常常用这种方式来判断是否继续在课堂里给学生"投喂"。果不其然，Zach老师没有给我们尝试他的那些高级美术活动，理由大概是我们看起来"太匆忙了"（或是太业余了）。

美术馆回来后，翻阅资料发现，有学者把这种方式叫做"面试评估"（Interview Assessment）。

什么是面试评估？顾名思义，就是通过随性的聊天或谈话，使对方感到放松，从而了解对方的需求与想法，以及对事物的理解等。

所以，在美国的校园里，常能发现教师"不拘小节"地坐在桌子上，与学生或同事愉快畅谈，哪怕是在课堂，教师也能随时"切换"到聊天模式，开始一些与学业完全不相干的、"匪夷所思"的谈话。

没赴美前，没思考过底层原因，确实不能理解，但通过长时间跟岗与在美生活观察，发现这确是一种"评估"，来修正自己或教学行为的一种手段，虽然它看起来毫不起眼,就像是一场纯粹的聊天。

第五个片段:在球场上相互"非正式评估"的一群大人

在我们的固有思维里,会认为教育界研究归纳的那些经典理论,只能在书本上发挥作用,直到我们遇到各种富有成长性思维的人们。

拉昆塔高中的年轻教师——杰西卡

在拉昆塔高中欣赏球赛的时候,一位偶遇的年轻女教师给我们带来不少见闻,同时她也从我们身上更好地了解了上海、认识了中国,彼此之间各有成长。她就是只有25岁的历史老师——杰西卡。

杰西卡老师大学学的是戏剧与演讲,所以她说自己非常喜爱教师职业,是因为能够充分发挥所学专业的价值。她是负责接待我们的一名当地教师的女儿,我们在拉昆塔市的拉昆塔高中观看橄榄球赛时,因为她的母亲那天晚上没有空,所以才安排了她来接待。与其他接待我们的美国教师不同,她特别健谈、特别聪明,很善于从话题里学习新知,这给我留下了深刻印象。她在我们观赛的每一个细节处,主动给我们讲述橄榄球的历史、规则、运动员、服装等知识,同时提出自己的问题,比如中国是否流行橄榄球比赛,中国学校里学生都喜欢哪些体育活动，中国学生若是因为体育运动受伤害，保险问题一般怎么处理等等。

忽略她的大学专业背景，我只从她身上看到了一个热爱学习、急速成长的年轻教师的身影，她那些见缝插针的问题，是真正热爱教育工作、喜欢学生的如实表现，那不是"健谈"所能涵盖的。因为，她的每一个问题和每一次探索，都直指教育的具体内容与国别的核心价值观。

我想，恐怕她也从我们身上了解到真实的中国，更接近卓越而伟大的中国。这种彼此心知肚明的"非正式评估"，岂知不是一种有效的评估呢？我们这一群被相互评估的大人，明知在评估对方的"家底"、改变自己的固有思维、扭转或填满原来没有的认知部分，但仍然很愉快，也建立了"学习共同体"般的工作友谊，实在弥足珍贵。

以上就是有关美国"非正式评估"的一些浮光掠影，其实，除了这些可以算作"非正式评估"以外，一些比较私人的形式也可以作为"非正式评估"的具体实施方法。比如微信、微博，若学生有自己的微信与微博，作为教师的我们，可从藉此对学生性格与行为作一定的评估研究，这是可行的。在美国比较知名的社交软件除了Instagram、Facebook之外，教育界普遍使用的如Flipgrid（一款师生在线视频交流平台，被称为"校园里的Instagram"）、Explain Everything（一款在IOS平台中利用iPad制作微视频的APP）、Seesaw（一款师生在线进行各种形式记录并具有演示功能的软件）等，这其中的一部分已经有了中文版，可以参考使用。

受制于课堂有效时间或是信息技术等条件的约束，我们的课堂或许还没有达到可以灵活运用各种软件进行形成性评估的程度，但是评估一直在发生着，不以教师或学生的行为意志为转移，也无法叫停，它们时时刻刻都在改变着教学的面貌、教育的结果。

作为教师，要善于从中发现利于学习走势的一面，因势利导，把教育的主动性抓在手中，把教学的实惠性最大限度地分享给学生。因此，"非正式评估"也许可以作为一个思考的角度，存在于我们的日常工作中。

因为，正是不经意的一次机会，才更容易撬动教育的更多机会，让好的教育走进学生的心里，生根发芽，不是吗？

结合艺术的策略：一种纯视觉的策略吗？

艺术是世界上最为美妙的东西，它一边记录着人类世界的美好，一边承载着各种各样的情绪，以各种面貌呈现在人们面前，自觉或不自觉地融合在生活中，可谓是一味无比伦比的调味剂。

我们知道艺术的美好，所以在国家基础教育阶段逐渐重视美育的力量，以国家政策保驾护航，并以规定的课时、规划的教材、专业师资队伍来共同带动美育的教学质量，从小学生抓起，全面提升国民艺术素养。的的确确，21世纪的中小学生的艺术素养整体要比上个世纪高，这是必然，源于艺术教育的努力。

那么，现如今，我们艺术教育的结果到底如何？是否有人做过这类的钻研与调查呢？接受良好艺术教育的孩子长大后，对社会的贡献和成就与艺术素养有何关系？具备良好艺术素养的孩子，将来会否成就更大？或者，单纯喜欢艺术的孩子，将来是否从事相类似的行业？这些也许不能成为衡量艺术教育的标准，但作为窗口，也可对"艺术"一事窥一斑。

此次来到美国，除了对教育教学理念、模式、做法等一探究竟之外，于我的本职工作——艺术教育，也做了分外要紧的观察与留意。这一留意不要紧，除了对美国中小学的艺术课堂感到好奇，对艺术在整个教育当中所起的作用、扮演的角色更是感到不可思议。自此也隐约感到，若是艺术教育有层次的话，我们的教育恐怕在某些至关重要的方面还需提升更多，比如全民艺术素养与美的意识。

艺术本身并没有让我感到意外，毕竟从内容上类比，东方艺术以它独特的卓绝风姿永远会让西方人感到典雅神秘；但美国教育运用艺术的"段位"却令我隐隐地羡慕——艺术是为人类服务的，但它不是活物，怎么用还在于人类本身。很显然，通过对比，我们国家大部分情况下对艺术的功能看得尚浅，这也决定了艺术教育的社会地位和价值观念。

本文重点介绍这种大差距现象:"结合艺术的策略"。注意,重点不在"艺术",而在于"结合"。怎样结合?与什么结合?结合以后做些什么?通过十一个"镜头",解释看到的现象,希望能对目前我们的疑惑有所触动。艺术教育的未来在何方?美国教育的做法,也许是另个角度的参考。

镜头一:加州的"乡村味儿"建筑

到达美国的那一天,我们的飞机降落在洛杉矶国际机场,一下飞机,全佳教授为我们请来的上海籍女导游就热情地带领着我们,坐上大巴,驶向酒店。

到达酒店的那一刻,我发现这是一处典型的美国乡村兼西班牙风格的建筑,相对低矮是为了应对地震(洛杉矶地区处在地震带)、房顶斜向是为了应对过于暴晒导致的热量?总而言之,在这个轻易不下雨的地区,看到这样的房屋样式,我还有些意外。但想了想洛杉矶的沙漠气候,再加上后来看到的更多类似房屋造型以及自然环境等,也就理解了加州地区的建筑特点。

这些不是重点,重点是,房子里的陈设以及一些匠心独运的设计,这些无心插柳似的存在,成了之后我们去到每一处建筑时参观的必然感受。不得不说,从这些小细节看到:美国人不喜欢"装修"房子,看似输在了无规模、乱捯饬,却赢在了"专业"的室内布置。这种几乎全民修养似的制造美的能力,让我们明白,只有更加明确加强艺术教育对孩子的影响,才能在不久的将来,使我们的全社会也能达

随处可见的斜顶的房子

182 指月纪略——美国基础教育研究初探

从大的窗子看外面的风景，温馨的灯光和简单的陈设做出了像家一样的感觉

到这种状态。

镜头二："用戏剧表演提升效果"的另类培训

艺术与生活的融合，远远不止于建筑这种人人都能看到的现象表面，且建筑本身就是艺术的一种延展、表征，能够觉察到建筑是美的，并不能够真正代表艺术的真正高度。那么，还有什么能让人感受到"生活里处处是艺术"呢？

谈一次培训。我们到达加州的第二天，于加州大学洛杉矶分校所进行的一场培训。这场培训的具体内容是关于"形成性评价"，主讲的教育博士有热情也很有想法，给我们留下了深刻印象。过程当中，博士使用了许多工具和手段来测试我们究竟理解了多少、能否运用等。比如，TPS（think-pair-share）、小白板、即时贴、低风险的游戏等等。这些在其他篇章都有讲过，不算是新鲜。但在稍后的活动里，博士叫我们所有人都站起来围成一个圈，每个人逐个按照要求讲述一定的内容，形式有点类似于戏剧表演（Drama）。这个场景让我想起一本书，叫做《回归艺术本身——艺术教育的影响力》，这本书是根据OECD（国际经合组织）多年来组织专家学者对艺术教育影响力的实证研究结论编撰而成的一篇调查报告，主要论点是艺术不都能确定带给人积极影响，但戏剧艺术却可以。也就是说，艺术种类里目前可知，唯有戏剧艺术有明确数据证明对学生有积极倾向的影响。

所以，在近几年国内各种培训中都可见"戏剧"的影子，甚至有不少学术机构或学校开始研究戏剧教育的魅力，可见戏剧对艺术教育影响力的研究是值得参考的。不论是否如此，我们在美国教育的各种培训中深深体会到了这种形式的影响：美国人酷爱"表演"，常常用夸张的动作和语言来演绎内心活动，并且不遗余力地邀请我们一道参加。很多时候，我们这些远道而来的中国老师，表现得过于腼腆，不是特别放得开。

我们放不开，因为不习惯，或是性格使然。但这种戏剧表达方式，却可以在短时间之内很好地探求一个人是否对活动主旨有所了解以及掌握到何种程度、身心的参与程度如何等等。通过对在场其他美国老师的观察，我们常常发现，美国老师们往往能够全身心地沉浸在每一场与自己有关的培训或活动中，与会场"同呼吸""共同行动"，不太有人游离在会场之外，更不会有人轻易半途离开。

这种借助艺术活动测评参与者水平的行为，是一种很好的评价策略，但重点不在艺术本身。这种情况下，更重要的是"每个人的收获"。

博士带领我们进入戏剧状态

镜头三：用摄影或绘画作他用

在我们国家的中小学里，所有和"画画"有关的事，都很容易被联系到美术学科身上，觉得那是美术老师该做的事。甚至一谈到美术老师的职业，所有人都会认为，"就是教孩子画画嘛"，甚至包括不少美术老师自己，也这样认为。

这件事显示出不少差距。"画画"或"摄影"、或者"手工"等等，这些事一旦被标签化，就不太容易撕得下来，肉痛的还是学生。因为，我们太容易把这些看作是"闲得无聊、浪费时间"的事了。

在美国的不少学校里，我看到了美术存活的另外一种形式——画画等活动不会只存在于美术课堂中，在所有的学科课程里、几乎所有学段，都能看到孩子们的"绘画作品"或其他。甚至可以说，学生们的绘画作品简直太多了，每走进一个校园，这些花样繁多、五彩缤纷的美术作品都会扑面而来，到了俯首皆能拾的地步。但是，这些作品大多不是在美术课上完成的。难道美国的老师，个个都在上美术课吗？

这就是艺术作为被结合因素的一种策略：运用视觉艺术的方法，评估学生的综合学习，评估价值超越图像之外。

如这两张照片所"讲述"的故事。其中一张，是一所学校某班级在墙面上的布置，这种布置类似于我们中小学班级里的"表扬榜"，上面写着每个孩子的名字以及每个星期获得的分数——从各种事情上获得的奖励或表彰。这种很常见的海报在我们的脑海里往往没什么印象，是因为不够"视觉化"，但这张美国孩子的表扬榜却让我过目不忘，因为这位老师很机智地把几名孩子的照片以及他们的自画像摆在最上面，让孩子们获得登榜提名的同时还有充分的亮相机会。这种机智的做法，不仅让孩子确认自己的勤奋劳动，更能够激励、启发更多的孩子茁壮成长。这种视觉化的鼓励、评测手段，是一举多得、事半功倍的事，在美国的课堂里很多见。

第二张照片，是另一所学校做的一次关于"浪费"主题的学习活动。老师设想出各种各样的主意，叫学生体察什么是"浪费"，其中一个做法是，让出一面墙的空间，叫学生们把自己"研究"的结果张贴在这里。然后，我们就看到了不同年级孩子的想法和表现。有的孩子用摄影的方式记录自己在家节约材料的做法，有的孩子用海报的方式告诫人们不要浪费食物，有的孩子用绘画的

结合艺术的策略：一种纯视觉的策略吗？　185

某校的墙壁上：我们是聪明勤奋的人！我们获得了奖学金！

孩子们的探究式作品："为什么浪费？"

方式表达对地球环境的保护就是另一种减少浪费，有的孩子用剪贴画的方式表达自己强烈的个人情绪。

这种时候，人们关注的不是作品怎么样、美不美，虽然它们也应该成为评测学生做得"好不好"的一个焦点，但绝不止于此。因为，学生从选择方式来表达对"浪费"主题的想法时，就已经开启了这一段学习经历，从初始到落地，是属于孩子自己的宝贵财富，个人学习经验不可复制。而作品作为结果式的存在，已经很好地说明了学生"到底有没有真正理解浪费的涵义"，无需再附加其他定义和用途，也超越了艺术作品本身的价值。

镜头四：一场"刺耳"但暖心的音乐会

在美期间，我们有各种机会参加美国学校的校园活动，包括跟岗听课、教师访谈、校长访谈、公益活动、球赛、话剧表演等。这些活动让人对美式教育的理解往往更加深刻，因此我们也很少拒绝，都会主动参加并热切期盼。

谁知有一次，我们心心念念的一场校园音乐会却硬生生变成了一场听觉的"车祸现场"，让人叫苦不迭，是为什么呢？

这场音乐会是在一所高中举行的。白日里，我们几位老师在它的初中部跟岗学习，下午结束工作之后，便赶往这所学校参加这场大型活动。之所以说是"大型活动"，是因为美国的校园音乐会有一个特点，就是"声势浩大"。若哪所学校举行一场学生活动，很可能是全员参加，包括学生的家长们、小镇的居民们等，因为美国人的娱乐活动太少了，平日里并不喜欢聚集在一起，反而居家活动比较多。所以，这样一场浩大的音乐会，当然惊动了许多人。我们到得比较早，加上后来陆陆续续进来的家长们，结结实实坐满了整个会场。

当我们看到那么多人落座之后，就开始对音乐会产生了期待，心想，高中生自己组的弦乐团，还有专业的指导教师，这样的组合阵容，水平应该不会差。但万万没想到，从第一个音飘出来，我们就开始失望，后悔自己为什么浪费大把的写作时间坐在这样一个前进不得、后退不得的会场里受罪，因为这群高中生的演奏水平实在是"太差劲了"，再加上现场奏错音和"悔棋"式的表演，连我们上海市一般的初中水平都达不到，真叫人大跌眼镜、尴尬不已。

正当我们彼此都心生疑惑到不行时，乐队指挥指示所有人停下演奏和窃窃私语（感到疑惑的不止是我们，还有在场的许多观众），转过身面向我们，深情地说了一段话。大致意思是，这群智商水平并不高的孩子，在几年的辛苦训练中，能够达到这种水平，实在是很不容易，需要大家的理解和支持等等。

说完这些，我们一下子就明白了，明白的那一刻，也就没人再拿刚才的"有失水准"说事了。作为教育工作者，我们瞬间就理解了作为乐队组织者的不易——对智力水平较低的孩子来说，什么最珍贵？除了提供照顾，更重要的是公平、平等。这些孩子，包括他们的家人，也许并不需要谁的捐款和资助，他们更希望自己的孩子和别人一样，站在音乐表演的舞台上。

毫无疑问，音乐是最能打动人心的语言。

约翰·格伦高中的一场校园音乐会

镜头五：别开生面的戏剧演出

上文中谈到"戏剧艺术"的影响力，是OECD结合2015年以前所做的校园实验并综合数据提炼出来的结论，谈一个我们在美学习期间亲眼所见的一场由学生全盘操作的话剧表演。这场校园里的演出，与我们心目中的学生话剧有所不同。

这些不同首先表现在：从统筹安排、剧本撰写、场地联系到人员设定、

彩排、票务等等,这群高中生完全实现了商业戏剧操作的一整套流程,却丝毫没有给自己的演出制造一些"人山人海"的景象。以致我们买票进入(接待我们的美方教育局负责买单)的时候,看到寥寥无几的观众还以为找错了地方。

这场戏剧是学生根据美国19世纪浪漫主义诗人、小说家埃德加·爱伦·坡的作品改编而成,五六个孩子模样的高中生撰写剧本、制作道具、置景、服装、编舞、处理音效、设计演出单、设计票样,联系赞助人等等。这些在表演落幕的时候,我们才从演员们登场谢幕中得知,不禁给这群孩子竖起了大拇指。

因为,这场戏剧演出,对他们来说不是"任务",而是几个兴趣一致的孩子在对同一个作家产生兴致后,自发地寻找表达途径,来诠释对作家、作品、对时代环境等的理解。在我看来,这场戏剧不论演出效果如何、观众人数多少,都是这群孩子为自己这一主题的学习(美国19世纪浪漫主义诗歌、小说)上交的一份完美答卷。

引用一段导演老师Heidi Kemp的话,她对"戏剧"的教育评价,也作为这个镜头的结尾:"谢谢你们(观众)对剧院的支持,这是一门比任何一个教室都能教得多的艺术。戏剧教会儿童学习动机、承诺、主动性、自信心,以及

棕榈滩中学的一场话剧表演——根据埃德加·爱伦·坡的作品改编的话剧《爱伦坡的传说》

仅仅'完成'是不够的总体理解。另外，他们还学会了如何使用胶带，并在30秒内更换衣服。这是生活技能！"

镜头六：注重剧情演示的天文台

洛杉矶有个非常著名的天文台——"格里菲斯天文台"，也是世界著名天文台之一，是洛杉矶的标志性建筑。

一个周六，我们来到这里参观游览，在汽车缓缓爬上这片山坡之后，天文台巍峨建筑上的几个圆穹顶映入了眼帘，它们映衬在热烈的阳光之下，显得更加庄重、肃穆。这样一处有名的地方，我们自然得细细观览。当游览了它的建筑、风景，了解了它的历史之后，有一些细节引起了我的注意。

其中一个最引人入胜的，就是各种技术手段烘托下的场景演示——比如星系星球的关系、日心说、地心说、日食月食、九大行星等等。这些相对抽象的概念，于小孩子来说自然是晦涩难懂，于是天文台在游览路线上设置了足够多的"具象演示点"，正如图中所示的"日食"——太阳的位置、月亮的位置、光线的方向与关系等，都在这两个球的动态中循环体现。看到这样直观、具体的关系演示，我不禁驻足看了好久。就连我这样的大人都因为这种演示方式而情不自禁地欣赏，更何况小孩子？

当然，不只是格里菲斯天文台，我们国内许多城市的天文台或者科技馆，基本也都有这样的装置：AR的、互动的，可操作的，等等。说明以形象化的手段导引观众进入一个模拟情态，是个普遍被接受的方式，也是最有效的知识普及途径之一。

值得一提的是格林菲斯天文台的6D剧场，尽管是个收费的地方，大家热情依然不减，鱼贯而入坐在"躺椅"上，静静等待激动时刻的到来。依稀记得，剧场里诠释的有关"宇宙是怎么形成的"知识，除了一贯常见的"纪录片"式的表达之外，现场主持人用她似受过特训一般声情并茂的配音为这场半小时的视觉盛宴镶了一道"金边"，其演讲艺术品质可谓高超，为这场科学表演平添了几分动人光彩，叫人难忘。

从这可以看出：许多非常识性的知识，与其用专业、学术、高精尖但抽象的方式与人交流，不如用直接的、可观的方式呈现。在后者中，观者能够根据自己看到的、观察到的，做出真实、直接、大胆的反应。这种自我学习并反馈的过程，在收获知识的同时，其核心精神魅力更叫人印象深刻。

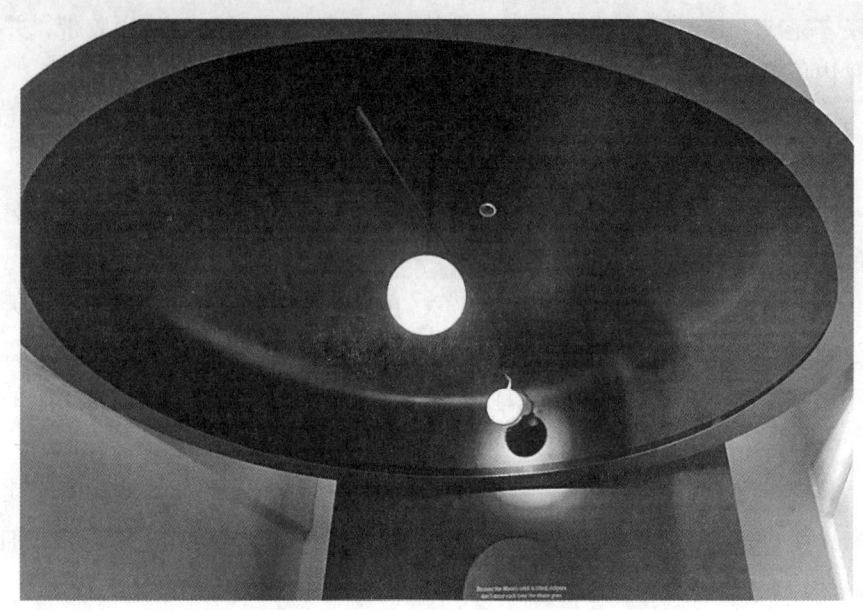

格里菲斯天文台里的"日食"动态演示装置

镜头七：用艺术手段做作业

在美国，有这样一所学校，它没有专门的课程，甚至没有一对一的教师、教材和考试。进了这所学校的学生，只要会"玩"，就可以了。这就是著名的高科技高中"HTH"（High Tech High School）。

没有来这所学校之前，我们从国内的报纸、杂志等刊物上读到过有关它的文字，HTH最为人所知的就是项目化学习特色，这也就是为什么没有教材、课程或者考试等常规设置。以"项目"为统领的各年级并行不悖，并不影响学生对各门类学科知识的涉猎，甚至比设置了专门课程的学校效率还要高。

这是为什么？

答案，在我们走进这所学校、一间一间教室走过、一处一处角落看过后，慢慢迎刃而解了。任何书本上的知识，都不如亲眼所见，正所谓"眼见为实"，就是真正被看到的那一切，它们活生生地展现了什么是"项目式的学习"，为什么没有常规学校的配置，这所学校还能办得如此受欢迎，除了大胆创新以外，应该还有些其他的妙招。

举一个例子：作业。

这所学校外观看上去就像一座工厂，所以有人戏称它是"工厂里的学校"，这个说法也并非完全因为它的建筑特色，一大部分还在于学生的学习方式——像极了工厂里的车间，每一间教室都承担着制造不同零部件的任务。学生在不同的"车间"里学着制造不同的"工具与配件"，在适当的时候，便把一部分成果展示于墙面上。以至于到我们去参观时，目之所及的每一处墙面几乎都挂满了学生的学习成果，这就是他们的"作业"。

这些作业乍一看就像是美术作业，在国内习惯了这样"审美"的人，到了这里很容易忽略这些花花绿绿的东西。但作为一个艺术老师，极其敏感的神经告诉我那些不是美术作业，而是代表了更广义的内容。以下图为例，这些滑板仅仅在于它们的装饰美吗？当然不是。看过介绍（通常墙面边上镶嵌着作品的主题与创作介绍）后，明白了它们作为一次题为"运动"主题的使命，是怎样诠释学生对"运动"的理解的——这块滑板从原材料到成品，全都是学生在"车间"里一点点测量、取材、打磨、切割、上色制作出来的。"艺术"在其中只发挥了一小块作用，但它呈现的效果却非常"艺术"。

这种借助艺术手段的创作加工，它背后体现的是学生在收集资料、自我探索、成品制作中，最终选择艺术这种途径来表达最后成果的过程。在过程中，学生并没有系统地上艺术课（据了解，这所学校只有10年级开设一周一次的

HTH高中建筑楼大厅里的滑板墙

艺术课），并没有单独从艺术角度剖析"滑板怎么打磨才更美观"这类问题，对学生来说，"艺术"只是个手段，不是目的。甚至，艺术在整个滑板项目里，只是一种检测方式，不是主要结果。

这个小例子，让我们感受这所神奇学校的一点关于"作业"的奥秘。

镜头八：装置艺术为自我认知插上飞翔的翅膀

"装置艺术"近年来已渐渐成为大城市美术馆里常见的一种展览形式，虽然人们的接受力还不是很强，大多数时候许多人表示"看不懂""不知道在表达些什么"，但装置艺术还是因为它独特的"空间+材料+情感"的特点，在各种艺术展中占有一席之地。

在美国的中小学里，我们发现，装置艺术的生命力更强，表现力也更丰富，这大概是因为装置艺术的产生多多少少与美国的波普艺术或上世纪的艺术思潮有关系的缘故，短短几十年，装置艺术已经成为美国当代艺术的一种符号，一种特有的文化象征。这种风潮可能影响到了中小学，所以我们很多时候都能看到高中生、初中生，甚至小学和幼儿园小朋友的装置艺术作品。

那么，这些作品是单纯作为艺术课的作业成绩才诞生的吗？

这与我们所设想的不同，美国学生对装置艺术的运用与掌握远远超出我们的想象。以图中这组作品为例，这是一个学校的高中生在学科成果艺术节上所展示的作品，这组作品中清晰可见两个人形，地上有一圈"手"，手的方向指向人。作品中，一个"人"抱着另一个"人"的脑袋。

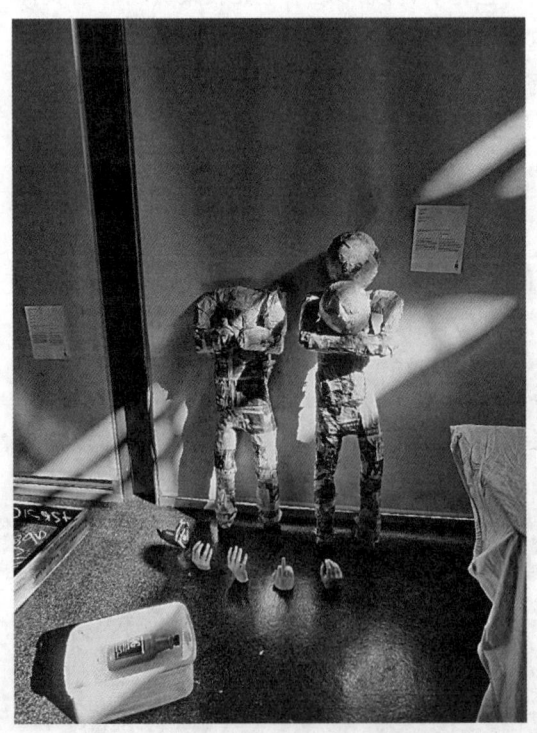

一组高中生的装置艺术作品："What do you think of me"？

抛开艺术特点与表现方法不谈，这组作品要说明什么？

我想，这组作品的创作者——一群高中生们，想要表达的应该不是一个唯一的标准答案，如果答案设定成"唯一的正确"，可以用其他更快捷的方式来展现，大可不必使用费时又费力的装置艺术形式。因此，这组作品的主题名为"What do you think of me"（你怎么看待我），本身就是一个可以敞开了聊的话题。这个话题，当然也符合高中生的心理与生理发展需求。在十六七岁的时候，人生有各种迷惘和不确定性，因此高中生眼里的自我发展与世界之间的关系尚不明朗，他们当然有可能发出类似的声音，因此就形成了这组作品。很显然，创作者并不想要一个完美的标准答案，毕竟关于"成长"，谁也给不了任何人最完美的建议，这大概就是这些学生心中所想、所思的吧。

因此，装置艺术的制作与最终展现完成，不仅是思考过程的呈现，也是学生们为成长所下的定义，值得理解与尊重。至于说这组作品是哪个学科的作业？我想，更加倾向于社会哲学或心理学之类的跨学科学习吧，不止是个艺术作品而已。

镜头九：借助艺术手法的加工是创造力最好的注脚

在HTH的初中部教学楼里，进入大厅的门，迎面悬挂着一个"巨鲸"——一条完全由废旧垃圾经过一定的塑造和处理腾空架起来的巨大鲸鱼装置作品。若是仔细看，会发现它不过就是以铁丝搭了个骨架、以麻袋包裹成身体，后附上各种垃圾安装在表面上，例如一次性餐具、锅子、铲子、刀叉等等。

这件装置作品，让你想到些什么？

没错，就是那些每年死于塑料袋的海洋生物。每一年都有成千上万的海洋鱼类搁浅在世界各地的海滩上，死亡的时候胃里几乎全是白色垃圾——塑料袋、塑料瓶、一次性餐具等。正因此，世界环保组织们才不遗余力地每一年都付诸大量的努力，告诫人们不要伤害地球、注意环境保护。可尽管如此，地球的环境压力还是很大、生态环境越来越恶劣，已经到了无法轻易修复的地步。

关于"环保"主题，我们的中小幼课堂当然也会花大力气去进行教育，也希望学生将自己的生存与地球环境紧紧维系在一起，但要承担仅凭学校力量的环保教育是极其微弱的，我们的社会每年依旧产生超级大量的废料、无法分解的塑料、无处填埋的垃圾……人们普遍认为，扫除垃圾、保护生态环境是有关部门和国家需要考虑的事情，"与我无关"。这种"与我无关"的念头，是生态环境潜在的最大危险。

且看美国中小学是怎么做的。虽然从一两件作品无法轻易判断美国的环保教育做得到位还是存在漏洞，但通过对一件作品的分析，对它的加工过程进行揣摩，还是能摸索到一两分作品的想法，毕竟艺术作品都是会"说话"的。

以这件"鲸鱼"作品为例，巨大的体量、许多的垃圾，应该是孩子们集思广益收集起来、用于一处的，这十分符合HTH的项目式学习特色——一件作品从想法、到图纸、再到成体的"一站式"考虑。从这件作品粗糙的细节就可看出初中生的手法特点，反而是给这个庞然大物增加了几分"伤感"颜色。

是啊，不谈作品的精致度，这条大鲸鱼想要说的话已然呼之欲出，这就已经足够了。初中生们想要表达的"环保"创意，从这条符合他们手法特色的大鲸鱼上已经一览无余，谁又会忍心批评他们做得不够好呢？

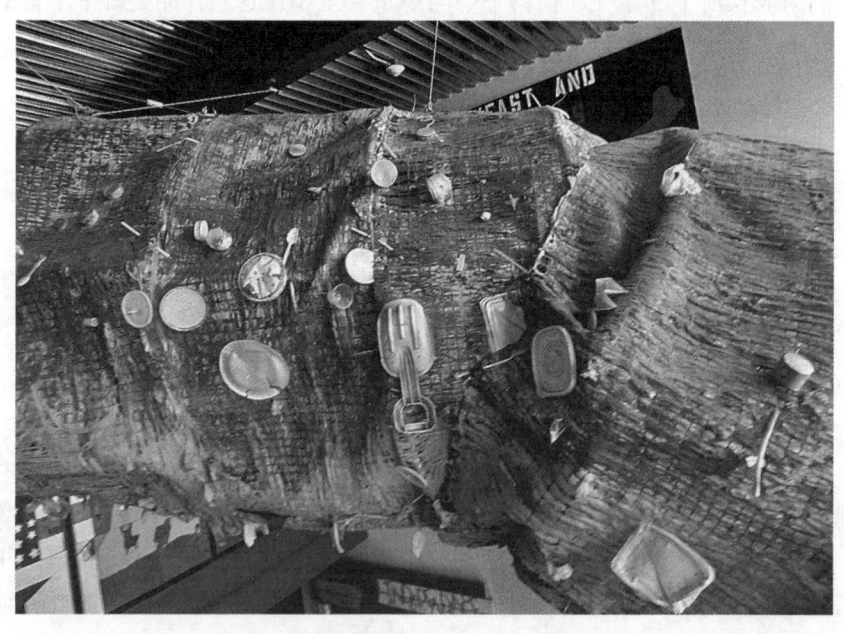

HTH初中学生的"大鲸鱼"作品

镜头十：声音图谱，你见过吗？

"声学"是我们初中物理课上的一个重要单元，也是基础物理学中最早深入研究的分科之一。美国教育一向很"慢"，在学科知识深度上不是特别追求，所以我们在一所高中看到"声学"作业，也并不觉得奇怪。只不过，这个作业

结合艺术的策略：一种纯视觉的策略吗？ 195

有些"好看"，跟我们平时见到的物理课作业都不一样。

这些长得很像心电图的作业，是学生们在物理课上研究各种乐器的声波时，留下的研究痕迹。每一张图的归属是两个学生，学生名字的下面写着乐器的种类，比如黑管、尤克里里、吉他等。由于时间关系，我们无法去继续追问这个作业到底怎么得来的，但墙上除了真实乐器之外，有趣的是，还有很多学生自制的乐器。这些东西与其说是乐器，倒不如说是能够发出音节的有声"玩具"——这说明这份"作业"并不把"乐器"作为不可撼动的标准，只要其声波在人类能听见的范围之内，都允许学生自行探究，目的在于这份寻找"声音在哪里、声音是怎么传播"的乐趣。

10年级学生的"声学"图谱作业

这样的作业，与传统的声学单元作业相比，作为学生的你，会选择哪一份呢？我想，以兴趣为出发点、不断追求再回到兴趣的这段学习过程，应该是能最大限度保护学生的学习主动性。用绘画的形式来表达，则比记录数据要有趣得多。因为，绘画也可以很严谨，看看那些作品中出现的数字，就明白，学生在这份看似美丽的图画上，留下了作为研究结论的数字，这就足以证明学生的态度与成绩了。怪不得一些学生会说，"学校是我最想来的地方"。

起着同样作用的还有另外一份——用绘画形式来表达的"厨房里的物理"的作业。

"厨房里的物理"作业

镜头十一：一年级的你，跟我一起飞翔！

刚入学的一年级学生，往往因为年纪小，还不会写字和很好地表达，所以多用绘画形式来表现各科学习的作业，这在我们国家也是一样。看来年龄小是不分国界的，都需要被"照顾"。

在HTH的小学，我看到了这样一份作业——老师带刚上小学的一年级豆

结合艺术的策略：一种纯视觉的策略吗? 197

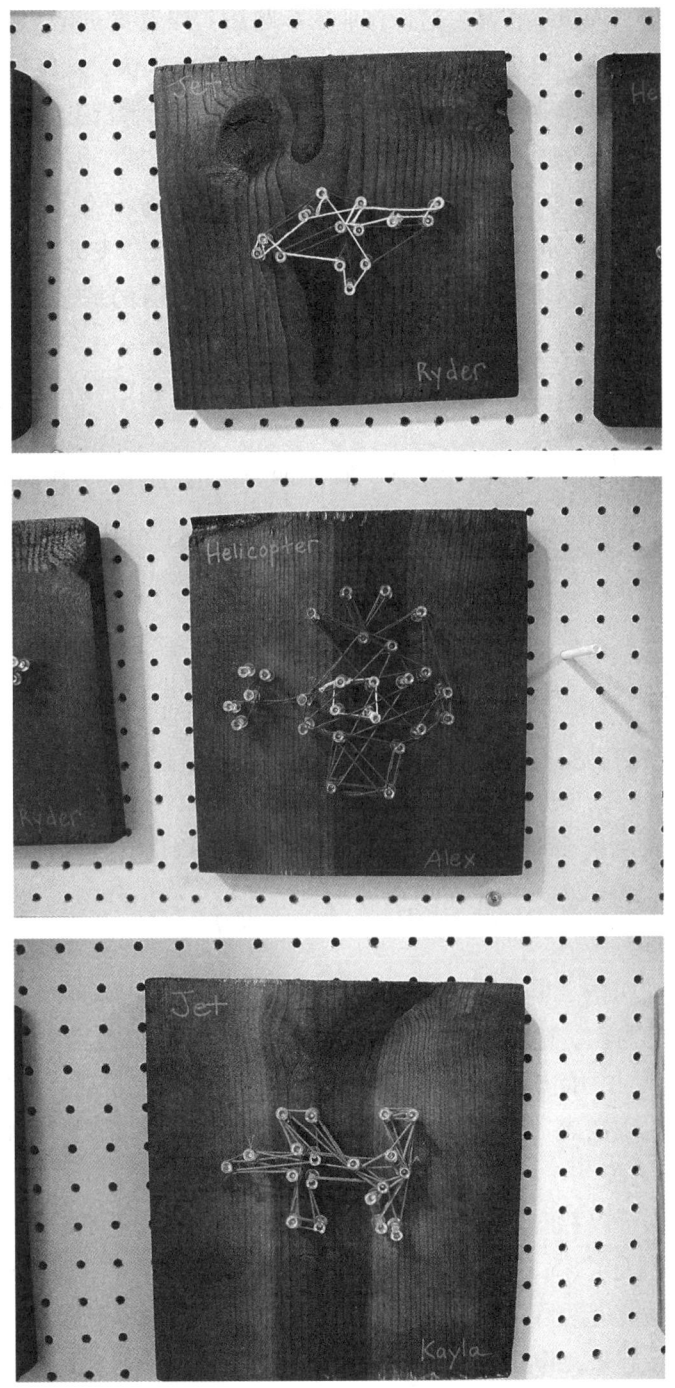

一年级小朋友们的"飞机"作品

苗,做了一份"飞机"作品。这份作业的标题是:"跟着我一起飞吧!"话语中充满了热情与期待,可想而知孩子们是多么的踊跃与欢快。这位Ms Pank老师一定想不到,这种作业背后的价值——让孩子对未来的学校生活满怀憧憬,并在老师的保护下安全地长大,内心充盈着满足感与成就感。因为,当我们欣赏每一架不同的"飞机"时,感受到的是老师对每一个孩子创作欲望的倾情保护,没有任何标准,也没有任何责难,想怎么制作这架"飞机"都可以,只要你愿意。所以,在这群飞机中,有的是喷气式飞机、有的是螺旋桨式直升机、有的是战斗机、有的是滑翔机,有的是大型客机的模样……各种各样奇奇怪怪的飞机"停"在这里,我们眼里仿佛看到了一个个振翅飞翔的雏鸟,马上就要迎来它们的蔚蓝天空。

这种以艺术手段安抚孩子的心、使小朋友们得以畅快表达内心梦想的做法,对孩子的肯定、对孩子们自我价值的认定,其价值在小学一年级都是不可估量的。

镜头十二:单数乘法版本的"秋日广场"

在我们去过的一所叫做"猫头鹰小学"的学校里,看到一个四年级数学老师在给孩子们讲授"乘法"的时候,布置了一份这样的课堂作业。我们很好奇,凑过去看,结果发现这一份作业包含了很多惊喜,远超我们对数学课的想象。在感慨美国数学课教得太"慢"的同时,竟也对这样的数学课产生了憧憬:若是走得慢一些,学生可以更好地习得知识、爱上学习,走得慢也不见得是一件坏事。

这份作业叫做"单数乘法的秋日广场涂色",所谓单数乘法,就是"九九乘法表"里的内容,这在我们国家,三年级的小学生可以很流利地背下来,因此解决单数乘法的问题早就不是问题。但在这里,我们发现:首先,数学课里没有"九九乘法表",其次,老师使用了一条"弯路"来教这个内容。这条"弯路"就是画画。

从图片中可以看出,这份作业设计得还算用心——枫叶和南瓜里隐藏着几道乘法题分别是"8×8""3×9""7×5""6×7""4×4",在另两个方块里隐藏着的也是这几道题目,学生需要计算出得数,然后在相同得数的区域涂上一样的颜色。看起来,作业的难度并不高,功能是什么呢?计算、统计、涂色这些事情都需要花时间——对小学生来说。如此费力的事,老师的目的究竟在哪

结合艺术的策略：一种纯视觉的策略吗？ 199

猫头鹰小学的"单数乘法秋日广场"数学课堂作业

儿呢？

我们尝试着向老师要了一份空白的作业纸，也试着算算、涂涂看。结果，作为"大人"的我，从这份作业中体会到的收获是：抽象概念具体化——比如"64"是有颜色的；运算统计可迁移——64的颜色固定是红色，就一直是红色，不容易出错……也许小学生无法准确概括做这样一份作业的感受，但艺术赋予抽象概念学习的功能却不言而喻，会给孩子较为舒适、易于接受的学习感受。

国情不同，数学学习在中美两国自然有较大差异，两相比较，有难度也不是坏事，只要在孩子智力身心发展水平相匹配的情况下，都是适合的教育模式。

以上十二个镜头，诠释了在美国中小学教育中，"艺术"的真正面貌，打破了我们对艺术狭隘的功能认识，艺术以其高度融合的特点结合在各学科、各阶段的学生探究及评价学习中，其功能超越了视觉本身，可能是艺术教育的结果，但也可能不完全是。

当我们再次感叹为何视觉艺术遍布美国各社会阶层、遍布生活每个角落的时候，想起它们在校园里的应用，想起它们无处不在的评价功能，便释怀了。

随处可见的非艺术作业的海报

于我们来说，目前很可能仍旧处于艺术技能普及教育的阶段，大部分学生首先需要学会一些认识美、欣赏美的能力，如此，才能明白如何创造美，进而利用这些"美"来作为表达与呈现的方式。这会是一个艰难的自我意识觉醒，也是全社会"艺术"认知水平该负的责任。

所以，当认识到艺术可作为一种结合手段与策略，去评价其他事物的时候，就意识到，作为艺术教师的我们，肩上责任之重、路途之遥远。不过，既然意识到，说明大有奔头，辛苦一些又何妨呢？

圣地亚哥街头：流浪汉的"石头变蚂蚁"手工艺品

艺术不是目的，而是手段

有这样一所学校，它几乎能把所有的学科相连，把教室墙壁打通，把学生带进一个大型工作室式的学习活动场，实现许多人对未来学校的期待。这样的学校存在么？我想，我们在美国参观寻访时的最后一所学校——高科技高中（High Tech High），简称"HTH"，大概就是这种梦想学校的雏形。

作为一名艺术老师，深感在一所学校的环境与课程设置当中，艺术元素代表的是学生综合水平、校园文化层次，甚至是学校教育理想的追求。所以，本文所撰写的，是在对这所全美知名的HTH学校的参访基础上，对它满校园的"艺术元素"进行的提炼与思考，以此来说明一个观点——"艺术不是目的，而是手段"。

一、校园初见

大老远从洛杉矶驱车赶到位于洛杉矶西面圣地亚哥的这所闻名遐迩的HTH，是因为它以"项目化学习"为特色的学校声誉早已遍布全球，而我们赴美前，也早已听说上海将建成一所由HTH创始人Larry先生直接挂帅的"未来学校"。如此有名的HTH，到底是不是传说中的那般，有着现代工业设计感的校园环境、全学段贯通的PBL项目化学习课程、成熟产品般的学生作业呢？

初次进到这所校园，访客登记时的严谨与规范，果然在告诉我们，这不是一所随意敞开的学校，它有许多内涵等待与人分享。

二、建筑特点——高、空、亮

不同于第一眼印象，当我们缓缓走进HTH的教学楼，我留意到的是这所学校的整体建筑特色与细节之处的亮点。不论是HTH的高中、初中，还是小学，它们整体统一却各有不同。总的来说，HTH的校园建筑体现着"高"、

现代工业感强烈的校园建筑外观

"空"、"亮"的特点。

(一)高中教学楼初探

迎接并引导我们参观的是一名高四年级的漂亮女孩,她自信、认真、有涵养,介绍学校的时候思路清晰、口齿灵敏,是位相当优秀的HTH即将毕业的高中生。在她带领下,我们仔细询问了有关课程和教学类的问题,我也仔细观察了这所学校在围绕课程设置以及活动规划的情况下,建筑中流露出的统一与匹配感。

1. 高。

在美国,并不是所有的教学楼都要求造得很高,恰恰相反,美国西部城市由于正好处在地震带上,所以教学楼都只有一层。少有高层建筑,除非是剧院或体育馆、图书馆之类,也不过二层。在HTH高中教学楼的大厅我们见到了高高吊起的屋顶,最上方两侧的墙上悬挂着各国国旗。这体现出宏大高深、国际范儿的场面感,在空间上充分考虑了高中生高大的身材以及学生心理成长上的"无限"——在挑高较高的空间里学习长大的孩子,心理上会更加宽容。我能联想到的是,欧式建筑"哥特式风格"常常都是以近十米高的内部空间优势,对群众起到相同的心理作用。

HTH高中教学楼的门厅

2. 空。

一间正在上课的教室

所谓"空",不是空旷,而是"从建筑设计与人的关系"这个角度,考虑空间的美感。假如一所学校里里外外装扮得很漂亮,但是缺少对学生的足够考虑与人文关怀,那这样的教育场合也不是完美的。在HTH,我看到这种建筑空间的"恰到好处",比如一间教室、一处场所、一个角落。

在参观过程中,许多教室在上课,每间教室里至少有30名学生,同时还有教师的办公桌、大量堆放的教学材料等,但不拥挤,也不凌乱。这仅仅是因为当时建造这所大楼的时候故意预留了空间吗?我看并不尽然,建筑固然能在设计之初对这一点加以考虑,但过大或者过小的预留都不是科学的,只有认真思考建筑与人的关系、学校未来的发展定位,对于空间的"空而不旷"这一问题,才能体现在现实里。

总的来说,HTH高中建筑在"空"——"空灵寂静""空而不散""既整体又私密"这些感受上把握得很好,学生同在一个屋檐下学习,既不彼此疏远,又有自我空间,这样的校园环境应是利于学习的。

3. 亮。

不同于我们在沙漠沙子学区见到的那些白天也要拉着窗帘开灯上课的学校,这所HTH学校极尽所能在所有能开窗的地方采用大块的玻璃用以采光,

随处可见的亮光

这大概是因为沙漠沙子地区更接近沙漠地带、热气更足的缘故。足见建筑始终与环境是密不可分的。

足够的采光条件意味着什么呢？光明。在马斯洛生存需求理论层次里，这不是最高级别的，因为和更高层次的需求例如"爱与归属感、尊重、自我实现"相比，生活要有"光"，似乎只是基本生存需要。然而人类是情感动物，光不能给予人们直接实现理想的财富，却能激发人们进行自我"光合作用"——在阳光下，坏的情绪排出来，新的东西生长出来，学生的心理自愈与光线条件也有莫大的关系。所以，建筑所能赋予学校的其中一个伟大贡献，就是尽可能地采光，自然光带给学生安全感与满足感。

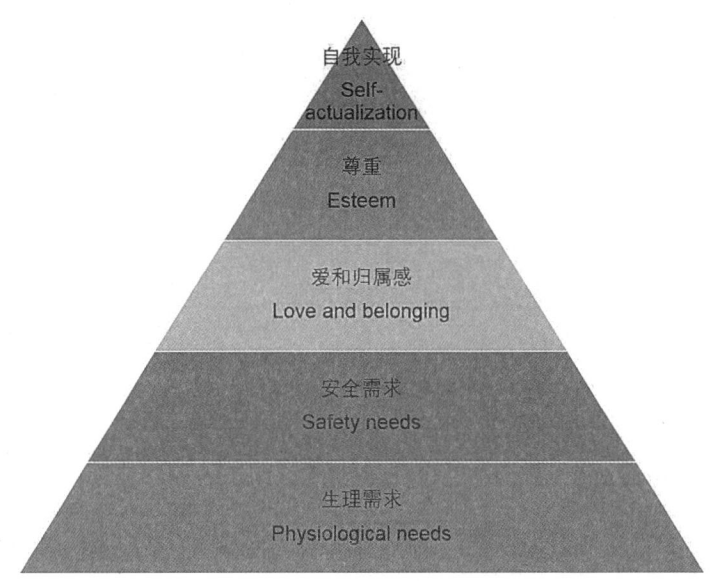

马斯洛需求层次理论

（二）初中教学楼初探

与高中教学楼的大气恢弘略有不同，初中教学楼显得青春活力、略带温馨，这大概是与学生的年龄与心理特点密切有关的，以下方面可窥一斑：

1. 高。

不同于HTH高中教学楼门厅处格外突出的挑高，HTH初中教学楼的门厅虽然也有近7米的挑高，但却挂着一条废旧材料做成的"鲨鱼"（或鲸鱼）模型，这给初中校园增添了许多少年人才有的活力。确实，与高中生渐趋成熟、

HTH初中教学楼的门厅

学生相片架：底座是一个自行车轮，整个架子可以旋转

独立的群体性格不同，初中生普遍活泼洋溢、喜欢表达，周遭世界环境对这个群体的影响巨大，好的环境很容易改变人的个性或思想轨迹。因此我们在HTH初中才没有轻易看到哪一块区域被轻易浪费，几乎每个拥有足够挑高的空间里，都安置了适当的装置作品。

2. 空。

在初中，环境布置是重要一环，正如上文所言，初中生是容易被影响的一个群体，他们的心理建设与信仰理念在这个年纪快速被塑形着。在HTH初中，我感受到一些细小的装置，透露着"少就是多"的思想，体现着另外一种"空旷"。

如门厅中矗立的学生相片架，这不是一个只用来展示优秀学生风貌的装置，仔细看，陈列在这里的都是自画像，每一张画像右下角有一个对应的二维码，用手机扫码可以了解该学生更多。这个架子看起来不像是买的，用老师自己的话说，为了省钱，许多东西都是学生自己设计制作的。果然，架子最底部有个旧的自行车轱辘，充分证明了这一点。

如果没有这个展示架，HTH初中的门厅里会更为空旷，但有了这个展示架，这种"空"就化为了另外一种温馨感。这就是一种合理的空间运用、一种空隙的平衡。

3. 亮。

HTH的初中和高中略有不同，在采光上更为明亮，为了加强这一点，有些教室直接在教学楼内有一扇门通向室外，也就是说，有些教室的延伸空间是包含室外部分的，所以学生的学习活动有一部分也应是在室外进行。这大概是因为初中生相比高中生更加需要优质的光感环境，提亮内心的满足感与获得感。除了采光条件更好以外，HTH初中的墙面布置还大量采用亮色、暖色，来强化环境带给人的影响，不同于HTH高中普遍使用黑色做底的布置，"暖色"也是一种提亮环境的手段。

普遍可见的暖色装置

（三）小学教学建筑初探

HTH的小学楼与高中、初中建筑楼群并不相连。我们走过一片宽阔的绿色草坪，见到绿草如茵、小树成行、秋千木马，就知道HTH的小学部到了。

美国绝大部分的小学设置了五个年级，即1—5年级，这一点与上海相同。HTH小学校园的建筑与装置与初中、高中存在着明显的差异，主要从以下体现：

1. 高。

不同于初高中教学楼直接能够感受到的空间之"高"，之所以感到HTH小学的建筑也有类似感受，是因为"小人国"般的设计。为什么是"小人国"呢？当然是与学生的身高有直接关系。如果把桌子、椅子、日常用品全部缩小一点比例，空间与之产生对比，自然就会让人感到空的更空、大的更大。因此这所小学，虽然在建筑总面积上并不逊色于初高中，但它的空旷不是省出来或者算出来的，而是对比出来的。这种刻意缩小比例、形成巨大反差的空间"化学反应"，恰恰也是对小学生社会情感教育的一种细节体现，也是建筑爱人、建筑容人的表现。

充分照顾到小学生身高，更加低矮的书包柜，强化了空间的挑高

2. 空。

这所小学的学生数也是不少,经目测,一个班级有25名学生左右,符合美国国家标准,所以教室里的学生人数、数量分布总体近似于初中。然而,它们却有一些别样的设计,给教育教学保留了想象空间。

比如,当我们来到一个类似体育场馆的大教室里,看到一些"屏风"似的灰蓝色、可移动弧形挡板,被人为拦成好几处"私密空间",正好有一个老师正在给学生一对一"补课"。因为人少,所以这个空间的开阔性更强烈,空间的"空旷"与"补差"的私密性形成了强烈对比。行走其中,让我感佩于空间开阔的同时,也不禁深深佩服这种做法——它强烈又无声地保护了学生的学习自尊心。这是建筑空间在使用方面的一种灵活的伟大。

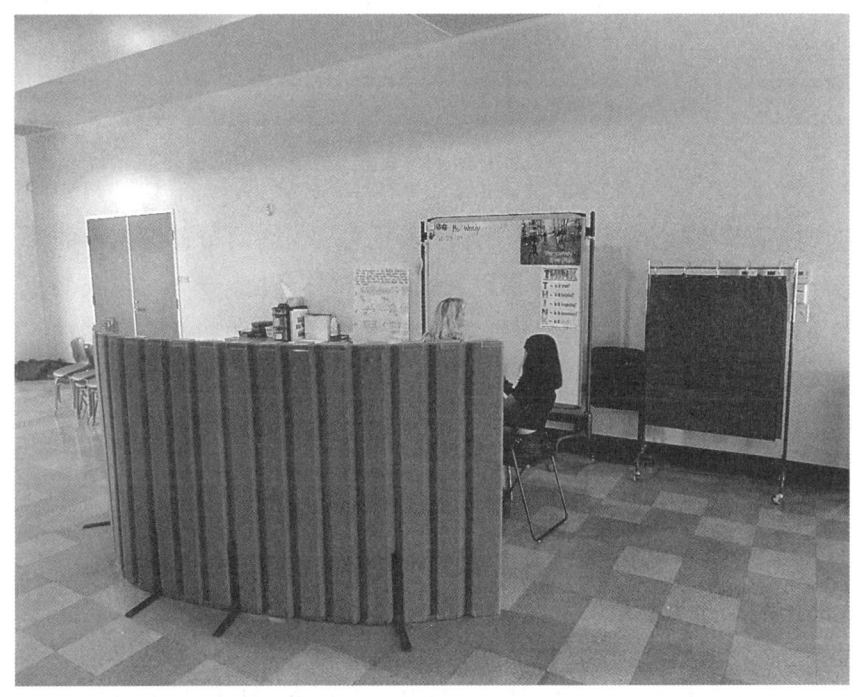

教师与学生一对一教学

3. 亮。

由于小学阶段学生的年龄更小,所以小学教学楼的建筑设计除了在采光方面更胜一筹外,整体装置还充分运用了亮色与暖色,来强化学生需求、年龄特点与校园环境。

一间数学教室

　　这种细节主要体现在：柜子、盒子、文具、墙面布置等色彩的充分倾斜——向暖色、亮色的倾斜，借以加强校园整体环境，突出小学的特点。这一点不同于初中教学楼内只起到"调节"作用的暖色，在小学楼内，暖色或不太饱和的暖色作为主色调，大量体现在各种整体与细节的装置与装饰上。

三、PBL成果中的艺术之花

　　这所学校处处彰显着"实验"的元素，因此无论在建筑结构还是课程设置上，都领先于加州的其他学校，也不同于我们之前观摩过的学校。尤其是在课程设置上，据向我们作介绍的高中姑娘说，除了10年级及以上年级有讲授课以外，其余年级几乎都大量使用PBL项目化学习的方法来进行学习。

　　在前面的文章中，偶有谈过PBL项目化学习的方式及案例，本文不再重点描述。然而，作为艺术老师敏锐的观察眼，我在HTH学校最有特色的PBL项目化学习学生成果中，看到的是他们艺术学习的成就，甚至是美国优秀学校的学生应该具备的基础审美素养的高级实现。这种艺术之花的不经意绽放，才是艺术教育的目的。

（一）从众多PBL项目化学习的学生作业中，看到美的统一——形式、色彩和内容。

1. 美的统一——形式。

滑板作业（HTH高中）

在HTH，无论是高中、初中，还是小学，随处可见形式统一的PBL作业，其中大多数都不直接指向美术学科，但它们却反映了学生美术表现能力的水平。以这张图片中的"滑板作业"为例，因为没有"作品介绍"之类的纸面说明，我无法判断其是哪一门学科的学习成果，但每一个学生都考虑到了构图的饱满、色彩的填充，使作品最终在呈现的时候能保持整齐划一又各不相同的局面，这是美术基本表现力的最好说明。

2. 美的统一——色彩。

这组绕线画，按照它的主题——"谁可以飞起来"来猜测，并不会仅仅存在于美术学科，所以不能鲁莽断定这是美术作业。这组作品美妙的地方在于，底色相同，线的颜色却不同，但结果却是统一的。当然，灰蓝色这块板，按小学生的能力，他们也许做不出来，即便是教师准备的，这也是一种审美教育——怎样获得美感上的统一？底色一致，就是一种好办法。学生通过这种熏陶，潜移默化就把艺术的表达方法理解了。这或许是HTH学校PBL项目化学

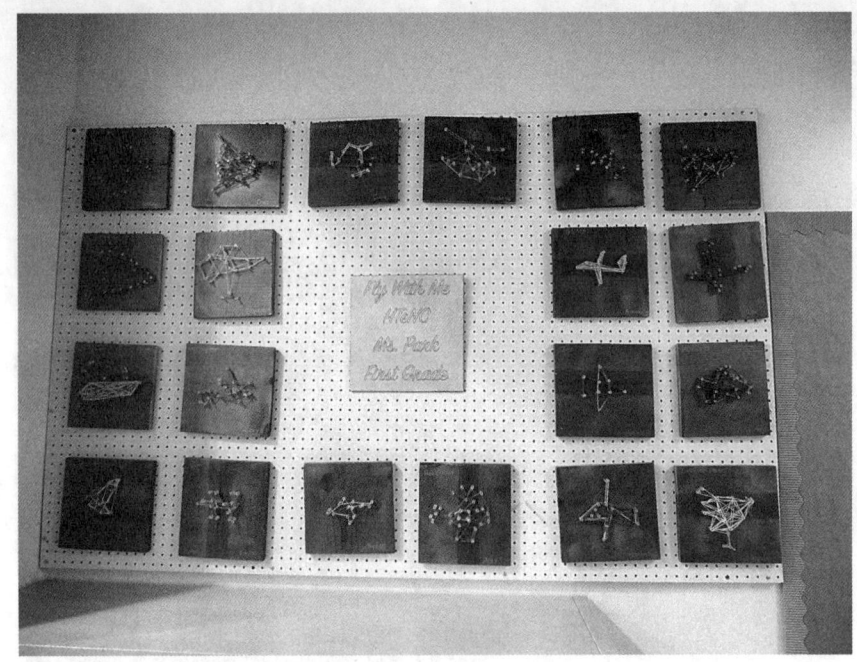

绕线画（小学）

习在学科融合上的一种特色。

3. 美的统一——内容。

在这些形形色色的PBL作品上，最容易统一的就是"内容"，因为PBL项目化学习，在特定的小组里总是高度默契地指向同一个结果，这是逆向设计的特点。这种共同感随处可见，它也最能展示学生不同的、个性的审美表达实力，也最真实。从这组以自我认知为目标的作业中可以看出，每个学生选择的内容都不一样，但足可以看出每个人对"我是谁"有清晰的概念。有人寻找到一张巨星照片代表未来的理想追求，有人采取形象嫁接的方式将好几人的优点拼接在一张图片中以显示自我追求……这些非常有意思。观点不同的作品，恰恰体现了美的一致性：真实的自我。

（二）从众多PBL作品中，看到学生对前卫艺术的主动触摸。

在参观HTH高中校园时，恰逢某年级的学生正在布置一个装置艺术展。装置艺术在我国的起步不早，进校园的时间也不长，因此在艺术教育领域中，甚少有大量推广装置艺术特色的中小学校。

这中间存在多种原因，主因还在于学生对装置艺术缺少足够的了解，欣

自我认知类作业（初中）

赏经验更是不足。但在HTH，我们却看到一场几乎全由学生主导的装置展——尽管并非是指向美术学科作品的，却很有意义。至少说明，HTH的学生不仅完全理解装置艺术，而且知道装置艺术的目的与手段，还能十分自然地运用到PBL项目化学习的成果展示上。

在这里我们看到，艺术表达的手段不是唯一的，学生到底从艺术课学到了什么是不能轻易下结论的——或许每个学科的老师都在教艺术、或者学生自学了很多种不同的艺术表达方式。但有一点毫无疑问，HTH的学生在表现作品的过程中，艺术表现能

一个可以体会"差距"的盒子

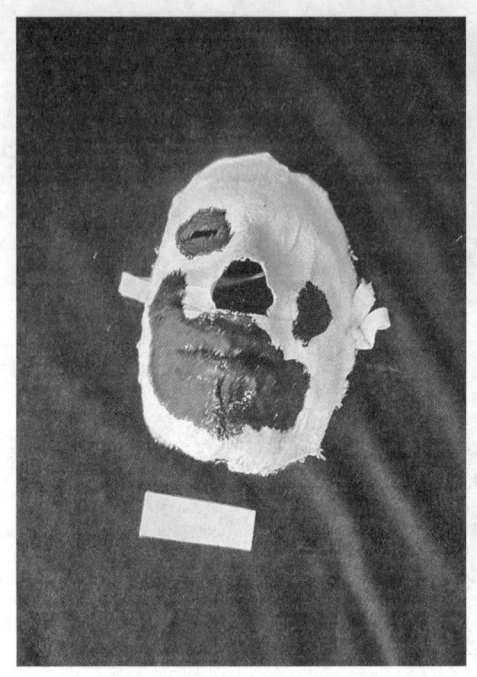 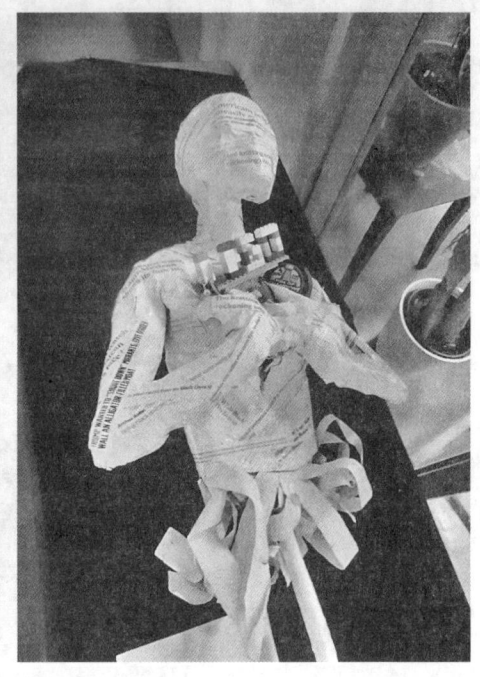

一组可以体会"情绪"的面具　　　　半截体会"人生"的"人体"

力从来不在他们的困惑范围内,他们似乎天生知道该怎么做、怎么做得更好看些。作品的艺术美感仿佛不是勉强出来的,而是与生俱来的。

四、反思——艺术是什么

在这样一所以PBL闻名的学校,我不敢说知道了哪些PBL项目种类,也诠释不出它们到底好在哪里,但从建筑到学生作品,我看到了"艺术不是目的,而是手段"的有力诠释,下文特作说明。

在我们的艺术课堂上,已经习惯了将艺术作为"目的"来使用,比如一节课若是以"版画"为主题,则教师会尽可能带领学生在一节课上穷尽方法与手段去研究"版画是什么",而常常忽略版画本是民间的表达思想与内容的一种形式,优势在于易传播与节约成本。

在HTH的PBL作业成果上,我看到了完全与之相反的情况——学生可能并不知道什么是"装置艺术",但却可以用这种互动形式来表现PBL的小组学习任务,在成就感上的达成度会更高。

这不仅体现中美学生在艺术表现力上的差距。我认为,更应该反思的是艺术的"功能"、艺术到底是什么？我们教学生上艺术课的目的，仅仅是为了学会画几幅画吗？HTH的参观不仅开阔了眼界、梳理了思想，我似乎在"逆向设计"这件事有了更新的感悟：真正的"逆向设计"，形式与手段都不是最重要的事，不必担心学生学不会哪种形式，只要成果明确，在琢磨的过程中，学生总会学会的——而且这种"学会"，内驱力更足。

所以，艺术并不是最终的目的，而是一种引导学生去探索世界的手段。艺术在人类最原始的时代，恰恰也是这样产生的。这不是很有趣的事吗？

借助"误解或错误",也许是个好方法

在教学中,有一种方法经常被采纳,那就是"故错法",即教师或学生采取"故意犯错"的方式,将教学、学习中的难点痛点表达出来,通过反驳或分析,以便达到解决针对性问题的目的。

这也许不是个新鲜的方式——对于一个有多年教学经验的老师来说,用故意错误的手法"引诱"学生"上钩",像鱼儿一样咬住鱼饵,再一举攻克某个教学难点,确实是个低成本操作、也容易解决问题的方式。

在美期间,我们反复看到美国老师使用这种方式进行教学,并且在各种道具、材料、媒介的衬托下,使得"故错法"亦产生了"美式2.0版本"的演绎风格。那就通过几个小故事,来感受这种在反向思维导引下、在多媒介烘托下的"故错"教学法吧。

故事一:哪块冰先融化?

在加州E-STEM高中进行岗前培训时,讲师Mark先生带着我们做了一个实验,实验的名字叫"猜猜哪块冰先化",这是物理学习中一个非常经典的实验项目——"密度与温度"。

实验之前,Mark先问了一个问题:"是放在木头块上的冰块先融化,还是金属块上的冰块先融化?为什么?"听罢,我们开始叽叽喳喳地讨论起来,有的人说木块上的冰先融化,有的人说金属块上的冰先融化,我也认为木头块上的冰先化,至于原因却说不出来,只觉得金属块更凉更容易"保温",应当能让冰块保存更久的时间。

果不其然,在举手表决的时候,一大半人与我的意见相同,看来依据"自以为"的常识进行答题的人不在少数。于是,带着对事物的"偏见",大家分成小组开始进行试验。我们小组共有5位老师,有3位都认为是木头块上的冰先融化。于是,当实验道具、冰块放置好之后,我们眼睁睁看着面前金属块上

借助"误解或错误",也许是个好方法 **217**

"哪块冰先融化"实验

的冰在不到一分钟的时间里,融化了个干净。惊讶得合不拢嘴的我们,在这样的实验结果面前,心里的疑问至少被放大了一百倍,忍不住追问:为什么会这样?难道不是木头上的冰先融化掉吗?

看到这幅场景,Mark 哈哈大笑。于是,他顺势讲起物质密度和温度的关系。在他的悉心解读下,我们了解了大多数物质在温度升高时,体积膨胀,密度变小;在温度降低时,体积缩小,密度变大,即热胀冷缩。更何况在温暖的室温下,金属的热传导性更大,这直接导致了冰块的瞬间消融。

这个实验告诉我们,"自以为是"的"常识",有时并不是对的,反而滑稽至极。尤其是对知识的偏见若带到课堂里,那么,由错误带来的更加荒谬的学习印象就会非常深刻,后期更改会耗费很大的力气。

Mark 采用这样的方法,告诉我们"错误理解"将带给学习的诸多坏处,作为教育者的我们,马上就懂得了他的良苦用心。所以,"有错在先",对习得和掌握正确的知识来说,不见得是坏事。

同样的道理来自 Mark 做的第二个实验"面粉会不会引起爆炸"。看着腾空而起的焰火,我们这群"主厨们"深深感受到了来自厨房的危险——从此以后

绝不会再让大量面粉靠近火源,这是这个实验带给我们的"教训"。

这两个实验告诉我们,根深蒂固的"错误常识",确实是很大的隐患,但若作为教育机会,通过"错误"验证正确结论与观点,会是个好办法,让人印象深刻的同时,教育意义也很大。

故事二:怎样选择适合自己的选修课?

到达学区的第一天,我们走访了三所学校,其中一所拉昆塔高中是当地有名的"半职业"学校,因为它拥有丰富多彩的选修课,有许多锻炼高中生的"仿真式工作"如护士、厨师课程等,使高中生尽早具备职业素养与工作能力。正是有着这么多选修课(pathway),这所学校在当地才很受欢迎,生源也不错。

我们在参观过程中恰好遇到一位老师,在一个大教室里指导学生怎么给自己选择好的专业和导师。这位老师不停地追问学生"有什么不明白""还有什么不明白""哪个地方让你迷惑"之类的问题,在确认这些都没有问题之后,指导学生在专门网站上填写初次"申报"选修课的具体内容。

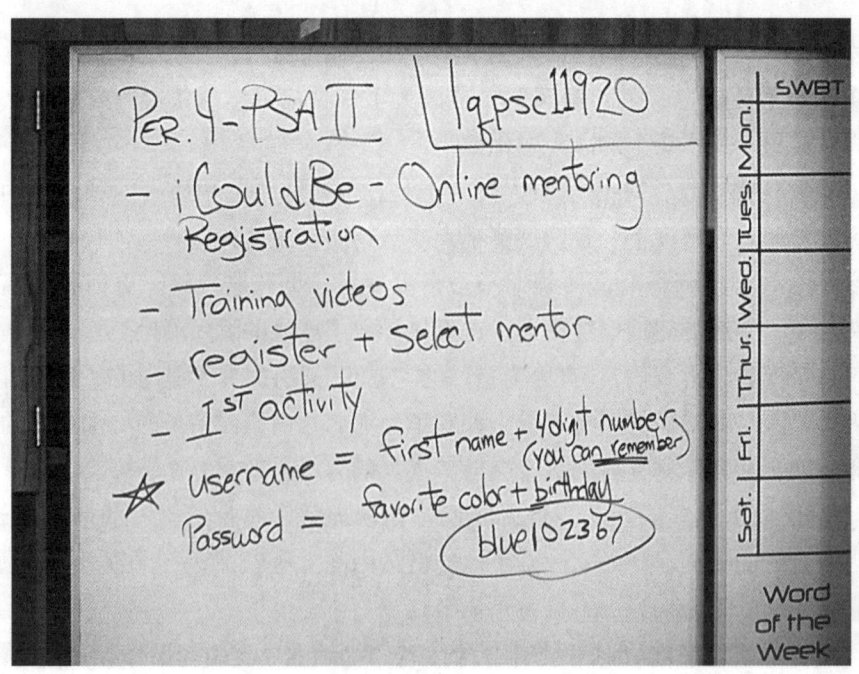

老师辅导高中生进行职业选修课申报

不断追问、反复的"击打痛点",以这种方式询问学生的理解,避免一些不被发现和不容易解决的问题沉到湖底,不使任何一个陈述发生误解和问题。当确认问题都得到解决,再让学生去讨论、尝试,这种做法,是建立在"少错误或误解"的原则上的。看起来老师的反问确实太"啰嗦",但的确能够引起学生的警醒与反思,纠正潜在问题,不至混乱。

故事三:把争论写下来

在拉昆塔高中的"厨房教室"里参观时,意外发现一本"争论本",这上面不仅记录了2019年10月7日至11日的"厨房争论",还有个学术特点——"本周学术词汇"。这本奇怪的本子,封面定义栏里是这样介绍的,"如果你反对得到支持的观点,就必须展示你的理由或证据",并举例"有学生若写下一些争论,必须提供一系列自己认为正确的论据"。

因为行色匆匆,我没有时间去翻阅本子里的细节,但它挂在这么一个显眼的位置,且从日期上看是"周更新",就知道它的使用频率一定很高。

专门记录争论的本子

这让我想起了教学上的"反思文化"——反思一定是伴随教学同时发生的,反思意味着问题,也常常意味着进步。反思可以和同事一起进行,和自己或者和学生,没有反思的教学是肯定止步不前的,这几乎是教育人的共识。所以,看到这样的反思本,就仿佛看到了被正视的问题。能容得下"问题"的教室,则有很大的可能会发生真实的学习。

这种郑重其事记录争论的方法,很明显把教师和学生放在了同样的天平上,谁都可以提出质疑,但提出质疑的同时必须举证。这样既确保了"错误"的权利,也避免了无效犯错的反复产生,是种"客观"的犯错过程。

故事四:"那是你的选择"

美国的诸多中小学,都非常追捧"海报""标语"文化,即我们眼睛看到的那些布置在教室墙面、校园长廊里的花花绿绿的纸。这些"海报"或"标语",大多是学生们的项目化作业、展示作品、教室功能须知或者是激励性标语,所起的多数是鼓励、激发、鞭策或警醒作用。

毫无疑问,在这个强调"视觉化"的国家,海报或标语若使用恰当,有时抵得上老师的千言万语,同样能起到教育作用。

尤其是在小学,小学生初入学,在学校里接受规范化、系统化教育的同时,也同样需接受来自于这个国家的"道德"行为教育。在数次教研会议上,我们熟知美国教育的"宽容",即允许学生犯错,甚至鼓励学生犯错等特点。也从各种课堂浸润中,观察到学生的诸多错误,亲眼见识了教师如何借助"错误"等机会教育学生"懂得尊重"。

在一所学校里,我们看到了这样一张海报,标题是"那是你的选择(It's your choice)"。海报的主要内容,大致能够概括美国教育如何看待学生的"错误"、如何指导学生错误行为的自我纠正,值得一观。

那么,这海报上都写了些什么呢?概括如下:

当你遇到问题时,可尝试在下列选项中选择两个方式(来解决):去另外一个游戏(Go to another game)、转到其他话题上(Talk it out)、分享或者轮流(Share and take turns)、忽视(Ignore it)、走开(Walk away)、告诉别人停止(Tell them to stop)、道歉(Apologize)、做决定(Make a deal)、冷静下来(Wait and cool off)。

除了这些选项外,还有一条"补充条例":当你遇到一个大问

"那是你的选择(It's your choice)"

题（麻烦），请告诉你信任的大人（If you have a big problem, tell an adult you trust）。

我们没忘记这是一张小学教室墙上的"海报"，它对孩子可能起着两个关键的作用：一是可以犯错，但错误发生后依然有办法纠正或弥补；二是大麻烦不必藏着，学会联合大人的力量来保护自己、帮助自己。

从这张海报中，我们读出"错误"的意义。哪个孩子不犯错呢？关键是犯错后，大人们的反应，才是决定"错误"是否有价值的依据。

故事五：把游戏设计成可以犯错的模式

生活中，有些父母和家长习惯性给孩子在电子设备上安装一些游戏软件，作为孩子学习或娱乐的一种方式。但这些软件中的一部分，其设计对孩子来说是有些"不安全"的，即游戏以一种竞争性的面貌被设计其中，让孩子错了就失分、赢了就得分，没有过渡地带。所以有些孩子对玩游戏是抵触的，哪怕是学习型软件，也同样如此。

为什么不能把游戏设计得不那么严肃呢？

我们在一所小学发现了这样一节数学课，二年级小朋友在学等量关系，需要在老师的要求下，在iPad上选择与企鹅数量表达意思相同的方块，放在跷跷板的另一侧。若是选对了，企鹅就会高兴地跳起来，若是选错了，企鹅会晃晃悠悠地掉下来，但不会摔坏，而是扭着胖胖的身躯移到别的地方。许多小朋友担心企鹅的安危，因此不敢做选择，但看到掉下也没事，便放心大胆地去做选择了。

学习等量关系的转化，对低年级的小学生来说是个难以理解的抽象概念，要花时间了解并消化，而我们所见的这一幕已经是这群孩子对"等量关系"的"运用"阶段，实属不易，不会一下子顺利。这款游戏"贴心"地照顾到这一点，并没有因为孩子的一时选错而"迁怒"于无辜的企鹅，所以孩子们运用知识解决问题时，心理状态是安全的。感到安全，学习也就没有压力、顺其自然地发生了。

虽然还有小部分小朋友纠结于企鹅的"扭捏"掉落，但这已是可控范围，老师只要对这些小朋友略加安慰即可，不必担心太过严重的心理问题。

在面对一些已知"肯定会犯错"的学习情境时，使用一些手段或技术尽量弱化错误的存在，对于年级较低的孩子是一种保护。

故事六：不同的教法，不同的体验

在初中地理课上，有一节课是讲解"月相"的发生，不知受过良好九年义务教育的人们，是否想得起来。月相（phase of the moon）具体是指从地球上看到的月球被太阳照明部分的称呼。

这本是个抽象概念，每个国家在教授这部分内容的时候，会因为传统文化的影响而作部分调整，比如了解我们国家农历"初一""十五""上弦月""下弦月""满月""残月"等常识，对学习这个内容有不少帮助。但在西方国家，这个概念还是以科学知识为主，以实验为辅，在各种设计好的探索活动中追逐月相的真相。

我们在约翰·格伦中学就观摩了这样一节课，不出意外地，老师以最新的科学探索纪录片为引子，导入整节课的学习目标，后又揭示学习活动，解释活动意义，最后教师做全课归纳总结。应该说，在教学方法上，中美两国差距不大，自二期课改之后，我们也在学生探究、自主学习的道路上走了很远，深知自主学习法的重要。然而令人意外的是，这节约翰·格伦中学的课里，老师让学生花颇多时间去探究的，竟然是错误的知识与理念，是为什么呢？

为什么说它是"错误"的知识与理念，且看学生都"研究"了什么。图片中可以看到，这一组有四个孩子，桌面上有一些彩色照片，分别是太阳、月亮和地球，尤其是不同照亮情况下的月球影像。活动要求是，每个孩子都必须自己摆一摆月相正确的位置，其他孩子观察、陪伴、讨论。然而这一组的情况却不太一样，左边穿白T恤的男孩，三番五次做不准确，抓耳挠腮很是难受，于是旁边的同学一直鼓励他、引导他，他还是摆不出正确的景象。我仔细聆听，原来黑衣服男孩也是错的！怎么办呢？这时候，红衣服男孩果断"求救"了老师，看到这一幕我很欣慰，以为老师终于要过来帮助他们了，没想到老师摆摆手，只叫了一名女孩来协助。这个女孩果然不负众望，一来到便马上显示出领袖风范，指导着这三个男孩陆续完成了实验。当组里的每个人（包括女孩自己）都完成实验时，时间过去了半个小时之多！

想象一下这是个怎样的实验吧，老师准备的彩色照片、课前充足的预习（借助谷歌教室的预先学习是这节地理课的配置），人数不多的小组合作，难度不高的活动要求，居然花了超预期的时间，是不是有些无法理解？

尽管如此，静下心却发现，消化错误的知识，也许只能通过学生自己而不是

借助"误解或错误",也许是个好方法　223

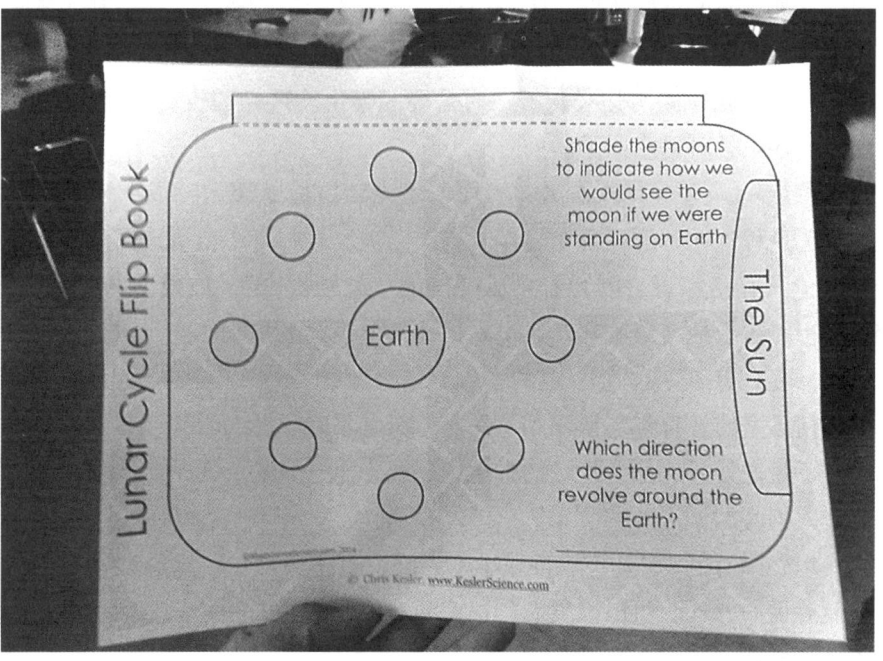

学生小组进行"月相"的实验

老师"给予"——被附加的总是有恃无恐，无法根除的却是"初步印象"本身。想通之后，就能理解老师的行为了，诸如"花大把时间让学生自己操练""轻易不帮忙""派学生帮手调解问题"，也许是为了"解铃还须系铃人"吧。

但时间成本的投入，于教育可谓是个重要问题，不计成本的时间投入，于我们目前的教育来说还不太实际，这恐怕是个不可逾越的问题。所以纵然这节地理课的体验感强，但它消费了更多时间，我相信同等条件下，我们应该会有更好的教学方法。

然而，借助"错误"消除错误的做法，却值得我们思考。

故事七：错题详解——眼熟的一幕

根据近年来的国际中学生 PISA 考试的指数可知，我们的数学学习并非一无是处，长久的"刷题"模式造就了中国孩子的脑筋转得更快、逻辑思维更灵活，尽管我们付出了更多的时间成本。

在美国，我们看到，在数学课中，尽管还是以美式发散性思维学习方式为主——比如一节课做两道题，围绕两道题展开各种游戏或活动，但某些特殊的课比如"提高课"和"补差课"，数学老师们已经迫不及待地运用"错题详解"的方法，将解题思路与途径传授给有需要的学生。这样"较真"的教学方式，与美国的快乐教育是有些矛盾的。

如图所示，这个女孩作为"榜样"率先到白板上演示一道一元一次方程式的解题过程，在解题过程中发生了错误，被女教师毫不留情地当面改正、纠错。这让我有些惊讶，因为看多了美国的"鼓励教育"，被眼前的一幕震慑，难道不担心孩子的自尊心吗？难道不担心学生投诉老师吗？事实本就证明，学生到了一定的年纪、学会一定的本领，是证明智力水平与思维能力的关键证据，任何国家的教育都能认识到这一点，只是早晚问题。看来，美国的教育也有许多不足之处，比如八年级的中学生还解不出这样的一元一次方程问题，不禁是让人担心的。

所以，"纠错"在某些学科教学中始终占有优势地位，这已经在我们国家被反复验证的方式，可以被复制。也说明有时候，直面问题往往效率更高、效果更好，所谓"快刀斩乱麻"，在美国教育的土壤里，且待去证明。

以上七个小故事，围绕着"误解和错误"，说明一件事：有时，用错误检测学生是否理解概念，或明白错误根源，是很有帮助的。让学生解释课文中

借助"误解或错误",也许是个好方法 225

教师强力纠错学生的解题过程

"最糊涂的一点"或特别困难的地方,或仍不清楚的地方,做一次错误观念检查,或展示一个常见的误解,然后再纠正错误,往往更能帮助学生决定怎样面对"误解和错误"。这会比单纯的指出错误力量更大,效果更明显。

"借力打力",借助任何机会包括细小的错误,都会是一次不错的教育机会。

油尺：一种"形成性评价"的代名词

本书介绍了若干种美国中小学课堂喜欢的形成性评价方式，从这些方法的名称中可窥一斑的是，美国人给各种事物"命名"的热衷。比如"Parking Lot"（停车场）、"Jaguar Time"（美洲豹时间）、"Flubaroo"（一种谷歌教室在线制作表单的工具）、"Edulastic"（一种在线课堂教学评估系统）等。这些五花八门的名称固然可以将对象固化，不至于混淆，但对于我们这些国外来的访客，要弄清楚名字背后的具体意思，着实要费一番脑筋。

比如"油尺"（Dipsticks），是一种专门用于检测汽车润滑油量的标尺，上有刻度，可以反映汽车发动机里的机油量是否处在合理状态。常常开车的人都了解，油尺不光可以测量机油的多少，还能从侧面反映发动机的工作状态，从而可以对发动机及时维修、维护，以免发生不必要的事故。可见，油尺上的刻度数是即时更新、变化的，即便是有经验的司机也需常常检测使车辆可以正常行驶，更何况新手上路。

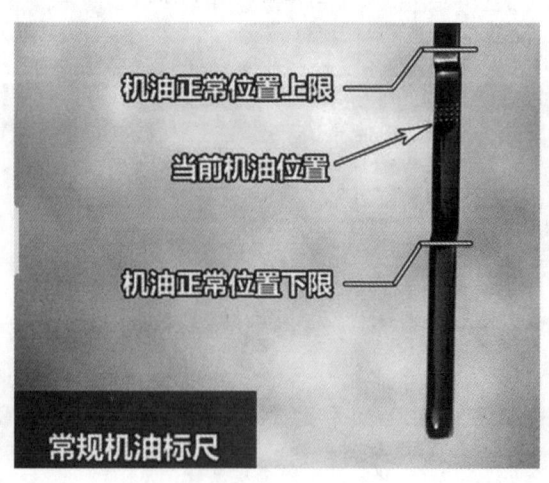

网络图：常规机油标尺

尽管"油尺"是个通识概念，但它对我们中国教师或孩子来说是很陌生的，不像美国那么常见，因为美国是"汽车上的国家"。所以，把油尺叫作"试纸"可能更加形象，作为一种课堂形成性评价的方式，让人一听就懂。

一、油尺或试纸等评价工具的产生原因

在美国的课堂浸润久了，便发现评价工具实在是太过丰富，无论是用于结果性评价还是过程性评价。美国教师真的很幸福——幸福在不必躬亲设计应对于学科教学的评价工具，亦幸福在不必为之操半点儿心。因为，"评价"在美国教育系统里被考虑得更长远，精于此道的人或机构都早早地为之做了准备，甚至早就看清"评价"才是学生学习的重中之重。所以，评价工具与理念已经很成熟，实在不需要教师重新开发，只需做好选择和运用即可。

纵然，一件事物的成熟水平决定着事情的发展方向，我们也可以对如此多的、成熟的评价工具"坐享其成"，但更需要看清楚的是，为何美国的评价手段、方法如此之多、选择如此之广？这其中，美国基础教育的总体导向不可忽略，那就是"21世纪技能"——美国的"核心素养"。正是因为美国在当代为基础教育阶段所选择的培养目标是，培养具备6C能力的学生——交流communication、合作collaboration、批判意识critical thinking、创造力creativity、国际视野citizenship、个性化教育character education，所以才使得评价系统与工具的发展越来越丰富、越来越专业、越来越细化。当然像"油尺""试纸"这类既不够严谨，也不够学术的评价小工具，不仅能适时存在，也能绽放自己勃勃的生机了。

二、"油尺"的用法

用于课堂形成性评价的工具——"油尺"，怎么使用呢？本文从一节八年级美术教学案例中，节选了它"导入"与"新授"的内容来说明用法。请带着这些问题去读："油尺"在哪里出现？分别以什么样的面貌？出现了几次？每次出现都起到什么效果？

案例：《后现代主义绘画赏析——我的"呐喊"》（八年级美术拓展课）
导入环节：
学生自主学习，回顾预习（通过课前对"后现代主义绘画"资料的查找与自学），填写一份"60秒自我检验单"（self-assessment）。

《呐喊》（爱德华·蒙克，挪威，彩粉木板画，1895年）

60秒自我检验单（self-assessment）		
正常情绪下的你	微怒情绪下的你	发怒情绪下的你
（语言描述）	（语言描述）	（语言描述）
（图形描述）	（图形描述）	（图形描述）

新授环节：

1. 启发学习：视频欣赏纪录片《蒙克与呐喊》。

问题：你喜欢这片子吗？请用颜色代表观影情绪。

活动：学生桌面上摆有三色卡片，绿色代表积极正向，黄色代表无所谓，红色代表不喜欢或抵触。根据实际情况选择其中一张作为本环节的回应。

2. 深入探讨：你对情绪压抑怎么看？

活动①：资料学习与作品分析，对作者生平经历与艺术表现特点进一步了解。

活动②：一个班24个人，教师每提出一个问题，一个学生回答，然后其他人表态——红色卡片"不同意"，绿色卡片"同意"，黄色卡片"再想想"。

活动③：教师以电子点名的形式记录，持每种意见的学生必须提出充足论据，每个学生发言次数不少于3次。

为了简明扼要地说明"油尺"的存在及其用法，这篇案例只摘取较为明显的两部分，借以说明问题。发现"油尺"的存在了吗？出现在哪里？分别起到了什么（课堂的形成性评价）作用？

第一处发生在导入环节，学生的"自主检验单"即是一种自我评价的形成性过程。这一份对预习结果的回顾与参考，并不作为本节课学习的结果而存在，但却是学生开始这节课学习的自我检验——就像检查车子的油一样，能不能开？能开多久？这张学习单关注的点在"情绪"，与所要学习赏析的《呐喊》的情绪主题一致，检验的是学生对自我情绪的认识与管理，可以作为初始"情绪学习"的形成性评价手法。

第二处出现在新授环节的第一部分"视频欣赏"并表态。我们常常在课堂上采用视频欣赏的方式来加深知识的深度与广度、拓展学生的视野，但通常不太会让每个学生都结合视频发言表态，即使在班级人数少的情况下，因为还是会浪费时间。但假如部分学生参与、部分学生不参与，这种"油尺"的功能则无法显示。所以这节案例中采用了色彩卡片，让学生深思熟虑后举牌即可——一来节省了大量的时间，二来每个人都可以参与且不必承担风险。这是第二处油尺的用法与巧妙之处。

第三处出现在新授环节第二部分的"活动②"中，与前一处"以色彩卡片表态"不同，此处不仅要表态，而且学生必须用语言描述其态度。这样一来，"油尺"在这个环节所测量到的学生理解与思维的水平，便会与前文发生质的不同。

第四处在新授环节第二部分的"活动③"中，这里操纵"油尺"的是教师。教师采用智能教室中的电子点名功能，为表态发言的学生做记录——一个学生回答问题并亮明态度，就必须有2名学生匹配上去，表示"同意或不同意"并根据论据说明理由。这个过程中，教师的职责是维护秩序、确保每个学生在这节课上的发言次数不少于三次——借助电脑软件，完成24人的数据统计与整理。

三、从"油尺"到形成性评价的更多思考

上文通过案例解读说明了"油尺"的用法，并间接解释什么是"油尺"。其实，这只是美国基础教育中众多"形成性评价"系统工具的成熟化产物——

忘记概念，记住功能，灵活用之。许多美国的新教师并不知道"形成性评价"的概念与系统，但却知道"油尺""试纸""停车场"等新鲜又好玩的教学或评价方式。这难道就不是形成性评价的具体实践，难道就不足以开展有效的教学了吗？就像一位美国的教师教练谈到的那样：你自己在课堂上对学生的观察，也能提供有价值的数据，但它们很难被跟踪。所以，在平板电脑或智能手机上快速记笔记，或使用花名册，是一种方法，但最好能有一个更正式的观察表，可以帮助你缩小范围、记录你所观察的学生学习的重点。这样富有经验但却淡化概念、强调方法的评价手段，实践了形成性评价的同时，也成全了这种科学的评价方法。

再回头看"油尺"，我们会发现，类似案例中的许多"小技巧"（视频欣赏、学习资料自学、写封短信、画幅草图等）或"小道具"（学习单、色彩卡片等）一直都在课堂里出现，但我们可曾意识到它们所承载的"评价"功能呢？

所以美国人提"油尺"概念，也许就是提醒各位：再好玩、再花哨的"油尺"，功能也只是"测量"，目的是为教学行为的调整，而不是为课堂的热闹喧嚣、一派和谐锦上添花。所以，在这方面的认识，我们还需要调整思路，厘清重点。

读"六个策略，让你的课堂更具包容性和文化响应力"有感

在美期间，我阅读了大量的学习材料，其中一份在加州沙漠沙子学区参加教研活动时索取的纸质资料，读起来兴致盎然。除了对美式教育思想更加了解之外，作为"旁观者"，在阅读这几页纸的过程中，我也很好地完成了一次换位思考。这个过程，虽是思想在活动，可亦是学习过程，让人淋漓酣畅。

美国的教育之所以强大，其中一部分因素是美国各教育或研究机构中精英们的力量，这些高端人才共同构成了美国教育从理论框架到形式内容的整个天空。所以，我们在美国加州政府主管的教育学区内教师培训活动中取得的资料，有一定的学术高度与理论价值。这篇标题名为"六个策略，让你的课堂更具包容性和文化响应力"的文章，来自一个叫做"文化响应力教室"的研究系列，作者叫詹妮弗 L.W.芬克（Jennifer L. W. Fink）。通过资料检索发现，所谓"文化响应力教学"研究，主要是应对移民大潮所带来的教育形势进行的一系列研究。这类研究多见于一些移民"目的地"国家，如澳大利亚、加拿大、新西兰、德国、法国、意大利、西班牙、英国和美国等。随着移民人口的大量涌入，这些国家学龄儿童的整体结构发生了重大改变，进而带来许多问题。如何解决这些问题，尤其是文化冲突与融合，遂成为了一些机构和个人研究的重点。

要感谢这些研究者，通过他们的努力，我们才能知道当下一个同类问题诞生时，应当如何科学面对学龄人口的教育。这些有数据有案例的研究观点，或许能够成为宝贵参考，于是，带着"中国会是下一个移民'输入'国家吗"的思考，促成了这篇文章。

作者詹妮弗L.W.芬克研究和关注的焦点，在于引导学前到初中阶段的老师理解并使用六种具体策略，使课堂教学充满文化包容性——主要是在文化顺畅交融、互换价值观、相互理解的基础上，将课堂打造成一个能够积极响应不同文化思想和内容的教育阵地。

篇幅开始，作者讲述了一个故事，说的是一个从墨西哥移民到美国就读小学二年级的男孩丹尼尔，一开始完全不会说英语，到了四年级学会了英语听说，但阅读能力不是很好。后来一个偶然机会，丹尼尔读到一本有关民权运动的书《收获希望：塞萨尔·查韦斯的故事》（Harvesting Hope：The Story of Cesar Chavez），从这本书开始丹尼尔产生了对民权运动的强烈研究兴趣，他不断寻找同类书籍，甚至是有关林肯和美国内战的书籍。在大量阅读中，丹尼尔和他的十多个小伙伴一起迅速增长了阅读与写作能力，到年终时，他们已经可以不用再依靠学校的双语课程来训练英语了。

于是丹尼尔的老师对作者说，这是因为丹尼尔从这类题材中找到了与自己密切有关的东西，感受到文化的呼唤，从"民权主义"活动中找到了某种寄托和希望，才产生了极大兴趣，进而触动了真正的阅读。而这些大量阅读所积累的语言经验，才是丹尼尔迅速学会英文的重要原因。作者强调说，这个故事，就是研究"文化响应力教学"的意义所在。

为什么这个故事可以说明问题？略微了解过墨西哥历史的人都知道，墨西哥是个多灾多难的国家，最出名的莫过于被西班牙统治以及被美国"抢"走了大量领土，导致现今很多墨西哥人恨美国。再加上特朗普所强化的"墙"概念，使得两国关系一度紧张。即便如此，仍阻挡不了一部分墨西哥人想方设法移民到美国，开始新的生活。丹尼尔也许就是这许多家庭中的一员，也是诸多思想、情感纠结的墨西哥人之一。倘若带着仇恨又期盼的心态学习美国英语（American English），效果是打折的，但若找到合适的切入口，则学习就会变成水到渠成的事。

因此，作者才会从这个既平凡又伟大的故事上寻找到"文化响应力教学"的研究意义所在，也就有了下文有关"六条策略"的讨论与思考。

且不论六条策略是什么，我们可以先试想下故事背景的转换——若是丹尼尔的故事发生在中国，丹尼尔不是移民的后代，而是从某省搬家到另一省的王尼尔、刘尼尔，会不会遇到同样问题呢？面对讲地方语言的学校老师同学和邻居，如果他找不到合适的切入点、没办法寻找到思想文化中的参照物，学习的效果会怎样？中国之大，搬个家就等于换个完全陌生的地方，小孩子心理上的不适应，可能不会被家长作为重要问题考虑。但若上升到"文化融入"的层面，那就很有研究价值了，因为这会直接导致孩子心理的接受与容纳。

所以，作者提了哪六条策略呢？

策略一：尽可能多地了解你的学生

作者引用了一位前小学教师，同时也是一位学习专家劳恩·马斯卡雷纳兹（Lauryn Mascarenaz）的话，他说，理解文化响应力教学，首先要知道学生在家里怎样行为处事，在学校就会怎样行为处事。他同时建议教师，应该尽可能找机会融入孩子的生活，比如观察学生家的邻居、参加学生家的活动（尽可能地）、参与学生的聊天，而不只是关在教室里。

对这一条策略，作者提出的行动建议是："建立文化参照系"。

何为"文化参照系"？这个看似很学术的名词好像很难操作，实际上作者列举了一个例子，让学生每个人制作一张同样大小的卡片，在一个特定时间里，画上或写下对自己有重大意义的人和事，然后彼此分享交流。在讨论的过程中，大家渐渐互相熟识对方的经历或兴趣，从而产生奇妙的共情力、理解力和同理心。

这条策略若嫁接在中国，建与不建"文化参照系"都没那么要紧，中国的老师做得远远比这更多。为了更好地了解他们的学生，家访、电话、聊天、谈心等等无所不能，可以说，中国的老师尤其是叫作"班主任"的一批人，事无巨细地扛起了"尽可能多地了解学生"的大旗。

可反过来看，教师们都能这么做吗？不，尤其是在家校关系紧张的时刻——就像医患关系那样，教师和家长彼此间的不信任时常横亘在中间，离间、伤害着良好的师生关系、破坏着教育原有的良好生态，这样的故事我们听得太多。所以，若想实现师生之间"尽可能多地了解"，在我国必须建立良好的家校关系，需解决各类问题，如提高教师专业水平、为教育提供更多有力保障等。提高教师专业水平，是因为教师队伍的一部分人得到教师资格的过程实在太运气，但其实并不具备作为教师的条件，缺乏耐心、恒心、教育智慧等，与学生的相处并无亮点可言，反过来会引发紧张的师生关系；为教育提供更多有力保障，是因为在目前形势下，"惩罚"机制在教育中的缺失，使得老师们不想、也不敢去做本该顺其自然的事情。这些都对教师是否充分了解自己的学生产生了障碍。

策略二：让你的教室环境变成学生想要的那样

劳恩·马斯卡雷纳兹（Lauryn Mascarenaz）说，要让学生感到自己是教室

的主人。所以在教室布置方面尽可能呈现一种接纳、认可、鼓励、祝贺的意味,这样学生就可以在毫无压力、满心欢喜的氛围中找到文化融入的机会。

作者建议的方式是,重做教室装饰,尤其是教室"图书馆"、绿化和墙面装饰。因为这几乎是最简单、成本最低的一件事,却能形成良好的教室氛围。比如挂上学生的照片、贴上学生最喜爱的内容、悬挂能代表学生文化根源的物品比如自己国家的国旗等等。

这个策略实际上在美国的中小学校里运用得很好,在我们看来甚至是极致地好。因为,每到一处教室,几乎都装点着花花绿绿的作品、文化装饰、学生的爱物、老师的勉励和祝福等。从许多反映美国校园现实题材的电视电影作品里,也可以看到许多。我们曾尝试问过一名美国教师,为什么一定要把教室内部墙壁全部贴满,是学校有什么特殊要求吗?这位老师很惊讶,随即平淡地说,老师们没有独立办公室,每一间教室既是教学的场所,又是自己的办公室,因此学校允许教师按照自己的心愿布置教室。于是,老师们大显身手,使出十八般武艺尽可能丰富地妆点这个属于自己的小小空间。更有甚者,会在教室里人为地设置一个小小"隔间",里面随性得像家一样,供教师个人使用。所以,美国教室的温馨布置、强烈视觉感的各类作品等,都为我们研究美国的教室文化提供了丰富的素材。但我们不知道的是,原来这背后的用意,是为了链接孩子们的精神世界和文化气息。

所以,当看到美国的教室里居然有懒人沙发、有暖黄色台灯下的"图书馆"、有养在笼子里的小动物时,就不会觉得奇怪了——这就是家的环境啊!学生在家里是放松的,来到学校看到眼前的一切如此熟悉,自然也就放松下来。记得一位美国教师曾说,她常常到处搜罗别人不要的旧家具,拿回学校打造成自己需要的"教室家具",从而让孩子们更愿意来她这里愉快上课。

在我的眼里,美国人实际上已经将教室氛围看作是教学工作中重要的一环来打造,将它视作营造良好学习氛围的重中之重。但即便如此,提到"文化响应力教学"时,这一点仍被考虑进"策略"里,更加说明了它的重要性。

由此反观我们的"教室文化",几乎千篇一律的教室环境——窗明几净、万物无尘、干干净净的白墙、纵横有序的课桌……好像每个人从小就熟悉了这样的学校——所有与学习无关的东西都不可能轻易见到,仿佛只有如此才有利于学生的成长与学习活动。正因为熟悉,所以我们从没想象过更让人心向往之的教室是什么模样,甚至有人认为美国人装点教室的做法是浪费时间、画蛇添足，是很表面、娱乐性的东西。

真的如此吗？我不想解释从小浸润在良好视觉环境中的孩子能有多大出息，但被接纳、被认可的"快乐"却是真实存在的。没有一个学生愿意待在冰冷、严肃的地方每天持之以恒地学习，若是有选择，孩子们会选择一个温馨如家的地方，花上他（她）每天宝贵的八个小时。但这一点对于我们来说，太难做到了。现实状况是，从小学到初中，几乎每个学校都无法将班级人数减到25人以下，实现真正的小班化教学。事实上每个班级在40人左右是最常见的，有些甚至能达到70人一班。这样饱和的教室、人均面积如此狭小的地方，再加上气焰嚣张的竞争性和压力感，教师与学生怎能有心思去"打扮"那"战斗"的地方？

在应试环境下，可能我们还无法轻易将注意力转移到学习以外的地方去，且这种情况越往高处越困难——幼儿园比较容易实现"教室氛围"布置，这大概是出于对幼儿心理抚慰的目的，使之能愉快地来幼儿园度过美好的学前时光。换句话说，幼儿更需要像家一样的环境，甚至比自己家还要好玩的地方，来开启受教育的旅程。

对于这样被默认的设置，教育者们是否应该反思：难道小学生、初中生、高中生和大学生们就不需要环境匹配吗？是为什么？

策略三：邀请家庭共同参与孩子的教育

作者在这一篇里写道，一个叫做格林斯潘的小学，学生大部分是中东难民的后代，但学校里却没有讲中东语言的教师，校长便联系了社区领导人，请他们组成一个协助组织，帮助孩子和家长做翻译工作。同时作者提到，墨西哥裔和拉丁裔的学生之所以难教育，是因为"墨西哥家庭认为尊重老师的做法之一就是不参与教师和学校的合作"，而拉丁裔家庭"并不关心教育"。尽管后来驳斥了这些观点，拉丁裔家庭并非不关心教育，而是本身受教育水平和家庭收入因素等影响，很多家庭不知如何关心或无暇顾及教育问题。

对于此，作者提出的建议是，要让每个家庭都感受到来自教师和教育系统的关心与支持，努力聆听他们的困难，经常邀请家庭成员积极参与来自学校的各项合作活动，谈谈双方所能提供的具体方式，尤其是消除误解、避免误会。

这一条策略我们已经在使用，并且有些学校已经发展很成熟了。以我工作的单位为例，近十年来，学校大力发展与家长委员会的合作机制，努力开发家长资源，从各方面提供对学生的支持与帮助。所谓家长委员会，即各个班级选择出愿意为孩子和学校做奉献的家长，再由这些家长以投票表决的方式选择校级层面的管理委员会，主要负责与学校进行沟通，解决各类矛盾与问题或提出优化建议。一方面，学校主动建立家长委员会，支持自我监管；另一方面，学校为家长委员会提供类似于"家长学校"和"家长大讲堂"之类的课程，努力提高家长为学生服务的质量和作为父母的"专业水平"。这种"边对话边成长"的校家合作，大大解决了一些家校沟通不顺畅的基本问题，能够最大限度地消除误解、减少纷争，可谓是学校教育的一大助力。

在美时间短暂，我们无法轻易获知一所学校是怎么和家长之间建立良好沟通渠道的，列举两个小片段，来说明他们正在考虑的某种做法。一个片段是我们在沙漠沙子学区教育局参加的一场为特殊学生家长举办的沟通会。在这场沟通会上，我们亲眼看到几个妈妈泪流满面，感谢老师和学校为"挽救"她们的孩子所付出的努力。其中一个生活艰难的单亲妈妈还详细描述了她和她的儿子是怎样从相互厮打到和好如初的，她对学校关照她那叛逆期的儿子、扶持她度过人生低谷表达了诚挚谢意，也感动了在场许多的家长。另一个片段是我们在约翰·格伦高中聆听的一场音乐演奏会，这场音乐会的演出人员全部是不被看好的学生，他们大多是墨西哥裔、拉丁裔的后代。会场现场来了许多家庭，有的拖家带口达七八人之多，当孩子父母看到自己的小孩能在这样正式的场合演奏高雅音乐时，很多人泪洒现场，情不自禁为自己和其他人的孩子鼓掌。也许我不能了解到更多，但这两个小片段，足以让人对美国学校和家庭之间的沟通交流之做法"管中窥豹"。

策略四：帮助学生建立积极的种族和文化认同感

作者谈到，宾夕法尼亚大学种族与公平教育研究中心K-12咨询和专业发展主任、《提出种族问题：白人，询问和教育》(Raising Race Questions: Whiteness, Inquiry and Education)一书的作者艾力·迈克尔（Ali Michael）说，有证据表明，当孩子们拥有一个强有力且积极的种族认同感时，他们在学术和社会上更容易取得成功。尽管如此，由于种族问题在美国始终是个敏感话题，所以许多老师选择"避而不谈"，能躲就躲，避免更多争论的产生。

这种掩耳盗铃的现象，作者显然是持反对态度的。为了促进这条策略能够落地，作者提出的一个有效办法是"将孩子与他们的传统联系起来"。简而言之，就是在教学时顾及那些有种族或文化差异的学生，让他们觉得自己没有被孤立、没有被人为和自己的传统、小时候的经历割裂，感觉自己接受的不是一个"完全陌生和独立"的知识体系。

举个例子，比如华人后裔在美国读书，美国老师可以借教学内容多谈谈"四大发明"或是中国的高铁与外卖，这些都会令华裔学生感到亲切、感到与自己的传统有关。这些超越课本的举止，不仅会拉近师生之间的距离，还会让孩子认为自己的文化对世界有卓越贡献而自豪。为什么要举这个例子，是因为在美国加州一些学校翻到的历史课本里，看到诸多对中国多有"偏见"的内容。这些课本里描述的中国一直处在那段特殊的历史时刻，封闭、自我。但实际上今日中国早已今非昔比，若非一些秉承客观精神的历史老师会在教学中提及中国之发展，大部分美国学生接受的仍然是"古老的教育"，这是令人痛心的——不仅在于中国真相的不被了解，更在于他们无法得到积极的文化认同感。这样的操作，不得不说，与美国21世纪人才教育目标和这条策略所倡导的精神几乎背道而驰。可见，在美国，并不是每条积极的教育策略和方针，都能得到强有力的响应。

这让我想到"核心素养"教育理念，在各学科核心素养目标里，最高标准就是"文化理解"。当提出这一点时，相信制定政策和把握方向的专家学者们已然看到了世界教育的流行趋势。然而写在纸本上始终是模糊的，究竟怎么做，专家们没有明说，或许是给我们留下的思考空间吧。

策略五：为有关时事和文化的艰难对话创造空间和机会

作者提到，当学生背着书包每天去上学的时候，不会因为他们开心的笑脸就能忽略隐藏在心底的问题，那些可能来自于父母家庭邻居社区的、吓人的、导致严重两极分化的问题。而忽略这些问题的存在更是一个错误。所以，作者希望通过呼吁，学校和社会都能关心那些即便是很小的学生也有可能存在的问题，为他们多创造些探讨的空间与时间，以便信息对等和互诉衷肠。

为了显示调查证据，作者提到一位教师的做法——"给学生发声音的机会"。所谓"Give Students a Voice"，原因在于这位教师观察到有些学生在家里偷听父母或邻居的讲话从而引发恐慌，以至于操作不当伤害其他学生。与其如此，不如坐下来给孩子一个讲话的机会，允许孩子参与话题讨论、听其发表问题和意见，把问题摊开来，或者把焦虑写下来。这样的做法，作者说，是最接近"好做法"的做法了。

其实,许多有关社区或时事的艰难问题,在中国学生的生活学习环境里并不太常见,原因在于许多事都是"大人们的事",许多孩子被告知"你只要管好自己的学习,其他什么都不用管",于是许许多多的孩子心安理得地"两耳不闻窗外事"。偶尔管上一管,也只是在网络上参与一些片面甚至偏激的讨论或争执,因此很多不曾谋面的"键盘侠",有数据表明只有几岁或者十几岁。这些孩子在应该直面问题、勇敢讨论与解决问题的年纪,不被授予参与讨论的权利,因此把精力转移到网络上,进行一些"不用负责任"的行为。可惜这样的教育"冷点"问题,因其对教育、对社会的伤害远不如其他,所以只能被淹没在问题海洋里,不被重视。

然而,通过中美教育比较,让人越发感觉到,授予适龄孩子参与社区活动、参加社会问题讨论等的权利,是一件可以被认真思考的事。正是因为许许多多的美国孩子从小就有公民意识、社区意识,所以长大了才极其看重自己的各种投票权,也非常相信个人力量能够改变社区与国家。反之,我们的孩子,有多少人可以在年少时主动参与社区活动?新冠疫情期间,有多少人愿意站出来为小区充当志愿者,或服务于社区?在尚未拥有自我判断力的青少年面前大谈特谈无效或敏感信息固然是不可取,但这不应成为一刀切的理由。我们想培养什么样的孩子,自己就得成为那样的人,或具备那样的意识。

所以,适时为学生打开一扇可以谈史论道的窗户,从繁忙的教各种学科"技术"的时间里抽出一些空档,或安排一些专于此类的课程和丰富而真实的社区活动,对成长中的"未来"、对社会的积极进步,都是一件好事。

策略六:接受学生的母语

作者在这里讲了一个故事,一位阿拉斯加州安克雷奇的神奇公园小学(Wonder Park Elementary in Anchorage, Alaska)四年级教师香农·穆利纳克斯·托马斯(Shannon Mullinax Thomas)说:"我们ELL(English Language Learning的缩写)课的学生多是萨摩亚人(Samoan),所以我们有一个单词墙和图片来说明这个意思——世界上同时有英语和萨摩亚语这两种美丽的语言。"并且,这位叫做香农的教师,已经和班主任老师一起把学生常说的英语翻译成萨摩亚语,让学生可以选择自己的语言进行表达和学习。

在美国读书,早日学会纯正美式英语是一种融入的象征。然而母语才是链接到父母、亲人最直接的方式，因此作者说"完全排斥母语的教育不仅无益，而且有害"。上文中的那位迈克尔先生也说，"这同样适用于地区方言"。

为了消除这种有百害而无一利的做法，作者提及几种方式，如香农老师那样给英语、母语制作单词墙或将英语翻译成孩子们的母语；鼓励孩子在课堂上用自己的母语来表达；不打击在课堂里使用母语的孩子以避免其难堪；给共同使用的语言贴上"学术语言"的标签，并强调它对学习的帮助；允许孩子偶尔用母语进行交流……这些方式传递的信息是，"语言是关于交流的，也是关于人们如何看待你的"，而不是语言本身。

这让人想到上海教育的"沪语"问题。近些年来，不断有人站出来呼吁保护上海方言"沪语"，是因为改革开放后大量外地人口涌入上海，使上海变成国家大都市的同时渐渐失去了本土特色，其中一条证明就是"新的学龄儿童中会讲沪语的人口已经岌岌可危"。为什么造成这种局面？因素很复杂，从1956年国家规定学校推广普通话教学，到1997年规定每年9月的第三周为"推普周"，这样持续有力的系列操作，确实令部分方言在校园中渐渐消失了踪影。再加上不少人对吴侬软语特色浓重的上海话感到不适，有时候，学生甚至因在校园中不小心说方言而"感到羞耻"。其实，推广普通话并不意味着"消灭方言"，可就是在这样的重重矛盾中，新出生的上海人已渐渐不说上海话，身上没了上海气息。如此一来，沪语就成了一种需要"拯救"的语种。

为了挽救沪语，不少学校做了很多努力，比如建立沪语学习特色幼儿园、在学校里开设沪语讲习团和沪剧社，允许学生用沪语播报校园新闻等等。这些形式有效地引起了人们对方言的重视，因此近几年上海沪语教育特色与影响力已深入人心。其实，就如作者谈到的那样，各种各样扶持方言或母语的手段，其目的并不仅在于语言本身，而在于"人们如何互相看待"。能接受对方的母语，本质上就能更好地接纳别人、认可异同，从而产生尊重、有效沟通和良性交流，这也是文化之间的彼此交融。

以上六条策略，是在美期间我所接触到的有关"文化响应力教学"的一部分，由此可见，美国教育学者们的研究更加宽泛与广阔。若是一线教师常常接触此类能直接改变教育思想与行为的培训，相信教学会更得力。所以令人颇为感慨：身为一名教师，参加的各类培训不少，但有哪些直接是高等教育学者或学术精英们参与或领导的呢？我们欠缺的到底是爱学习的教师、还是缺少实践经验的专家？

希望我们的教育早日能够实现大中小学一体化进步，打破层级观念，所有教师都有权利参与教育方法的改革、教育经验的改进，不为繁文缛节或食不果腹而担忧，为教育的未来打下坚实基础；所有专家都有机会进课堂寻找真正的研究对象而不必为名利世俗所烦扰，为一线教师提供真正的帮助。唯有这般，我们才不必羡慕别人家的教育，尽早举起中式教育鲜明的旗帜。

第三部分

贴 身 凝 视

——感受美国的别样生活

初涉校园，给思考留点空间

在美期间，我们观摩了许多学校，这些学校都很典型——要么是"学区房"地段的"好学校"、要么是开设大量AP课程的高中、要么是拉丁裔墨西哥裔为主的"薄弱学校"。其中有一家学校叫做加州大学洛杉矶分校实验小学，英文名是UCLA LAB SCHOOL，它作为加州大学洛杉矶分校教育学院的"实验室"，许多新奇的、先进的想法能够在这里被实现，且这所学校本身与大学有着千丝万缕的关系。这样一所附属学校，与我们的各种"附属学校"相比，有什么不同呢？

UCLA LAB SCHOOL

这是一所历史悠久的学校，据介绍说，自1882年开始，这所学校就尝试通过混龄的方式，加深学生之间的相互影响，从而激发学生对学习的爱、批判性思维、自信心、对不同文化的理解与欣赏，以及适应这个不断变化的世界的能力。

对于这所学校，全佳教授曾深度介绍说，它可以看作是加州大学的"教师子女学院"，即，办学之初收纳的几乎全部是在加州大学工作的教授、讲师、学者们的孩子，以便于解决子女读书的后顾之忧。当然，"附带的好处"就是，加州大学的老师和学生们可以到这所学校来给孩子们上课或实习，充分接触小学生与日常教学实践，顺手做各种教育研究——便捷的教育热点试验场与数据采集场。直到现在，尽管教师工资仍由加州大学发放与管理安排，但招生对象却发生了变化——符合条件的孩子报名，学校随机选择。

就是这样的一所学校，我们早上10点到达它的侧门——一个超级不起眼的、马路边的小门。来到美国一个最大的感受就是，好学校不一定要有宏伟的门头，它也可以藏在深深的巷子里，门口甚至没有半点标识。这大概就是"里子和面子"的关系吧！到了UCLA LAB SCHOOL，学校的Outreach项目资深专家Sylvia Gentile女士已经早早等在了学校大堂里（面积很小的一块地方）。当听说我们是来自上海的教师时，欣喜地说她女儿也在上海松江读书，拉近了我们之间的距离。Gentile女士简单地介绍了学校情况、奉行的教育理念、班级模式等，就提了一个要求，即不能拍摄小朋友，随后就带着我们开始走访这所学校的教学场所。

通过在这所有名的实验学校里的短暂停留，以及对学校网站所发布内容的研究与了解，在以下几方面，这所UCLA附属实验学校，与我们各种附属学校的概念存在一些不同，让我们一起来体会下。

一、招生与入学

就像上文说的那样，一开始这所学校是为了满足加州大学成千上万的教师子女读书的需要，后来慢慢演变成一所颇有特色的实验学校——有诸多教育学者和教授们的"火力"加持，当然这所学校会在教育上取得诸多亮点。就像学校网站上书写的那样，是"加州大学洛杉矶分校教育与信息研究学院的实验室"。作为一所既不是公立，也不是私立的学校，这所学校是加州大学洛杉矶分校的一部分，它的定位是"旨在与教育信息研究院合作"，成为"创新的研究场"。

不像一般的公立学校、对地段内社区符合入学年龄的孩童实行全部免试入学的标准,这所UCLA实验室学校的学费非常昂贵。在学校网页上能够找到最新一年的学费标准,如2019—2020的学杂费分别是15 435美元(4岁儿童)、23 153美元(5—12岁儿童)。这么昂贵的学费,似乎为我们揭开了美国精英教育的一角,可正当要"盖棺定论"时,Gentile女士介绍到,他们的招生实际上采取"随机"措施,即在全洛杉矶申请入学的社区家庭里,随机抽取,以组成新的班级、新的学生队伍。为何如此?因为"研究需要"——必须要根据年龄、性别、种族和家庭收入等,对学生进行随机录取。如此就避免了学生的"同质",使得学校的定位与初衷不发生偏移。

这种"高学费+随机"的招生方法,能为我们解读这所学校提供许多证据。至少可以说明,它的招生方式不是完全的"精英选拔",也不是对低收入阶层的"照顾",而是基于"学术实验"的目的。虽然在我看来,那些收到入学通知书的家庭,首先需要解决学费问题,这是关键。尽管这所学校有"申请学费补助"之类的减免措施,但所要提供的材料繁多,如财务报表、州和联邦所得税申报表和补充收入证明等,一点儿都不亚于我们的"材料制度"。

有一点值得欣慰的是,学校宣称由加州大学洛杉矶分校决定这所学校的

闹中取静、别有洞天的校园环境

学费,大多数家庭都能根据家庭实际情况获得相应补助,但这要由第三方决定。通过分析学校网站信息,得知负责解决处理这类问题的第三方机构叫做"SSS"(学校和学生服务)。如果一所学校真的为每个家庭负责、充分考虑家庭入学经济难度的话,由第三方介入的扶持机构就能发挥作用。这似乎是一种高学费下的"人情味"吧,所以我们无法轻易判断这所学校是"公"还是"私"的属性,就在于这些微妙的不同。当然,这看起来与国内许多大学的附属学校们不一样。

二、课程和师资

以加州大学洛杉矶学院教育与信息研究院的师资力量加持,这所学校无疑可以做到许多学校的"不能",因此,将孩子送来读书的家长们,一定是满心期待。所以学校的"课程与师资"方面必须保质保量,才能对得起"加州大学洛杉矶分校教育与信息研究学院的实验室"的名号。通过我们的观察与校长介绍,以及对该校的资料了解,这所附属学校的课程安排有大致如下亮点:

1. 多年来所坚持的探究式学习(Inquiry Based Learning)是亮点。

据Gentile女士介绍,多年来,UCLA附属实验学校一直坚持以探究式学习作为课程教学的主要模式,倡导孩子们在主动探究实践中,最大限度地发挥学习潜力,通过反思性实践,培养学生的批判性思维与创造性思维,使之具备适应世界发展的能力。

所以,我们在这所学校的各个地方都能看到为孩子们探究体验所准备的各种空间、道具、工具、课程,甚至是自然环境和人际交往环境等。除此以外,在各种课程的观察中,我们时常看到大孩子带着小孩子,就一个主题进行反复良性的交流与探讨,很少见到老师给予学生充分而具体的方法指导,哪怕是在幼儿园。

如在UCLA附属实验学校的幼儿园部,一个班级正在上课,老师带领着其中一些孩子做一个项目的探索,剩下的孩子三三两两成组,都在自己的小组里忙忙碌碌。其中一个女孩组,她们正在研究"花儿为什么死掉"的问题,摆在她们面前的是各种各样的绿植花材,其中不乏带刺的玫瑰。而老师站在远处,丝毫没有过来提醒她们小心扎手之类的意图。这样的课程如果是在中国,老师会考虑各种各样因素从而制止学生某些不在"控制范围"内的探究活动,而孩子们的天性也会因为各种各样的打断受到挫伤,这正是我们尝试"探究式学习"中最大的阻碍之一。但在UCLA附属实验学校里,这样"不安全"的情况比比皆是,孩子们弄得满脸泥巴、衣服上脏兮兮、桌上乱糟糟也没关系——这不仅是教育的"实验场",更是接近孩子们"玩"的真实场景。

这类真正情境下的探究式学习,更接近科学教育理念,正如意大利儿童教育家蒙台梭利说:儿童通过自立获得身体的独立;通过自由的使用其选择能力获得意志上的独立;通过没有干扰的独立工作获得思想上的独立。

2.混龄教学——把年龄相近的孩子编在一起上课。

在UCLA附属实验学校里,混年龄编组学习是个亮点。由于它不拘于具体班级的形式,很多时候教师的授课是同时面向两个年级的,比如一、二年级混在一起上课,三、四年级混在一起上课等等。这样做的好处是什么?我们通过两个片段来观察。

第一个片段:三、四年级的数学课

在这节数学课上,老师教的是"加法心算",学生被要求使用方法分别解决不含参数和含有参数的加法问题。过程中,教师邀请年级稍大的学生上黑板演示解题思路,其他同学围观并提问、交流。对于数学这种对小学生来说抽象学科的学习,年龄上差一岁就会在学生个体上显示出较大的差异,而由同龄人讲解的解题思路往往又最接近低年龄学生的理解逻辑。因此混龄教学在这节三、四年级合班的数学课上显示出了较大优势。

第二个片段:一、二年级的科学地理课

在一节一、二年级混龄上课的科学地理课上,我们发现这节课几乎没有老师,大部分学习是发生在大孩子与小孩子之间,至少90%的活动是学生独立完成。他们的上课模式是,3—4名学生为一组,以一个电子大屏幕为主要学习和演示设备,使用Google引擎在一张含有世界地图和各国国旗的图片上,通过讨论的方式确定国家、地区的平均气温,并用合适的方式表达出来。在这个过程中,每一组有一个约七八岁的孩子带着身边一群约五六岁的孩子进行学习并负责领衔以上活动。这种以"儿童教育儿童"的方式,在科学分组和有效管理的情况下,能够实现异龄促进的作用,使每个孩子都能得到成长。

尽管教育界对混龄教学有诸多疑问与思考,比如有人认为混龄教学会造成时间的浪费,以及年龄稍大孩子的"优越感"等,但"探究"的欲望是所有儿童天性中的一部分,只要在课程设计上注意这些"漏洞"的存在,优化内容与活动的设计,混龄教学便能发挥它应有的作用。

3. 融合多学科的跨度探索，以整个校园为实验室。

跨学科课程概念也是这所学校的一个亮点，诸如上文中谈到的"科学地理课"，除此之外还有许多，比如美术与劳技的融合课——老师为学生准备好足够的资料与工具，要求学生在学科特色成果目标指导下，完成一定水平的作品。这样的探究要求与活动特点，恰恰也是将各学科的主要学习目的融合在一起。

关于更多的跨学科课程，这里我更想介绍UCLA附属实验学校的一些"暑期课"设置，从这些课程的详细介绍中，我们可能会对"跨学科课程"的认识了解更多：

"雨林冒险"课，该课程招收5—7岁的学生，上课时间是半天（8：30—中午）。课程要求学生通过学习能够描述雨林特征、确定动植物生存所需的条件，并能够参与各种大型和小型的讨论、认识到各种影响环境的人类活动，并促进自尊心生长。在介绍这门课程时，学校特别提到"当你想要探索一个特殊的部分时，你将有机会体验视觉艺术、音乐、文学与科学等项目"，例如拼贴画和丙烯涂料等，将被用来创作令人兴奋的雨林艺术。

"世界各地的艺术与建筑"课，该课程招收8—12岁的学生，单次上课时间也是半天（8：30—中午），但要持续整整四周。课程描述的是，学校将在不同时间和地点带领学生研究艺术与建筑，为此计划了很多丰富的活动与项目。第一周主要探索日本与希腊的艺术与文化；第二周主要学习日本、北斋、寺庙、折纸、东京、京都、山的主要结构等；第三周主要学习希腊、神话、女神、神、奥林匹斯山、神庙、卫城等；第三周还要学习分属于这两种文化的美味佳肴；第四周主要是打造一个博物馆来分享这两种文化下所学的知识。在这四周时间内，学生将学习建构、阅读、探索、绘画、合作、创建等。

"机器人"课程，该课程招收8—12岁的学生，每次学习时间也是半天（8：30—中午），授课时间是每个秋季的三周。课程简介中这样描述：学生通过该课程的学习，将学会使用智能手机控制纸飞机、创建互动游戏或故事、探索和实践算法思维、了解互联网及道德使用、使用Makey软件、使用代码创建程序等。该课程的目的是希望男孩女孩都能懂得，在生活当中起到重要作用的设备是如何工作的，希望学生学会探索技术世界，激发兴趣与想象力。

除了这三种"暑期班"课程之外，以明确课程的形式陈列在校园网上的"暑期班"课程还有:《歌曲与戏剧》《探索与表达》《地球的巨人》《世界各地的数学》《海洋探险家》《夏季科学》《惊人的数学与艺术》《岩石学校》等。其中大数据告诉我们,《海洋探险家》这门课是小学生最喜欢的课程,常常第一时间被报满。

通过以上举例我们会发现,"跨学科"课程在这所学校里不仅是理念,而是已经在进行的日常教学行为,它以各种各样难以想象的面貌出现,或多学科结合、或多形式结合、或多结构结合等方式,充盈着小学生每一天的学习生活。并且以这种方式告诉学生:世界本就是不分学科的,学习就是这样。

以"暑期班"师资情况为例,简要说明这所与加州大学洛杉矶分校密不可分的"实验学校"的师资力量。担任暑期班课程的教师或助理,都是加州大学洛杉矶分校实验学校的教职员工,以及来自加州大学洛杉矶分校教育与信息研究院的教授、助理教授与研究员们,也包括大学生、教育硕士或博士。这从某种角度上保证了这些课程的效果与教学质量。

Pre-K学前班的小花园

三、制度与保障

作为加州大学洛杉矶分校教育与信息研究院的"实验场",这所UCLA附属实验学校有一些特别不同的地方,比如它的运作制度与保障。列举一二,供

大家自行判断：

1. 影响力制度：

这所学校"被要求"每年接待来自全世界各地不同国家和地方的访问团与参观团，尤其是来自美国公立和私立学校的教育者与管理人员，观察教室里的教学行为，并参加由学校主办的专业教育论坛。这样做的好处是，学校的教育者与研究人员可以将自己的研究思想或重要观点广泛发表传播。

另外，学校特别提出，在这种制度保障下，UCLA附属实验学校的教职员工以及短期来访的"客人们"，通过工作或培训，继续在美国其他各地公立或私立学校任教并领导社区教育理念与实践的人们不在少数。他们的很多学生长大以后亦成长为领导者，利用所学的知识技能为世界的改变做出努力。

怪不得我们这批30人的上海教师队伍到访的时候，无论是小朋友还是小学生、教师们，对我们随时推门而入的行为没有半点拒绝，原来是长期作为实验对象的结果。

2. 教师专业发展制度：

这所学校的诸多课程，在基于国家课程标准的基础上、在加州大学洛杉矶分校教育学院指导下，由学校教师亲自设计与实施。上文谈到的"探究式学习"，在这所学校的出现方式叫做"EDGE-UCATOR"合作式课程。该课程强调民主的合作环境、启发性、基于探究的体验式学习。

基于"所有课程都由教师设计"和"双语教学"的要求，通过观察我们发现，这所学校教师的专业能力确实比一般学校的教师水平要高出许多。

3. 严谨的事务制度保障：

作为加州大学洛杉矶分校的附属学校，若想实现"学术研究"目的及对下一代儿童的培养，必须采用严格的制度管理，来规范偌大的校园，这一点与我们没有半点不同。但作为实验性质的学校，有些制度的存在值得我们反思一二，譬如：

放学时间后，一直到下午5:30，这段时间是"收费时段"，对于那些能够提供"额外费用"的人，则能看管到6:00，且这段时间负责看管孩子的主要是学校的教学助理（非教师）；

父母若同意，孩子可以在下午4:00被带到学校的"家庭作业室"处理作业，学校有义务提供帮助，但不是一对一辅导；家长有责任（非强制）在晚上检查孩子的作业，以便学校知道孩子在家里的作业完成情况；

初涉校园，给思考留点空间 251

小朋友正在进行TASK WORK——大概是寻找自己的位置之类的图片游戏

这一组的小朋友正在摆弄桌上的花卉，一个孩子说：I'm solving it！（我在解决它）

画画组的小朋友只有两个，但很起劲，因为这是他们自己的BOOK

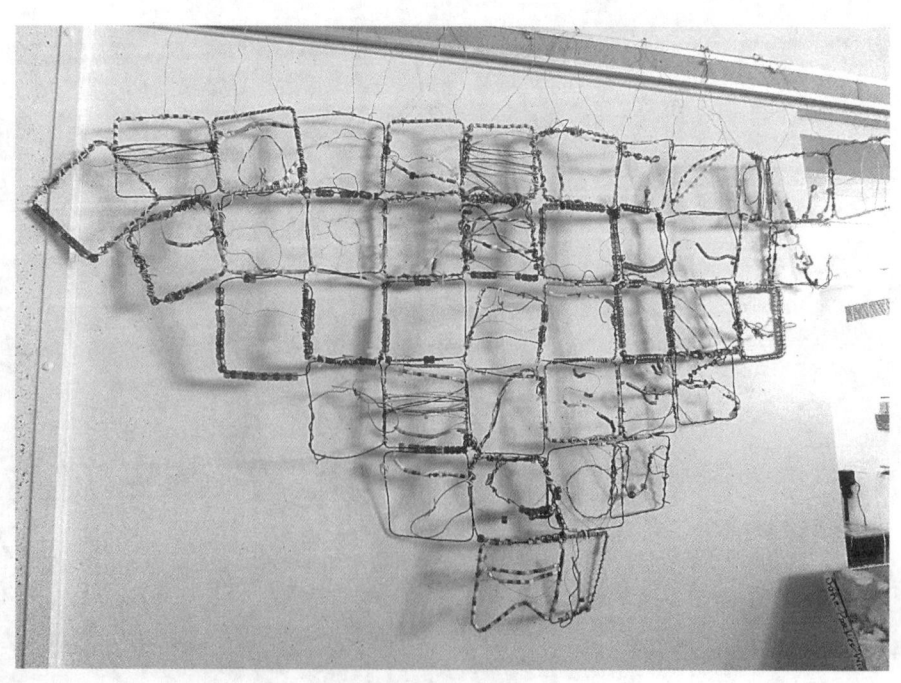

这个组合作品中的每一个，是孩子们各自独立的作品

一座有象征意义的桥：这边是Pre-k，过了桥就是Primary school，教育需要仪式感

门口每个人都有一个自己的小书包柜，防止有人对自己的书包"过于感兴趣"，所以书包不进教室

教室里许多这样的小柜子，这一个柜子里放的是每个人的"艺术作品"——主要是涂鸦

看起来很温馨的小小"工作区"

初涉校园，给思考留点空间　255

现代技术化手段在校园里的广泛使用，是学校里的一大看点，学生娴熟地操作各种软件，借助游戏完成自己的学习，典型的"做中学"

两个教室之间夹着的一个"艺术活动空间"，大量的工具和材料，以及学生的"作品"。关键在于，这些作品被用心对待，置放于教室各处，彰显它们的艺术感

放学后提供"延长日"活动，但是收费，享受学费减免的家庭同样在这段时间内可享受减价优惠；延长日内提供音乐、艺术、科学、缝纫、烹饪、戏剧、计算机、棋盘游戏等活动，重点是建立学生强烈的"社区意识"并学会相互照顾；

学校不特别为残障学生提供服务，残障生一律与其他孩子一样，接受学校的随机选择。万一残障学生被录取，学校将组织儿童研究机构商讨支持残障学生的具体方案。

以上这些例子，可以感觉到这所实验性质的"好学校"在日常管理过程中的"痛点"与"难点"问题，是怎样通过制度来保障与完善校园正常活动的。想要规避家庭作业、延长放学时间、差异化招生等问题似乎并不难，只要依据现实法律，将制度逐一落实，长期运转并良性循环，就能维系学校的新鲜活力。

通过对比发现，这样一所附属学校，从外观上看并没有多大的不同，从班级规划、课程设置、师资队伍等比较，与我国许多践行得好的"附属学校"也一般无二。尽管如此，从上述细节上，还是能发现二者不同。那么，这些不同带给我们的思考是什么呢？

这类教育考察中，我感受到，身在一个国度，能从城市中的每一处建筑、人文细节等处发现与自身文化的诸多不同，而"文化底色"恰是我们保持特色的重要基础，尤其是从事教育工作的我们。

这就好比看艺术佳品，当常思常想：为何它们与我们不同？原因是什么？怎么理解它们？外国人看不懂我们的艺术，该作何种解读？是用自己的逻辑解读外国艺术，还是用外国的逻辑解释自己的文化？显然这些都不合理，要学会放在合适的文化语境下看待问题。

所以，无论是浅尝辄止的游历、考察，还是深入学校的跟岗，每个内容都是有价值的，这给思考留下了充分的依据。以UCLA附属实验学校为例，它的运作与特点，有一些十分精彩，值得借鉴，但之后是否还有别的发展，就得看大脑运转得快和慢了。很多东西不能囫囵吞枣，让子弹飞一会儿，给思考留点空间，是保存学习新鲜感的一种方式。

科学，不是孤独的远行

从没想过，有一天能坐在加州理工学院的课堂里，聆听一节天体物理课——自从跟不上物理课的步调之后，这样的梦幻场面再没出现过。此刻不仅成真，竟然还听懂、理解，并热爱了！真是何其幸运！

这一切的发生，源于全佳教授带给我们的"草坪课程"。在加州理工学院的草坪上，全教授仔仔细细地讲了一遍学院前身、贡献，以及科学家有趣的小故事，令我眼界大开、心旷神怡。令人意外的是，当成年之后再接触"原子""粒子"这些当年读书时晦涩难懂的物理概念，竟一点儿不抗拒。正相反，从教授口中娓娓道来的这些物理常识或先锋事件，是那么的悦耳动听、令人向往。在某一个瞬间，我只恨自己没有投身于物理、化学相关的事业，兴奋的同时怅然若失，无法形容那种心情。但我清楚一点，在优质讲解人的带领下，我一改对科学家"刻板"印象的认知，教授的清晰思路将科学研究的严肃、活泼、有趣、激动的真实样貌呈现在我们面前，一览无余，令人神往。

总的来说，全佳教授的草坪课程，大致讲了这么几个生动有趣的故事：

1. 罗伯特·安德鲁·密立根（Robert Andrews Millikan），美国实验物理学家、1923年诺贝尔物理学奖得主，著名的"油滴实验"。

为了让我们理解这个著名的实验性质，全教授列举了生活例子如"梳头时的静电所产生的粒子运动"等，便于不同学科背景的老师理解。

2. 科学家忠于自己的研究，常常不是为了任何人、任何组织，甚至任何民族和国家，"执着"与"热爱"的定义不是功利的，功利的热爱一定不是真爱。

为了诠释这个概念，全教授提到了科学家两只袜子不同颜色的问题、科学家对待诺贝尔奖的态度等故事，让人感同身受。

3. 爱因斯坦拿诺贝尔奖以及发现"引力"的故事，全教授深入浅出地说明了过程，让人察觉到"哇，原来科学研究这么简单"，只需要大量数据和一点执着就可以。

全佳教授妙趣横生的"草坪课程"

因为这些故事的精彩,我们把加州理工学院的这场学习称之为"草坪课程"。它的魅力在于,讲解者的全情投入和"学生们"的屏息凝神,在那一瞬间、在加州理工的草坪上,成就了一道靓丽的风景。因为学习而彼此结缘的人们,在高等学府里感受文化气息,毫无疑问是幸运的。

这种幸运,不仅来自"草坪课程",于我而言,更加近距离地接触科学甚至融入科学内涵并成为它的一分子——科学实验的被研究者与聆听对象,是极其幸运的事。

得全教授联系,加州理工学院天体物理学博士后Sturt先生,为我们作了一场名为《EMERGENT DESIGN IN THE NATURAL WORLD》的讲座,这是一次关于"太阳系外的1 000多颗星球,究竟哪颗星球上存在植被"的科学讨论,Sturt先生刚刚凭此获得美国自然基金会的赞助。

Sturt博士和全佳教授的讲课思路完全不同,风格有着英国人一贯的严肃与谨慎。他小心翼翼地为我们讲述他研究对象的原理以及起因。

当他谈到,在户外时经常见到一些水潭——暴雨冲刷导致的地面自然凹陷现象,这些人们根本不会去留意的存在,他却觉得奇怪——为什么不论地域、不论环境,所有自然形成的水潭都是这个形状呢?这引起了他的好奇。从此以后他关注到,不仅是水潭,河流的走势、闪电"图案"、雪花结晶的形状、树长势形态,还是肺的毛细血管网、因特网世界地图等,都有着"相似度太高"这一结论。这就引得小Sturt开始对"如何将自然界中的能量转化为像机器一样可以控制的能量,因为化学能的效率能达到100%"进行了反思性研究。

当我们还在思索"为什么科学家要研究这个东西"时,科学家给了我们最好的回复:

通过对有生命的系统和没有生命的系统的相似性进行研究,会发现可以用作解决人类难题例如癌症的进展性研究,这对整个人类命运都是有利的,是值得研究的。

另一条让人感知科学之美的途径是"进学校"。在美期间我们进了一所COVINA-VALLEY UNIFIED SCHOOL DISTRICT的教学研究院,总监向我们推荐了一节由尼加拉瓜裔女老师SHA DAY主讲的"面向未来的编程"(CODE TO THE FUTURE)的讲座。

这是一节介绍"青少年编程课的理念与学习"的实战性内容,SHA DAY

和同事Sturt博士的合影

老师从编程课的任务讲起,谈到编程的目的绝不是为了培养千千万万的程序员,而是为了培养学生的想象力、合作能力、交流能力、坚毅力以及解决问题的能力。这在我看来,最重要的还是在数据与编码的复杂过程中渐渐培养的逻辑思维、思辨能力。

这种感受,在 SHA DAY 老师向我们展示他们全套的 Pre-k 到六年级的编程课框架体系之后,变得更加强烈:

若是一个孩子完全接受七年编程课学习并完成所有作业,且不说质量,单就严密的思想与逻辑上的重新排序(天生不具备逻辑力的儿童),足可以改变一个人的理性学习与研究品质。

回望在美期间深度参与的这一切与科学有关的活动,让人激动不已、难以平复。不仅因为平生第一次如此深情地敬仰科学、感受科学之伟大,还从全佳教授、Sturt 博士、Sha Day 老师身上,感受到作为研究者的严谨,以及那种感性与理性并存的生活态度,存世助人的思想。作为科学研究者与实践者,他们对人类命运的关注、对生命意义的理解、对学术研究的态度等,深深感染了我们,并"清零"了我大脑中许多曾经对科学的狭隘认知和固定思维。

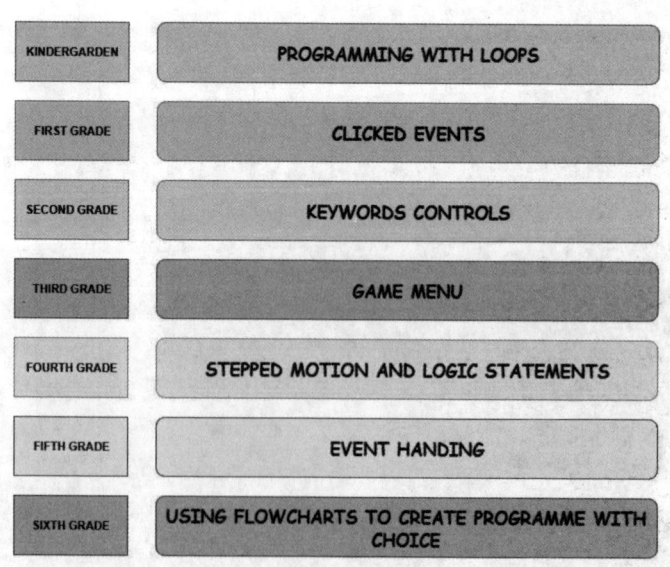

COVINA-VALLEY UNIFIED SCHOOL DISTRICT 展示的六个层次的编程课程大致框架

引用全教授的一句话,来表达这种感受,那就是:"在一个可以自由思考、研究、讨论的环境里,无忧无虑地做这些自己深深热爱的研究,是一件非常幸福、又与他人无关的事情。而且研究科学与自然，对人类产生的影响是巨大的，这是一件非常伟大的事情。"

科学本该活泼，因为它植根于生活的方方面面，最后仍回到人类生活中去，让人类生活变得更健康、更美好。我相信科学不是孤独的，或是属于某个特定群体的，因为，越来越多人们的关注与热爱，能够让科学发展之路越走越宽。作为一名文科教师，用理性头脑弥补自身短板，生活、学习、工作中时刻注意培养逻辑思维能力，才能让往后的教学之路充满理性之光。我想，科学的幸福感，在狭小却处处焕发活力的加州理工校园里，找到了答案。

难忘的住家生活

在加州洛杉矶市附近的拉昆塔市考察期间，我们居住在白人家庭。我和刘季青老师同住一家，相互照顾。住家 Margo Mccormick 女士是加州沙漠沙子地区杰弗逊中学的校长，她已经62岁，和我母亲同龄。

她的履历可谓十分丰富：父母是正宗墨西哥人，移民到美国后，她和哥哥姐姐属于二代墨西哥移民，她的父母几乎不会讲英语，父亲已经过世，母亲得了轻度阿尔兹海默症，并不与她住在一起。Margo 大学毕业后先去开了一段时间的消防车——作为为数不多的消防车女司机，这是非常了不起的经历。后来她想要做教师，于是读了大学考到教师资格证后，就到小学、初中和高中各工作了数年，还做过几年的 Coach（教师教练）。但作为校长，她才刚刚履职四年。与我们谈过这些后，她说自己打算再做两年就退休，准备享受与丈夫、女儿、孙女们的天伦之乐。

我们第一次见到 Margo 是10月中旬，在沙漠沙子学区中心大楼。第一次见到她，就喜欢上她的大气、开朗，她的拥抱更是令我和刘老师放松了初来乍到的紧张心绪。

通过一段时间的生活与交流，Margo 校长不仅在生活中给予我们充分照顾，更是提供我们许多教育方面的资讯和指导。在她的帮助和分享中，我感到在美国生活与学习的便利与舒畅，并收获了许多。

因此，作为中短期访美教育学者，如何与住家相处？如何轻松愉快地融入住家生活？如何在相处过程中促进友谊、互相照应、互有助益，促进个人的学习与工作效率？有一些建议与君分享。

一、口语的问题

很多人认为访问英语国家，语言是一个障碍。没错，初到一个陌生国度、陌生语境中，确实会因为语言不通而紧张、不想表达、不愿意去表达。尤其是中国人性格中的内敛与被动，更多时候我们不愿提问、不爱交流，因此确实会在生活与学习中感到处处被动、压力重重。尤其是受到挫折后，会愈发减少主动沟通、交流的机会。

如果放任这种情况，那么，在美国无论呆多久，学习与工作的效率都会十分低下，不主动克服困难，困难将一直存在。

怎样才能克服心理障碍、练好口语，增强开口表达的自信呢？我认为，一些方式是有效的，比如听英语故事、收听英语广播、看英语电视节目、看美剧等。尤其是和住家居住的这段时间，一开始是抵触的，因为语言不能完全流畅表达，但不能因此就畏惧表达。

在这一点上，住家Margo校长帮了我们很多，她总是愿意耐心倾听我们嘴巴里蹦出的每一个发音不标准的单词；卡壳的时候，她会根据我们表达的意思适当提示。所以，在短时间内，我们的口语均有进步，这其中很大因素在于住家的日常交谈。

所以在美国住家里，一定要勇敢地开口说话，有问题就问、有疑惑就沟通，千万不能因为词汇缺乏或语法错误而退缩。不表达，对方永远不会知道你的需求。口语本就是一种使用语言的技能，练习多了才会流利。况且，肢体语言也是很好的辅助表达的手段。无论如何，目的是"沟通"，作为访客，要学着寻找方法例如写写画画，这些形式都会促进口语水平的提高。

事实上，凡是能够成为接待中国学者的美国住家，大都具备充分的心理准备——他们知道大多数中国人的口语表达能力不是很强，会在日常对话中特意放慢语速让我们适应、听懂。这些都是跟住家交往的时间里感受到的细节。

二、人与人之间最重要的维系——真情

来美之前，我有一个固有思维，认为长期接受中国传统文化教育的我们，在思想上可能会和美国人有极大的不同从而产生某些不可调和的矛盾点。我很担心这一点会造成生活与学习上的不愉快。

然而，真实住家生活却有别样体会，令我的这点固有思维得到改变。比如，通过聊天与相处，我发现我们与住家朋友虽有时观点不同却能互相理解，虽文化背景不同却能相互体谅，尤其是同为教育工作者，更能理解对方国情文化里的点滴异同。

我们谈到家庭教育对学校教育的影响时，对家庭教育的重要性都有着鲜明

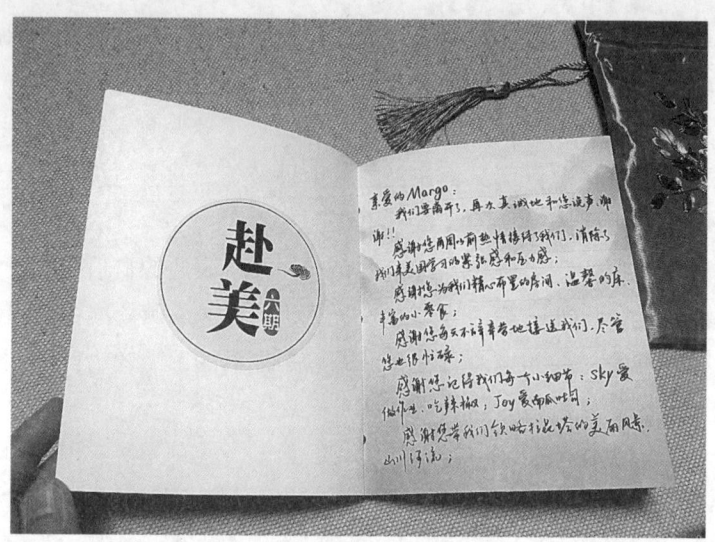

临别时我们写给住家的信（中文片断）

Dear Margo,

　　We have to leave, sincerely say thanks again. Thank you for receiving us warmly two weeks ago, eliminating the tension and stress of coming to the USA to study. thank you for the well-decorated room, warm beds, rich snacks, thank you for picking us up everyday, although you are also very busy. Thank you for remembering every little detail of us: sky likes to do homework, eat chili peppers, Joy loves pumpkin toast. Thank you for showing us the beautiful scenery, mountains and rivers of La Quinta, thank you for taking us to taste the delicious salmon, thank you for teaching us the etiquette that many Americans understand, thank you for every surprise you plan for us: Mexican food, shakes, gifts... We may never meet such a good host like you, we feel from you that Americans are warm, cheerful, strong, industrious, kind, humorous and tolerant, and we are proud of you! Although we may have caused some interruptions to your family in the past two weeks, we hope you don't mind and remember us. Finally, we hope that you will come to shanghai, China, you will fall in love that! May our friendship alway be! Bless you.

　　　　　　　　　　　　Dear friends, Joy and sky
　　　　　　　　　　　　10/26/19

临别时写给住家的信（英文版）

的意识;谈到父母关系对初中生建立同伴关系的影响时,我们对彼此国家的离婚率与父母责任意识也进行了深入探讨;谈到社会情感教育的问题时,我们对中学生各种行为意识的问题同样痛心疾首……不经意中发现,当沟通建立在"真情、坦诚、客观、理性、包容"的基础上时,这种沟通的过程,是一种美好的回忆。

所以,与不同的美国住家相处,"真情"甚为重要。不论探讨什么话题、何种教育现象,秉着坦诚、自信、理解、尊重的态度,就是最积极、最真实的状态,也是开放自己、悦纳他人的一种象征。

离开住家时我们和Margo女士的亲切合影

三、礼多人不怪

中国人喜欢"礼尚往来",是有道理的。一点点小小的"礼品",有时候是心意的象征,更是交往时的一种基本礼仪。所以出国前,管理我们团队的"倪妈妈"说要适当准备访美小礼品,应是出于这层考虑。合适的小礼物是友谊间

最合适的润滑剂。

这次在加州地区访学，我和同伴们一样，准备了大大小小的精致礼品，大多是从北京故宫博物馆的文创用品商店买来的，富有中国传统美的味道。果不其然，几乎所有收到礼物的老师或学生都十分喜欢，尤其是团扇和"熊猫"钥匙扣，特别"畅销"。

为了加深与住家之间的互相理解与文化沟通，我们也为住家准备了很多礼物，如丝巾、茶叶等。当然，住家也深谙此道，为我们准备了许多实用的礼物——润唇膏、护手霜、笔、本子、洗手液、便签条、干果等。在我们未踏入房间之前，住家早早就放在床头柜上，这一点小温馨，让我们感到亲切和温暖。

除了实物礼品外，我们的住家Margo女士还十分喜欢制造"惊喜"。比如，在周末带我们去大熊湖公园、"约书亚的树"国家森林公园；在我们上班的时候给我们买咖啡；在接我们回家的路上带我们去买奶昔等。其中令人最意想不到的是，在我们离开的前一天傍晚，Margo提出去她的学校看看，她为我们安排了一个"小惊喜"。到达以后发现，学校门口的显示屏上滚动播放着"Welcome our Special Guests From China，Joy（Liu jiqing）and Sky（Bai yunyun）"的字样。虽说距离我们访问她的学校已经过去一天时间，但她的良苦用心我们感受到了，这种浓浓的待客情早已超出了普通住家与访客的程度，这种特别的礼物让人每每想起，都觉得温暖。

以上就是在美访学期间，我对住家的点滴印象与美好回忆。虽然我们隔着万水千山，彼此之间文化大不相同，饮食、起居也很难找到相同之处，但并不影响我们之间建立彼此深刻的友谊。通过交流我们获悉对方文化和各种看法，通过访谈我们加深对教育的理解、教育文化的认同，这种深度讨论的价值不在于表面，而在于理解并接纳——求同存异、殊途同归。

本文的最后，我想再记录一个Margo告诉我们的小故事——在我们临行之前的晚上。她感慨地说，做教师许多年，教过太多学生，能记住的没有几个，但让她欣慰的是，她总是能遇到一些不认识的人，在她需要帮助的时候及时出现。

Margo刚做Coach时，教过一个叫Tali的男孩，这个男孩长在单亲家庭，没有妈妈只有爸爸，非常顽劣无人能管束。当Margo与他谈心时，遭遇的都是这个男孩的冷暴力或语言威胁，男孩甚至好几次扬言要把她的车子给砸了。一开始Margo也困顿不已，她认为自己教不了这样的孩子，但还是不得不接下这个任务。有一天当Tali再次威胁要砸她车时，Margo把车钥匙直接放在桌上对他说，钥匙在这，你想做什么就去做吧。Tali一愣，半天没说话，灰溜溜地离开了。从此以后，这个男孩就再没找过她麻烦。

十年以后，有一天Margo带着一岁多的女儿开着车行驶在路上，突然车子抛锚，她不得不停在路边，可这时女儿醒来并大哭不止，当时的Margo没有电话、无法联系到任何人。正当她一筹莫展时，一辆皮卡缓缓开过她面前，下来一个青年男人，走过来对她说："Ms Mccormick，你还认识我吗？"事过多年，Margo早就忘记了Tali的长相，她摇了摇头，于是Tali说："我是Tali，你的学生，我来帮你修车。"修好车后，Tali又和她说了很多，谈到自己的工作、家庭都很顺利，并感谢Margo当年对他的不离不弃。

讲到动情处，Margo忍不住红了眼眶，我注意到她的泪水，感同身受，心头一热。这种同为教育者的感情共鸣，是其他职业无法轻易体会的，这种教育的无私大爱，同时也是超越国界的。我想，我们和住家之间，正是因为从一开始就没有准备建立短暂

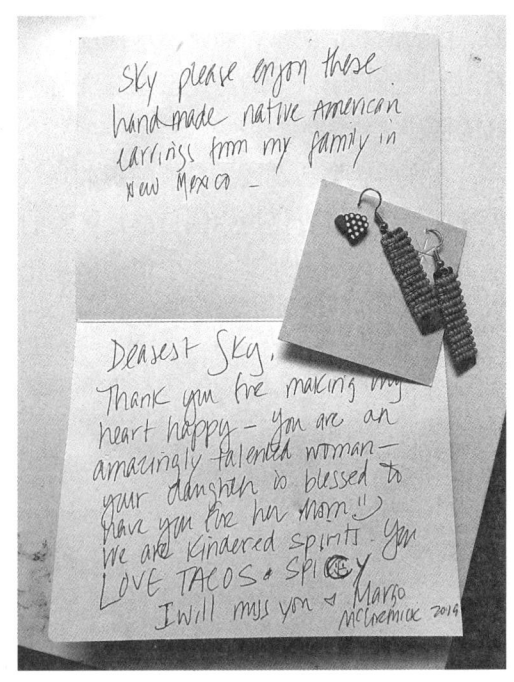

离开前住家送给我们的信和礼物

将团队礼物送给Margo女士的学校

的、浅表的友谊关系，而是追求深度的、教育属性的、情感融合共通的友谊关系，所以能理解对方的意识形态与文化、支持对方的教育观点与行为，成为良好的精神伙伴。

这样的感情和友谊才是能够历久弥新的，才是真正的文化传播与影响。作为教师，我们有责任把中国目前最优秀的人文与思想带到美国的土地上，这也是为别人更加深度地学习、了解中国文化与教育现状提供机会。

与住家朋友的一次对话：您怎么看待美国的社会情感教育？

在美期间，我们主要考察洛杉矶市郊外的各区域基础教育。我和我的同伴们所处的是白人聚集区——沙漠沙子地区。这个地区阳光充沛、常年温度平均可达20度且湿度适中，适合居住，所以长期聚集着不少欧洲人、西班牙与墨西哥裔美国人，生活压力不大，少见华人。

正是由于这个原因，我们的到来，住家Margo校长很是惊喜。在她家居住的时间里，她一直带着我们会见她的朋友或是深入沙漠公园，带领我们深度感受美国人民的热情好客与北美一望无际的沙滩和阳光。下文中，是在Margo校长家里，我们共同接待她的好友——一位同样热情开朗的中学老师时，所记录的有关"社会情感教育"的访谈内容。这篇访谈实录大部分来自调查问卷，小部分来自现场谈话，进行了综合整理。

【时　　间】2019年10月18日 晚上20：00
【地　　点】托马斯·杰弗逊中学（THOMAS JEFFERSON MIDDLE SCHOOL）校长Margo Mccormick女士家中
【受 访 者】Margo Mccormick女士的女性朋友，一位中学教师，离异，约55岁，孩子已成年并独居
【访问主题】您怎么看待美国的社会情感教育？

【访谈实录】

1. 为什么现在学校要提倡社会情感教育？

答：这非常重要，因为我们的学生在家里缺乏这些教育。沙漠沙子地区聚集着不少学区，这些学区之间也存在许多差别，即便是最好的学区，学生父母们的离婚率也在50%左右，这造成了可怕的家庭教育，造就了学生在适龄阶段必须接受的社会情感教育严重缺失。所以，在学校我们必须为缺少的这部

分必要的社会情感教育提供更多教育机会。

2. 你认为学校已经发生了什么变化？

答：以我们学校为例，我们有专门的"顾问"为学生进行分组并开设相关社会情感教育课程，但是他们依然需要更大力的支持。我们目前已经有一套完整的训练系统，但还需要被明确——每个人都清楚明白地知道应该怎么操作。

3. 当您听到社会情感教育有关的内容时，这些内容是符合您对社会情感教育概念的理解，还是挑战了您的概念？

答：坦白地说，"关系"是非常重要的。为了学生的学习，这些都必须非常有"安全感"和"归属感"，同时，它们要知道自己的"限定"在哪里，因为这些都会遭遇学生的考验。

4. 在您的课堂里如何加入社会情感教育？

答：我认为这是有益的，它有益于学生，也有益于教师，因为教师需要培养学生的品格。我认为需要让学生感受到课堂环境的"安全"，他们不愿意在课堂中冒险，如果感到安全，学生就会愿意分享，这是很重要的。

5. 在目前这个阶段，您认为您的学校需要发生什么改变，来发展您的同事

与这位中学老师的谈话

和学生的社会情感教育的潜能？

答：我认为在学校里，教师需要更多支持——不仅学生需要更多的辅导员，教师也需要更多的辅导员。他们需要花更多的时间来在这个问题上去建立相同的认知，为了共同的目标。

6.什么可能阻碍社会情感教育的发生？

答：所有的元素，都可能导致社会情感教育不会发生，比如死亡、否定、贫穷、虐待、父母（因素）、疾病，等等，太多了。

与这位和善的中学老师畅谈过程中，我邀请她帮我做了这份以上述六个问题为主的调查问卷，她十分严谨地书写了所有问题的答案，虽然有些问题没有正面回答，但基本顾及了我"想知道更多"的想法。除此之外，我们还讨论了诸多双方很感兴趣的教育话题，在探讨中发现，教育是世界共通的语言——在教育终极目的这个焦点上。虽然我们的思维方式与具体做法不尽相同，但最终都是为了学生，都是为了国家的未来。

譬如，我们都赞成"家庭教育"是促成学生社会情感教育养成的重要环节，也是重大影响因素。但在这一点上，她表现出对美国当代家庭教育的担忧。通过对话了解到，她的担忧是不无道理的。

这一代的美国父母，尤其是低收入家庭，由于受教育水平低、学历低、学习能力相对较弱、眼界窄、素质低等多方面原因，比较容易造成对孩子情感教育的忽视，甚至是伤害。有的父母，在孩子进入青春期后，由于孩子叛逆造成的种种沟通障碍，再加上沟通手段的欠缺，导致这些孩子无法轻易得到家庭温暖，有的孩子甚至长期不和父母亲讲话。在这种问题的旋涡中，一部分父母选择"鸵鸟式养育"，即在生活压力很大的情况下假装看不见孩子的问题，对家庭教育做选择性忽略；另一部分父母则由于自身能力问题只能实施"暴力教育"。这两部分家庭的孩子所处的情感环境是极其恶性的，但又在短期之内难以得到解决。

这位中学教师对这些问题表达了自己强烈的担忧。她提到，这不仅是家庭问题，由于美国离婚率的长年居高不下，这些与"社会情感教育问题"深度关联的家庭问题，已渐渐成为了当下美国部分地区严峻的社会问题。

当话题随着家庭教育延伸出去的时候，她忽然对我们中国家庭的做法产生了极大好奇，于是问我，"你们中国人是怎么看待家庭教育的""你们怎么面对叛逆期的孩子"？

出于对我周围生活环境的了解，我说，中国是个传统思想相对较为浓郁的国度，很看重家庭教育在教育当中的分量。通常，为了教育好下一代，家庭教育会大力配合学校教育"双管齐下"，有些家校合作做得好的学校，家庭教育甚至可以成为社会情感教育的主要阵地。

举个例子，为了给孩子营造幸福快乐的成长环境，有些感情不够和睦的父母可以相互迁就、彼此忍让，会自行修复家庭关系而不是轻易选择离异而伤害孩子。基本上大部分爱孩子的父母，会根据情况适当提高对家庭的认知能力，确保家庭关系走向和谐，家庭教育保持氛围良好。这位美国教师听到这些，惊讶得说不出话，半晌回过神来告诉我："这在美国是根本不可能的，我们提倡个人主义、自由至上，你们真了不起。"

我不知道这是否叫作"了不起"，但是中国人的隐忍与大度、含蓄与内敛确实成就了千千万万中国家庭的幸福，也是一种责任感在家庭中的体现。也许，一些父母在对家庭、对配偶、对孩子作出退让和包容之时，顾及的并非是孩子的教育问题，而是某种自我修炼。然而，正是这种自我"修炼"，才成为了大部分中国家庭和谐、友爱、兴旺的模样，成就了相对良好的家庭教育氛围。这种"舍我其谁"的价值观，从本质上说，和美国人的民主价值观是不同的。然而，"隐忍"式的做法并非值得提倡，中国社会的发展变化中，也有不少声音抵制这类以牺牲自我为代价的"家庭责任感"。即便是在中国，也有对立论点和流派，更何况在美国。所以，当美国人感到不可思议的同时，我们不做太多辩解，毕竟这是由不同社会文化土壤造成的。

这次谈话中，我感受到，美式教育里确实有我们值得吸取的部分，比如专门为学校社会情感教育设置的"顾问"式教师岗位和原则分明、层次严密的系统培训，这一切都保障了"社会情感教育"及其相关课程在校园内的师资与课时有着科学的分配与普及，能够尽量使每个孩子都受益。

其实，这种"顾问"教师，与我们国家中小学"心理教师"岗位非常类似。每所学校心理教师数量，同样是以个位数计，却要保障整所学校的学生心理健康安全，这一点与"顾问"之职是完全相同的。另外一些相同点，如美国顾问教师与中国的心理教师一样，都要定期参加教师培训以提高业务水平。不同之处在于，"顾问"在美国学校里不仅是负责学生的心理健康问题，还要面对学生所有自己认为无法解决的问题，且"顾问"只能陪伴学生一段路——当问题升级、顾问老师认为自己无法承担时，可交由持有心理医生执照的老师来解决，而后者的工作同样是有边界的。

值得我们学习的，不仅体现在体系严密和职责分级上，美国的学校社会情感教育尤为打动我的一点是，各个教师和部门骨子里认定的对学生秘密的"严格保护"。在他们看来，只要学生咨询问题，顾问老师就有义务为该名学生全程保密，无论这个问题的性质是什么。这也体现了我们住家朋友所提到的"安全"——在学生感到环境安全时，他才不怕分享。

这让我想到自己担任班主任时的一个故事，班级里曾丢过1 300元钱，经查证是某男孩拿去做了特别的用途。为了解决问题的同时不使男孩自尊心受损，我坚持认为不暴露男孩姓名的做法是对的，后来验证确实如此。尽管男孩毕业后，我们不再联系，但我相信这段历程对他来说亦是个教训。在同样的问题上，他不会再轻易犯相同的错，因为安全感曾让他直面过自己。

尽管美国的社会情感教育、家庭教育与我们大相径庭，看上去也有许多值得吸取的地方，但归根到底，一切都根植在国家体制和社会价值观不同的基础上。

作为教育工作者，应该看到，在教育这个复杂的问题上，个体的价值观与生活目标，能造就看待问题的角度与解决问题的深度。这位美国教师，之所以对家庭离异伤害孩子是深恶痛疾的，是因为她站在职业的观察角度并对国家发展怀有梦想，但并非所有美国人都这么想。更多美国人认为"自由"比"迁就"更重要。

所以，很庆幸大部分中国家庭，在遇到关键问题时，总能站在普适的价值观上做出让步，这就保证了许多复杂的教育问题能够和家庭教育共融，保证了大部分学生情感教育的健康成长。

逆向思维的根源,也许与"习惯倒推"有关

在美国观察课堂,会见到一些有趣的现象,其中很大一部分源于中美人民之间完全迥异的思维方式。

比如,美国人习惯凡事从后往前推,如一名学生是2014就读高中一年级,他就是2018届学生,因为他四年后高中毕业(美国高中四年制)。这一点与我们很不相同,我们习惯把2014年入学称作2014级、2018届,这样不管是从前算还是从后算,都能准确知道学生的入学和毕业年份,而美国人只记"2018届"。

还有一个常见课堂活动也直接使用倒推时间的方法,那就是,不论数学、外语、历史还是科学课,教师若是发动学生做练习,通常会给一个"倒计时"

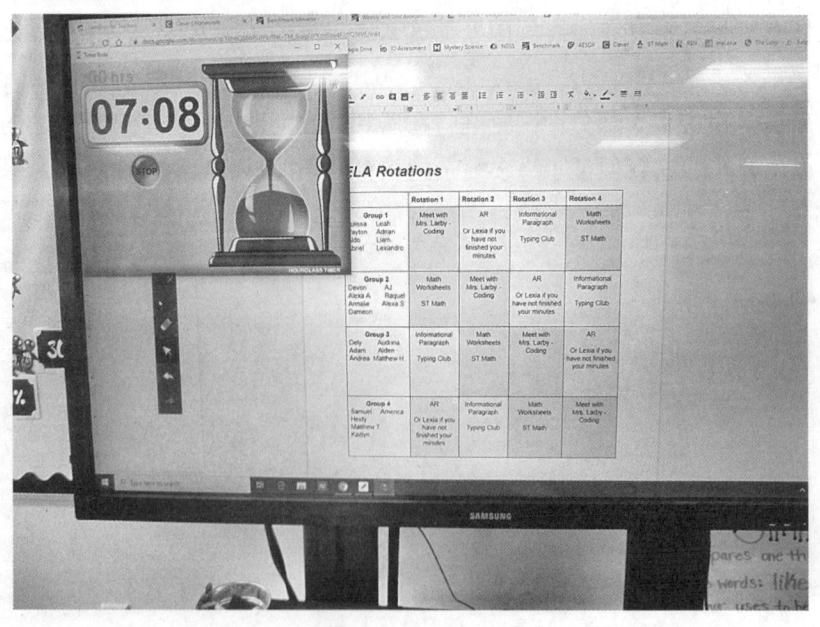

一节小学语言课上,练习环节的倒计时提示牌

提示牌用以提示时间,一旦时间用完就会发出蜂鸣声。尽管我们有时在课堂上也是如此"倒推"——给5分钟时间用于自学,在最后1分钟时提醒学生"时间要到了",但许多时候不会精确到每分每秒。

若是认为这种"倒推"法只适用于时间计算,那就不能称之为一种"思维"习惯。事实上,我们从美国教育的各方面,都能感受到这种源自"过程管理理论"思维习惯的存在。只是需要从各个案例中提炼出来,提醒我们——事情还可以这样思考:结果可以由过程来督导。

比如我们在约翰·格伦中学看到的一节"乐高课"——《简单力学:乐高斜面驱动》。

这节课上,乐高积木是材料,学习组装、掌握立体机械的轴承设计思维是重点。课是怎么进行的呢?一开始,老师讲课,但所用时间很少,基本没说几句话(强调合作学习的课程一般都如此)。说完之后,学生便五个一组,开始跟着电脑上的视频"simple mechanics:Lego bevel drive"(简单力学:乐高斜面驱动),学着组装用于斜面驱动的可转动的齿轮轴承零件。由于视频的拍摄是从"结果"开始,即先呈现组装好的驱动轴承,再演示它的拆分过程,整个动图非常清晰,关键节点也十分明显。但学生若是想做成功,也没有那么

学生通过反复观看视频,在成果导引下组装的"成品轴承"

容易,因此"合作学习"的优势便显现了。在这个过程中,可以说教师没有在技术上"帮"什么"忙",仅仅把学生需要做的事情交代清楚:怎么比赛(challenge)、几点下课、下课前做到什么程度。于是,学生收到指令后,遂主动承担起研究、加工的责任,自行研讨学习。教师仅在过程中巡视查看了几次,对产生问题的小组略微点拨指导。

这节课上,以"成果倒推学习行为"的特点非常明显,学生也受益良多——自行推导出结论,比"被告知"记得更牢,而且学生掌握的也不是一般的"组装技巧",应超出这层目标。而老师无形中使用的是"过程管理法",即以"结论"为导向的管理方法,自己也比较"省力"。

其实,在近几年美国教育的各种思想浪潮中,就有着"逆向设计"这一面旗帜,赴美前我阅读了由哈佛大学教育学博士格兰特·维金斯(Grant Wiggins)和马里兰州评估委员会主任杰伊·麦克泰格(Jay Mctighe)两人合著的《追求理解的教学设计》(Understanding by Design)的中译本。书里倡导的由成果进行教学设计导向的做法,与我们在美看到的教育现象不谋而合。这比较发人深省:"逆向思维"应该不是美国人现在才刚刚具备的,除了智慧的贡献以外,一定与社会的发展水平、思维层次的高低有着密切的关系。

于是,对此话题颇感兴趣的我,回到家与先生交换了意见。没想到先生听我绘声绘色讲在美国的这类见闻时,居然大为诧异。供职于高科技公司的他反问我:"这难道不是技术公司的正常工作思维吗?凡是要赚钱的公司都这样啊,所以就有了'加班'——有些时候只有'加班'才能如期达成计划目标。"

为了让我理解得更深刻,他举了一个例子:如某软件版本的发布必须在3月底交付,就需要留出一周时间交由测试部进行测试,那就意味着3月15日左右要把该版本完成才能顺利进行系统测试;若要完成该版本,则要更早一周完成单元模块才能系统集成;而单元模块又需要2周时间,因此必须再早2周完成设计文档,然后按照设计文档进行设计;设计文档完成前,再留一周给算法人员研究算法;若要算法如期进行,则必须提前一个月进行立项和系统设计,这样时间上才算充足。

从正序上梳理,完成这样一个"某软件版本的发布"项目,大致流程是:立项和系统设计——研究算法——设计文档——单元模块——系统集成——版本测试——项目交付。

若按照正向思维进行筹划，那么，在残酷的市场博弈中，滑到哪儿算哪儿的方式最后可能输个底朝天。所以先生才觉得我说的是"常识"，而不是一个特地需要研究的对象。为了求证，我又问了跟他的业务同性质的国企思维方式，得到的答案是"大家都是这么做的，无一例外"，理由是"保证成功率"，具体做法是"过程监管"，即定期指标管理。尽管先生"振振有词"，认为倒推的做法是常见的事，但身处学校的我们，可能还不太适应这种方式。

长久以来，在学校待久了的大多数人，会把"做计划"列为学期的头等大事，与此同时也习惯了"听指令"，很少有人会神机妙算，算好学期末要做成哪些事情。"备课"便是一个典型的表现——无论是过去、现在、还是将来，教师"备足课"再去授课，会被认为是理所当然的正确。尽管备课很必要，但也会陷入"计划性"和"思路僵化"的旋涡，按计划上课成了一种不可避免的现象。这便是"备课"的副作用。

有人会说，中西方人的思维方式本就不同，这一点无可厚非。毕竟做好计划、面面俱到，也是一种"保障"。可总有些例子，证明我们似乎真的不太擅长"倒推"，比如孔子和他的经典传世之作《论语》。众所周知，《论语》是孔子弟子及再传弟子记录孔子及其弟子言行，从而编成的语录集，该书成于战国前期，全书共20篇492章，以语录体为主，叙事体为辅，较为集中地体现了孔子的政治主张、伦理思想、道德观念及教育原则等。也就是说，这本书不是孔子写的，更不是孔子在世时"计划中的事"。孔子的教育行为与思想，一开始也没想着能够著书立说，一切只是"水到渠成"的事。倘若孔子没有交代弟子们去做这件事，那么，《论语》就是一个典型"正推"的例子——走的人多了，便成了路。

这里再谈两个在美访问期间的故事：

第一个故事：给孩子们做书籍。

在圣地亚哥高科技高中（HTH）观察时，据他们的项目负责老师介绍，每年除了给高中生举办各种项目成果发布会、展示会、研讨会之外，还会将学生的一些新鲜探索编撰成书——正儿八经的组稿、设计、排版、发行。我们知道那也许不是真正由出版社发行的书，但出书日期一旦确立，所有的工作便按照"正式出版"的目的井然有序地进行，这是一种"倒推"法的灵活运用。

用以激励学生探究学习也好，用以奖励学生的优异表现也罢，总而言之，

学生若从一开始就知道自己研究学习的结论必定要"见公婆"(出版),怎能不严阵以待呢?必定是出浑身解数来对待一整年的学习啊!

第二个故事:给客人们做午餐。

我们到拉昆塔市的第一天中午,是在拉昆塔高中(La Quinta High School)用的午餐。这顿午餐比较特别,因为它是拉昆塔的几名高中生忙活了一上午的成绩——虽然在我们看来只是简单的三明治套餐(三明治、薯条、水果、甜点、饮料),但已是美国人最喜欢的食物组合了,算是他们的"正餐"。在我们准备大快朵颐的时候,拉昆塔高中的校长把几个孩子请了出来,隆重向我们介绍每一个"大厨":名字、爱好、学习时间、负责的餐点内容等。

在我们看来,学生们只是将他们在厨房选修课上学习的技能加以展示,但校长从前一天就通知他们,第二天要接待国外的客人,需拿出最好的水平来。被当成学生对待,和被当成正儿八经的"大厨"对待,心态是不一样的。正是如此隆重的活动与高规格平台(外宾接待),学生们在我们未到达的时间里,可能在厨房一鼓作气、你追我赶,烹饪出了令自己满意的"成果"。这种典型的"结论"促学习的活动,真不知学习与职业的界限在哪里,不禁叫人称快。

这些"大厨"们亮相的机会可不止于此,我们参与的另外一场与拉昆塔高中有关的大型活动——橄榄球联赛,也有他们的身影。那是后话,本书其他章节亦会提及。

有时候,我们也不是不知道"倒推"的好处,某些时刻我们在教育教学工作中常使用,只是没意识到,比如做课题。

教师在参加各级各类课题申报的时候,都要填写一个关于"预期成果"的表格,里面设定项目未来将要实现的"研究结论",研究成果如专著、论文、调查报告、经验总结等。

"预期成果"的设计初衷是好的,它的存在,使得教育类课题的立项与开发始终聚焦在"如何实现成果"目标上,不致使课题的方向"跑偏"。可是很多时候,由于课题本身不够优质或者监管单位工作不力等因素,许多课题最后实际上并没有实现"预期成果"。于是有人戏称,许多课题研究成果实则没有价值。我不完全反对这种观点,因为这种现象确实存在且一时无法杜绝。

所以,当我们认识到某种形式不错时,同时要做好监管,才能避免"形式化"。

逆向思维的根源，也许与"习惯倒推"有关　279

拉昆塔高中"厨房选修课"的学生"作品"

一场难得一见的美式橄榄球赛

生在中国、长在中国的孩子虽然知道美式橄榄球这项运动的存在，但因为它并不是一项在中国普及的运动，也并非奥林匹克运动的比赛项目，所以大家对于它的认知也许不甚清楚。直到这次拉昆塔市组织我们观看了一场美式橄榄球赛之后，才发现这项运动之所以在全美流行，乃至超级碗（SUPER BOWL）如此知名，源于它的背后诸多部门的参与和支持。

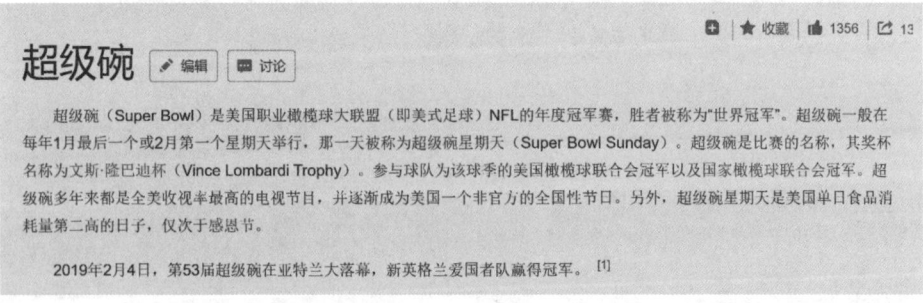

百度：美国最大的年度盛事——超级碗

一、什么是美式橄榄球

所有球类运动都几乎起源于人们追求生活的"幸福"——无论是我国早期的蹴鞠，还是英国流传已久的足球，性质几乎相同，只是造型不同。造型与形态又往往受限于当时的条件，比如我国的"蹴鞠"，或用毛、或用皮，只要制作得当，能够在运动场上使用，使人挥汗如雨、畅快淋漓，就是好蹴鞠。

美式橄榄球是一种对抗性特别强的比赛，所以队员上场都必须穿着保护头部和肩部的一整套护具，体态颇为彪悍，让人一看就知道它激烈的比赛程度——对上半部身体安全保护的强化表明了这一点。另外，运动员还必须戴上

电影《阿甘正传》中的美式橄榄球比赛镜头

超强抓握力的手套,以防止在奔跑过程中不小心掉球在地的重大失误——事实上就我们观看的这一场比赛,就有人因为掉球而失分,非常可惜。

二、美式橄榄球的比赛规则

对我们这批远道而来的中国客人来说,看不懂比赛规则实在难堪,只会跟着人群一阵阵叫好却又不知所以。于是略略翻阅了一下美式橄榄球的规则,大致如下:

与英式足球一样,上场比赛的是两支球队,每队11人,有候补队员(据观察,候补队员的人数不在少数)。

而且,从这11人的站位上来看,似乎与足球也近似(请原谅一个女性非球迷的业余感受),无论是中锋还是后卫,其目的都是为了阻止对方球员带球

美式橄榄球的护具长这样,比赛冲击力太大,所以强调对运动员肩膀部分的保护

攻入我方阵地。而比赛中的每一方，其最终目的都是得分——无论怎么得到，想方设法地得到分数就对了。所以，根据我浅薄的理解，它们的计分方式大致有几种：带着球直接攻入对方的球门或直接踢进去或扔进去，就能得分；带着球在运动场上每前进10码，也能得分。

另外，两队可以随时换人，这一点让我大感意外——本来以为和英式足球很多地方都类似，结果没想到频繁、自由地换人，倒是让板凳队员们多了几分参与的机会——毕竟我们看过的许多足球比赛，板凳队员们往往是一坐到底、无法上场。毫无疑问，这增加了这种比赛的趣味性。

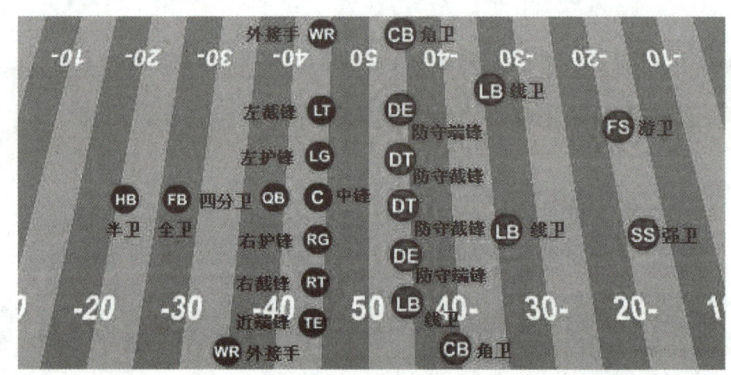

网图，橄榄球赛站位

三、观赛感受

从来没有看过专业的美式橄榄球比赛，所以觉得新鲜异常，观赛过后，更是思虑重重。作为一个基础教育工作者，我主要从比赛的模式、参与者、仪式感与爱国教育、社区支持等方面做了一些考量，不尽之处，还请理解。

（一）比赛模式

根据经验，举办大型比赛，我们通常是行政部门考虑在先，而后规划，再把层层任务分发下去，最后促成一场令人难忘的比赛或活动。但LQ（拉昆塔高中）和PD（棕榈泉高中）的这场比赛，它的整体推进类似于"校长号召、学生组织、社区跟进、学生执行"的状态。在比赛当天体育场地上看不到老师的身影，老师统统坐在观众席上（像我们一样），在场地上组织各支队伍的都是学生，比如啦啦队、艺术体操队、乐队、仪仗队等。

我们无法直接复制这种模式，有许多不得不考虑的因素，比如高中生太忙、初中生太稚嫩、小学生太过幼小等等。实际上，我们也不需要全盘复制这种模式，但大可放手一试——在一些不是非常重要的活动上，比如学校每周一的升旗仪式和每年的秋季社会实践，这些似乎可以放给小学生和初中生去锻炼，请学生组织、运转和执行。有时候，教育机会就是这样产生的。

（二）参与者就是学习者

上文中谈到许多环节都是学生直接操作，家长和社区很少插手——当然这二者要做好服务工作。美国的高中生与我们一样，也要面临"高考"的压力，只是他们不必每个人都进大学罢了，他们之间的很多人还有很多选择，比如参军、工作等。可为什么学生那么忙，还有时间和精力操持一场这么大型的比赛呢？

据我观察，当天在场的学生分成这么几个部分：一大批人专门负责给运动员加油，当然他们是业余的，只负责站在看台最好的位置为运动员加油鼓劲；一部分学生负责厨房工作——从炸薯条、做汉堡到推广或售卖，都是学生在操作；一部分学生专门负责表演——乐队、艺术体操、舞蹈、人偶表演等，每个部分都有专门的学生组织者负责。所以，我们看到的不仅仅是比赛本身，比赛附加的这些部分都很有意思，这算是学校给学生提供的更为充分的活动机会吧，在我看来，这样的课堂更加需要，也更为难得。

和我们一起看比赛的Jessica老师（LQ的世界史老师，入职一年，负责IB和AP课程）向我们介绍说，这些参与者所处的角色，正好是他们学校的一种PATHWAY（选修课），而且这样的选修课可以直接与社会生活挂钩。比如，学习厨房课程的学生，高中毕业后可以努力成为一名真正的厨师，从事相关工作。所以，我们眼睛里看到的这些学生，自信又负责，有着高中生应该有的样子。

其实我们也经常这样做，只是没有如此的"社会化"。我们也有类似课程，如在每年秋季考察的时候，一台必要的节目是由学生主导并参与的，但同时音乐老师要承担更大部分的总体筹划——设计节目时长和流程等，"社会化"的程度远没有美国学校那么深刻。因此为什么说，教育与社会隔了一条巨大的鸿沟，恐怕我们要从这个问题上去考虑。

作为教育者应充分认识到，所有校内事件，都可以是教育者施展才华和学习者充分学习的地方。

（三）仪式感与爱国主义教育

我们常听说美国没有爱国主义教育，是因为他们国家的特殊性——各

乐队演奏国歌，全场致敬

个州之间相互独立，都有自己的法律和不同的生活方式。可这场比赛基本改变了我的想法。一开始，运动员进场前，所有人起立、把手放胸前，开始奏美国国歌，这时候许多在场学生情不自禁地唱起了国歌。这是一种自觉的表现——没有任何人组织、没有任何人领唱，完全出于自发行为，叫人印象深刻。

另外，还有一个细节令人难忘，即PATHWAY选修课中专门为将来预备役

照片中间举旗处，是预备役PATHWAY选修课的"show"

作准备的学生们。四个人并排行走,身着制服,两人举旗、两人扛枪,看起来这个任务没有什么技术含量。可这是LQ高中的一门选修课,许多志愿未来能够从军的孩子选了这个课程。这个课程的教学成果如何呢?从这四个人坚定的眼神、挺拔的身姿、有力的行进等可窥一斑。

反观我们的爱国主义教育,仪式感是有,若要种植到学生心里去,还得做得更细致。比如,升旗时一定立定站好、摘帽目视国旗、唱国歌等,一个细节都不能掉队,我们严谨的传统精神才能继续传承下去。

(四)社区支持

我们一到沙漠沙子学区,就知道有这场比赛,这场比赛的时间地点就写在我们的访问计划内。这说明,有关比赛的筹划已经持续相当长的一段时间,而且我们在比赛现场能看到教育局局长、两方学校校长、社区负责人,他们都在场看完比赛全程。警察局警车、救护车等,就停靠在长方形橄榄球场的边上,随时准备应对救急。Jessica老师说,每次都是这样,全社区有好几千人都来看比赛。两个高中橄榄球队的比赛,俨然成为了整个社区的盛事,社区里的每一个人——家长、孩子、路人都跟着激动与澎湃。

反思我们的活动,有时一场校园活动似乎"不值一提",大部分学校的活动都有些"自娱自乐"的兴味。学校的大型活动如果能够得到社区或行政职能部门的支持,一定能很好地反哺社区,学校活动的育人质量也许会更上一个台阶。

四、令人沮丧的结果

只要是比赛就会有输有赢,这很正常,但在赛后第二天听说,输掉的那一队,有学生夜里去赢得比赛的队伍校门口写上了很不礼貌的"涂鸦",这有些让人意外,也足可以说明美式橄榄球比赛的超强对抗性,它引发了高中生对"人"的情绪,做出过激行为。

涂鸦这件事挺不地道,毕竟这些孩子涂鸦之时都没考虑过清理的问题,说明处理问题的方式不太成熟,有些偏激。不过还好,对于高中生,美国学校有继续义务教育的机会和权利。

一场橄榄球赛,叫人洞察了美式教育的方方面面,优势明显、也"劣迹斑斑",这正说明了教育的真相——教育不是万能的,它不能解决所有跟人有关的问题。而美国教育似乎也早就意识到,学校解决不了的问题就交给警察去解

输的一方在赢的一方校门口的涂鸦"艺术"

决吧。

这是我从这场难得一见的橄榄球赛中感受到的一切。

掌握全球意识，做新时代的奋进者

这是一篇带着兴奋味道的"抵达日记"——美国洛杉矶时间2019年10月7日，一大清早，我们5点一刻出发赶往加州大学洛杉矶分校（UCLA）开始在美的正式学习。

早晨的空气浸润着晚霞与朝露的味道，天空虽然尚未开蒙，但老师们抑制不住兴奋的心情，准备大干一场——在辛苦调整完时差后，终于要开启学习之旅了！

这一天的学习分成上下两场，分别是加州大学教育学院负责教师研修项目的Amber Green博士组织学习的《21世纪的6C》，以及在全佳教授带领下的一场对加州科学中心的星际探索学习盛宴。下文中，重点围绕"全球意识"和

"奋进者"这两个关键词对学习做一详细说明。

上篇：全球意识

踏上美国国土之前，我们在培训时已经接触过美国当代教育所推崇和提倡的诸多先进理念比如6C——COMMUNICATION、COLLABORATION、CRITICAL THINKING、CREATIVITY、CITIZENSHIP、CHARACTER EDUCATION，这六种理念分别对应"交流力""合作力""批判力""创造力""公民力""个性力"。其实，这与我们国家教育十三五的努力目标"核心素养"不谋而合，每位老师或多或少都可以从这6C当中感受到目前全球教育的共识与努力方向。

然而，在国内接触不到更加现实的美式教育，所以Amber带给我们的讲座，既熟悉又新鲜、既"传统"又现代，不论哪一种，都直指美式教育的核心价值观——培养赢在未来的美国优质公民。总的说来，Amber博士的分享，有这么几点让人感受深刻，希望马上去实践。

一、"大观念"的理念，时刻铭刻在一位优秀教师的骨骼里、并在小细节处绽放光彩

讲座时间短暂，很难说清到底Amber博士教了我们什么，因为结束时，老师们用作结尾的表达词大多是"Achievement""Strength""Lucky""Thanks""Happy"这一类情绪虚词——一是因为美国教授强烈的时间观念不允许每个人将感言扩展开；二是因为Amber似乎没有论及太多了不起的理论或做法。那么，她到底教了我们什么呢？

在我看来，Amber授课的重心，是她始终立足于"给对方方法"而不是"给对方结果"的定位，即，交给学习者的是一把梯子而不是树上的苹果，这一点Amber一开场就明确"我是今天组织大家学习的人"，并贯穿始终。透过现象看本质，她之所以能做到这一点，是她始终明白教育的目的与意义，并非那些细枝末节，或对应当下生活与工作的知识与技能。所以，她才能对着我们这些远道而来的"取经人"，讲出那些超出一般教育理论的精彩"理论"。这些"大观念"精辟而独到，基于教育学原理但又并非原理本身，透着犀利的未来教育预判之光，字字珠玑。

譬如，讲解什么是形成性评价以及为什么要重视形成性评价时，Amber将之引申到30年后的世界中去，带领大家共同体会、理解"教技术不如教观念"的重要命题。这不仅是观念的大小问题，更是身为优秀教师的格局问题。我相信，有此格局的老师，就会有此格局的学生，所以美国教育在这方面的坚持与做法，是值得思考与借鉴的。

在艺术学科中，国内有一些优秀的学者与教师已经开始尝试"大观念"的理解与引入，直到Amber的现身演绎，我才明白什么是不露痕迹的教育。Amber很希望我们从上位角度思考教育环节中的每一个问题，然而她却闭口不谈这层考虑，让我们亲自体会、摸索。教育方式本身，比我们学了什么要更有意义。我从Amber身上看到了什么是真正的全球意识以及如何去渗透而不是"拼命教、学生充满抗拒地学"的状态，这一点需要亲自去课堂演绎实践。

睿智的Amber博士

二、"工具论"的新时代美式解读

短暂学习结束后，我和史新强老师有个简单讨论，我们都一致认为美国教育是"功能主义"的直接体现面与受用方，比如它那些令人眼花缭乱的教育教学工具——硬件与软件。具体有以下一些，我们认为它们"新鲜又简洁""操

作方便",或许可以拿来一试:

1. 友善的课堂提示——是"工具"、是"途径",更是教育应该有的温暖。

譬如,Amber趁有人打喷嚏的时候说,美国卫生协会要求人们打喷嚏用手肘的内侧弯掩住口鼻,使细菌尽量少侵害环境。这一句不经意的话,并不是讲座的重点,然而作为一个教育者,对这类细节却很敏感。我们常说教育机智是推进高效教学的有利工具之一,这一点无论是中国教育还是美国教育都认同,但我更愿意它是教育"本来的温度"。

2. 五花八门的信息技术亮点——传导的不仅是教育,更关系生活的方方面面。

未来的教育必定链接到科学发展,这一点毋庸置疑,故而各个大国都在推进人才战略,我们也确实看到了中国在信息技术、5G系统方面的卓越成绩。然而,技术的革命必然带来整个社会的变革,我们的教育真正受益了吗?学生受益了吗?我想,从Amber演绎的几个被频繁使用的教育APP和相关技术例如KAHOOT,我们感受到了技术对美国教育的真正影响——如果说美国了不起的教育专家们共同促进了美国这几十年来对5C、6C的钻研深度,那么技术革命才是让这种深度保持了极大的生命力,二者合力共同促使美国教育发展,保证了美国学生受教育的品质。

举例说明,就拿KAHOOT来说,这是一款加州地区沙漠沙子学区的老师上课时常常采用的一个游戏软件,可以在网页上打开,也可以使用手机app操作。通常,老师们为了快速检测学生的学习效率,但又不能逐个检查的时候,就会邀请学生们共同在KAHOOT上PLAY GAME。当然,这些GAME也不是随机的,而是有目的、有主题、有挑战、有风险的。尽管游戏的风险非常低,且存在一定的运气操作,但学生们参与感很强,每个人都有表达自己和赢的机会,并且很快能看到自己的积分,如此一来,学生的学习动机和成就感自然是积极、正向的。

我们国家在教育技术方面的投入——十几年来斥巨资、引用高科技,效果如何?我认为,现阶段,我们似乎还在与"教育技术手段的管控"这件事做抗争——想让学生用又怕学生用,简而言之,顾此失彼。也许我们可以适度借鉴美国教育技术纯粹的"工具论"观点,让专业的人做专业的事,结合国家标准、行政管理等方面一并落实,让学生真正能通过教育技术、学习工具的改进与改良,受到这个时代最良好的教育。

下篇：奋进者精神

下午，我们在全佳教授的带领下抵达加州科学中心，接受了一场视觉盛宴与科学精神洗礼。之所以说它是"视觉盛宴"，全然是因为那些庞大的、曾作为卫星或火箭备胎的1：1太空设备，和强大的太空数据，触发着我们的太空梦；说它是"科学精神洗礼"，是因为全教授的精彩、专业讲解，使得整场观赏与考察过程变成了"差学生"疯狂补课的大好时机。

全佳教授在谈到"探月计划""火星着陆""哈勃太空望远镜"这些美国顶尖太空成就的时候，全然没有美国人的骄傲与自豪，反而是从全球公民的意识角度出发，告诉我们"任何一个国家与民族小小的进步、取得的成就、前所未有的发展，都是整个世界全体人类的成绩"。能站在这个角度看问题，该是一种什么样的思想？什么叫做"全球意识"，其中一点应该就是全人类的"同理心"吧。

"奋进者"号，全佳教授讲解的时间最长，来"蹭导游"的游客也最多，在我们全程静静聆听全教授讲解的过程中，不停有中国游客加入队伍，站在全老师身边全神贯注地"听课"。听讲中，我们不仅被美国宇航员、科学家百折不挠的精神打动，更为他们卓越的技术、优秀的学习精神所震惊——什么才是

优质的教育？什么样的教育质量才匹配得上将来的学生？我们要培养的绝对不是一两个可以制作飞船零部件的高级技工——尽管这个工种也很重要。未来的教育更应该看重一个学生、一个群体、一个民族整体合作的精神、交流探索的能力、批判性的行为与思想、无限创新的动力与能力、全球公民意识以及自我个性塑造的能力。

　　在美研修的第一天结束了，我的内心久久不能平静。看得越多、思考得越多，感受就越深刻。妄自菲薄不是好选择、师"夷"长技也不再是时代需求，作为教师、作为中国上海的教师，我们需要努力做到哪一步才能给学生提供最良好、最能促进他们持续良好发展的教育？我想，可以参考美国版核心素养"6C"和我国的修订版课程标准，在具体课堂设计中巧花心思、巧用时间，一点一滴去摸索实践。

　　我为人人，人人才会为我，只有成为开拓者，才能勇敢去做新时代的教育奋进者。

美国教师需要专业发展吗？

撰写这篇文章时，恰好在填写一份调查问卷，这份问卷有关"2—5年教龄的青年教师应该如何培养"的话题。访美之前，作为有十多年教龄的我，对于教师的专业发展和职称提升等"标准"从来没有轻易质疑过，因为自己多次为符合这些"标准"做过不悔努力，因为坚信"标准"的设立必通过了智慧的选择。乐享其成的我们，何必去挑刺呢？但是近年来，愈发看到一方面，是"上了教龄"的老师孜孜以求更多"证明材料"而无暇分身教学的忙碌景象，一方面是乐得其所、"各自安好"的初等级别教师。不论怎么评分、定级，这二者之间的薪资水平差距并不算大。既然收入几乎相同，缺乏内驱力的年轻老师又怎会轻易吃苦呢？这可能是如今我们教师专业发展中的一个弊病。

回顾在美国的时候，我们向美国老师提出过类似的问题，比如"你们需要评职称吗"？美国老师听到"职称"这个概念，有的表示很陌生，有的则表示略有耳闻。那是因为在美国高校里确实存在"职称"级别，比如讲师–副教授–教授等，但中小学并没有。

Margo校长对我们说过，在美国若想成为教师，必须要在大学毕业后再选择教育类专业继续进修2—3年，才有资格取得教师执照，对一个人来说，那时候差不多二十六七岁的年纪，确实可以做出较为成熟的选择了。一般情况下，若只是想安安稳稳做个教师，取得教师执照并找到工作的那一天开始，就可以享受这份铁饭碗带来的"福利"了，几乎没有人会要求这位老师再做别的努力。这是为什么？

一个主要因素是，美国的中小学老师，从工作时间角度上讲，确实不太轻松。小学老师是"包班制"，孩子从早上到下午放学离开教室前，老师都必须留在自己的教室为学生们上各种课（除了喝水、上厕所、午饭时间等），可谓是"24小时贴身服务"。除非有的学校设置家长义工或助教（我没有见过小学助教老师）岗位，否则小学老师的日常上班就是实打实的一天（从早8点到

下午2点左右);初中老师也好不到哪里去,除了不用包班外,干的都是"包学科"的活儿——因为初中开始分学科。跟小学老师一样,早晨到了学校就得进入自己的教室,同样一呆一整天,只是他们的教学对象是"迎来送往"、一节课换一茬的学生,一天工作时间同样六七个小时。我们曾经听过有些老师抱怨"太累"了,而有些"聪明"的老师,会换着花样给学生设置一些活动,比如"项目化学习"——拿出课堂大部分时间让学生自己探究,教师可以得到适当的休息。还有的老师也并非全天都有课,比如我访问过的约翰·格伦初中的艺术老师优兰达(Yolanda),她一周只上三天课,其中周二周四没有安排课程。

因此,在这种强度下,学校和州并不强制老师"备课",因为备课要花更多时间。再者,不必备课的原因也在于,美国强大的谷歌教室和各种支持教育的研发机构,他们提供每一学科每一主题、充分的学习资料与练习,甚至包括教师的评价与最终考试的模板。一位历史老师就向我们展示过这种强大的"后援团",只是碍于版权,我们无法得到照片或者资料。这种"后援团",不仅帮助老师在上课时随意选择教学内容、实验方法、评估方式、各种表格和练习资料,学生也可以同步收取教师分配的任务,比口授来得容易。因此,投入大量时间认真备课的老师也就很少见了。

少见,不等于没有,哪个学校都有滥竽充数的老师,也有值得荣获"五一劳动奖章"的勤奋型教师。我们在拉昆塔杰弗森中学时,就遇到过这样一位历史老师Stepher Valcnzuela先生。他没有像其他人那样从谷歌教室或者其他网站上"拿来就用",反而在这些现成的资料基础上,总结出一套经验,比如哪些资料是可取的、哪些只需要参考;哪些表格是花架子,哪些必须自己设计。并且,这位Stepher Valcnzuela先生还拿出许多他亲手设计的手稿、绘制的各种评估表格给我们看——很难想象,这位留着络腮胡子、粗犷的男教师,居然有这么巧的心思和不错的手绘能力。在美国这种"不用备课"的大氛围下,这样的老师已是凤毛麟角了。

从这位Stepher Valcnzuela先生身上能得出一个结论,即,若想为教学、为学生多做一点事,或是把自己的好主意写出来、补充上课用的资料,这种"备课"必定要在下班后。不难理解,作为对上下班时间、生活隐私极为尊重的美国社会,有几人会愿意牺牲自己的下班时间来制作上班用的东西呢?因此美国中小学教师也就没有任何评比、竞赛、案例撰写的要求了,除了他们相信"术业有专攻"之外,"没有时间"也是个极好的理由。而且,美国人也不提倡老师们把业余时间牺牲出来捐给教育,若是人人都那么做,恐怕就要考虑支付"加班工资"了。

有一次周末,我们和Margo聊天时,她说手头上一个棘手的问题,必须马上打给他们学校的一位老师。等她挂电话后,我问她,接电话的老师会答应在周末赶去工作吗? Margo很平静地回答说,她只是先告诉对方"有这件事",具体处理还是要等上班后,也就是第二天。哪怕这件事再怎么着急,校长也没有权利要求教师周末赶往学校处理,只能看他们是否主动愿意那么做,Margo说。

这是不可思议的,我们普遍认为是否能够"承担",有时也会作为"师德"或者教学业绩的一个"隐隐"数据来考虑。难以想象,若是一位教师周一要开公开课,她还有心情吃着大餐过周末,定会"手与脚同时开工、全家人一起上阵",才能匹配紧张的心情。

我们还问了美国老师写论文的问题。美国老师听罢反过来问我,"为什么要写论文""那难道不是大学教授才干的事吗"这两句颇有底气的回复,令我哑口无言。在我们国家,中小学教师不仅要撰写教育论文,而且要把这作为教育教学进步的思想阶梯。事实上,就我本人而言,多年笔耕不辍的习惯,保证了思想的"畅通"。尽管撰写过的文章中,50%是结题报告、经验总结、各种层面的报告、学术论文等,这些不情愿写但又不得不写的东西,它们曾占据我大量的时间和心力。但是,另外50%是我爱写,并且大写特写的,比如教育随笔、教育论文、日记、非任务型书籍、微信公众号上的文章等,写这些的时候,我通常会铆足了劲、心无旁骛地撰写,从这些字里行间里找到从事教育教学工作的自信与底气。可以说,作为教师职业生命的动力与专业发展的源泉,写作应该是教师具备的职业习惯。

所以我不清楚美国的中小学教师究竟有没有撰写日志或教学随笔的习惯,这恐怕因人而异。而且,这样的问题大概也属于隐私,不能轻易打探,除非主动告知。很可惜,在美国的这些岁月里,没有人向我们分享这部分心得,也就无从而知了。

通过这些文字,能够看出,在美国做中小学老师,大致属于"严进宽出"的特点,即考取教师执照虽然有些难,一旦取得便可高枕无忧(在不触及重大责任事故的情况下)。但不是所有老师都这样想,任何群体中都有求上进的

个体,以及不甘平庸、对现实安排不满足的人,像我们在杰弗森中学遇到的Helen老师,就是一个典型的个例。

Helen是名台湾亚裔,她的父母早年带她一起到美国生活,且别州居住多年,但她还是会说一些简单中文,这就大大方便了我们之间的交流。她告诉我们,她已经是两个孩子的妈妈,她的父母生活在一个距离加州很远的州,平时不常见面。她嫁的并不是美国白人而是拉美裔,她的两个孩子活泼可爱,小的只有3岁。

这样一位二宝妈妈的生活环境,在我们眼里,是"小孩没有人带,需要请保姆或送到幼儿园""自己和先生都需要上班挣钱以养活家庭"的状态,若是在中国,作为母亲,能把这一家子照顾好就不容易了。但Helen不以为苦,反而刻苦钻研教育教学,现在已是杰弗森中学的教师教练(Coach),而且是整个拉昆塔地区唯一的亚裔Coach。也许大家对Coach的认知停留在某"名包"上,其实这是对美国教师教练的统称——等同于我们的"教研员"。但美国并不是一个区一个Coach,而是尽量每所学校一个Coach。且Coach的排兵布阵不是区或州安排的结果,而是"竞争"的结果。如何竞争?就是每所学校最优秀的老师才有资格成为Coach。由于时间问题,我们没有进一步打听一个普通老师到底怎样才能成为Coach,但Helen老师说,她可以教任何科目——在这所初中里,没有她教不了的课程,而且还可以辅导老师们上好自己的课。这样的描述,我们明白:想要成为Coach,不是空怀"美国梦"就可以,要通过长期刻苦的学习与努力练习,才有机会。可以想象,一个生物学科背景的老师若想做Coach,必须得自学数学、英语、历史、艺术、体育、计算机等所有课表上的学科知识,然后通过这些考试,才有条件成为Coach——这要比旁人多花百倍的精力!

从Helen老师身上我们看到亚裔美国人的卓绝(同等情况下,亚裔更能吃苦、更易出色,尤其是美国公立学校),更窥到了美国中小学教师的一条潜在专业发展路径:普通教师——Coach——校长——区教育专员或行政长官——州行政专员或行政长官——官员(最后可能难上加难)。不过,每上升一个层级,就要付出比别人辛苦一百倍的努力,许多人甘之如饴,更多人也就得过且过了。这是阶层固化的结果——我们所住的Margo校长家,是美国千万普通家庭的一个单位,她的生活、工作、社交简单到极致,换句话说,除了薪水略有不同外,其他与一般老师无二。也许有我们无法轻易判断的因素,但在美国许多年，由普通教师"升级"到Coach、再由Coach"升级"到校长，过的日子也不外如此，贫富差距不会太大，属于同一个阶层，谁也没有比谁高贵到哪里去。许是这个原因，更多老师也就不会成为"教师中的教师"，只安安心心做个小老师。

另外，我们还从Helen老师处得知这样的"规定"：在美国，中小学教师的专业进修是自费的，除非是政府安排，否则需要自掏腰包。当她听说我们是由教育局安排来美学习时，感到"非常羡慕"。举个例子，我们和美国教师一起参加区培训时，所见的多是Coach和校长级别的老师，少有普通教师参与。可能是学校"一个萝卜一个坑"，老师出来培训要考虑谁"填坑"的问题。另一方面，这也是教育部门专门给校长或Coach的一种福利——以每月一次的形式"发放"。或许美国的教育部门相信，把Coach和校长培训好了，就等于全体老师都受益吧。

大部分的老师甘于岗位，小部分老师通过努力成为Coach，还有极小的一部分老师通过刻苦学习考取硕博士，那他（她）的离开就不需要承担任何赔偿。但在美国的初中和小学，大部分教师的最后学历也不高，能考取硕博士的老师少之又少，即便待他们"学成归来"，也不太可能再回原来学校或是原来岗位。

这一切，也许造成了美国中小学教师专业发展"滞后"的状况吧。

第四部分

虚心学习

——观美国教育中的"教师发展"和"德育管理"

不一样的美式"教研活动",内核是什么?

若是细看美国教育,处处藏着"玄机",那种"神秘"不是别的,正是美国教育的根本价值观。举国上下,所有跟"教育"有关的内容及活动,包括对教师、学生、教材的态度,处处体现着这种价值观的存在。若想知道它到底是什么,且看这一场不一样的"美式教研"——到底藏着怎样的内核。

宽敞明亮的空间,一览无余的圣哈辛托山景色尽收眼底,叫人内心无比敞亮

沙漠沙子学区(DSUSD)每年在10月份会举行一场隆重的coaching training活动(教练训练活动,或称"对教师教练的培训"),我理解为"对培训者的培训"。事实上,这个学区每个月都要举行一次不同规模的教育培训活动,一年约10次,大部分时候邀请的是类似"教研员"角色的教师,只不过

这些"教研员"教师长期驻扎在某一个学校里、专门负责解决教师与学生遇到的各种问题,是所属学校的正式员工。

时间比较凑巧,我们到美的第二周,恰好遇到这样的培训活动。我们参与的这一场,它的主题叫做"通过培训成为学习型架构师"(BECOMING A LEARNING ARCHITECT THROUGH COACHING)。

一次清晰明了的开场白

组织并主持这次活动的是DSUSD学区负责教师发展事宜的Mike先生,他十分友好地向参与者介绍了我们这批从中国来的教师团队,并鼓励我们享受这场活动。一开场,即有一位声音很轻的女老师叫我们全体闭上眼睛,随着她的口令与节奏进入放松状态。这种环节我从未在教育培训上见过,但她拿捏得很好,我一直在观察同伴们的行为变化,大家被这种气氛很好地"拖"了进去——对大脑来说,这种放松形式似乎有一种"魔力"。

接下来的培训形式,也许与我们在国内经常参加的那些大同小异,但他们这种叫"coaching"的教研活动组织形式,从某些角度上思考,有对比、有优势,略显务实,值得一观:

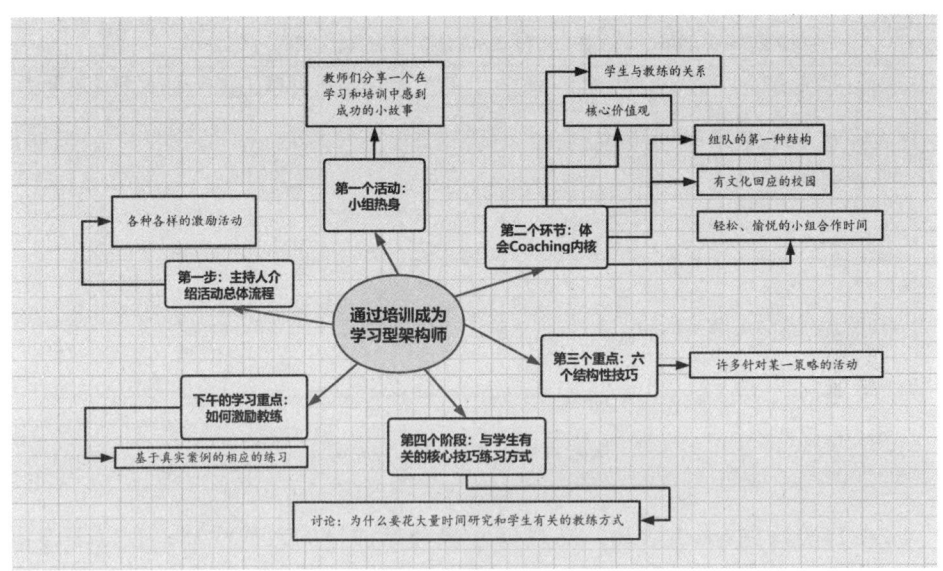

整个coaching的大致流程

一、"COACHING"（教研）的组织形式

从上图不难看出，这一天时间稍长（早8∶00—下午2∶45，中午45分钟的休息），整个培训环节很紧凑。

4个主持人负责全天的培训——除了Mike先生以外，还有三位女士分别就自己负责的一块，组织大家各种形式学习。令人印象深刻的是，Kari老师在最后时刻，带领大家尝试了不同形式的"鼓掌激励法"——不是单纯的肢体动作，而是在小组活动中反复穿插、强化进行并用以"形成性评价"的一种手段。

另外三位教练（同时也是受培者）围绕"通过培训成为学习型架构师"的主题，分别向大家阐述了"什么是教练工作的核心价值观""和学生关联的教练工作的6个结构性技巧""7种核心的训练方式""长期循环培训以及迷你型培训"等。

这四位教练带领所有人围绕主题、结合任务，充分调动全体参培者——比如小组合作、换桌合作、相互分享、奖品激励等等，圆满完成了一天的coaching培训。在我看来，这样的组织形式，与我们自己的教研活动有相同之处，见下表：

	组织方	主持人	参与者	频次	目的	要求	主题	时长	形式	效果
美国	学区教育局	区教育局负责教师专业发展的工作人员	各校教师教练，学区常驻教练，校长等	每月一次，每年约10次	通过教练为教师提供教学策略与方法指导，非针对教学内容	必须参加	有主题的	一天(6-7小时)	座谈+讲座+多样化活动	显著，持续性
中国	浦东教发院	教研员或兼职教研员	一线教师	双周一次	教学提升指导，教法改进，教学研讨	轮流参加	大多数时候有主题	半天(2小时)	讲座+研讨+线上(疫情期间)	需长期观察

中美两国教研活动比较（以上海浦东新区美术学科与加州拉昆塔沙漠沙子学区为例）

粗略对比中美"教研"活动

参与美国的coach活动，反观自己曾经参加过的教研活动，有以下值得反思：

1. 培训教师的目的是什么？

是为了完成上级安排的任务，还是真正为了教师的"教"和学生的"学"？整一天的培训，虽然很累，但是过得很愉快。不仅因为美方把我们当成尊贵的客人并能平等公正地对待，且在参与方面，我们受到的肯定与激励都是真实的。我能切切实实地感受到哪些教练策略我真正掌握了，比如"教室环境的布置显示了学生文化回应，因此需极力推崇这一点，并不遗余力地去表现"。

2. 教研活动关注的应该是"教学策略与方法"，而不仅仅是哪节课的即时反馈。

我们在教研活动中，组织者或者教研员老师会带领参与者针对某一节课提出修改或肯定意见，也会将关键点加以提升，这是基于具体鲜活案例的策略研究，对参与的老师来说是有实际帮助的。然而它具有随机性，或者说"随机性较强"。因为，我们在教研活动中聆听的那些观摩课或展示课，有时可探究价值不是很高，或案例并不特别典型，这就使得围绕策略的教研活动做不到真正的深度研究。

3. 美方培训形式中，"组织者、参与者、受训者"的关系，对我们来说是值得借鉴的。

通过交谈得知，教师教练（Coach）的来源一共分两种：教育局和各个学校的专职人员。差别是：在教育局"坐班"的教练们，平时需要到各个学校

叶婷老师代表我们在活动中踊跃发言,受到美方老师的赞赏

作为小组成员,我们全体上台,支持教师代表的展示

去组织指导，哪里需要就去哪里；而各个学校自己的教练，主要的职责是服务于本校的老师或学生。我们也是类似做法：在教育局坐班的叫"学科教研员"，在各个学校的是"学科教研组长"或"备课组长"，他们都有服务教师的职责。从这一点上看，是一样的。

但也有极大的不同，比如受训的参培者，他（她）同时可以是培训者。这次轮流主持的几位老师，也许下次就会换成其他人——事实上，参会的每个人在一年时间内都能轮到做"培训者的培训教师"的机会。这一点是有所不同的，我们国内教研活动中每次的主导者、组织者与主持人几乎都是教研员。多数情况下教研员老师负责安排每次教研活动的内容，以及具体内容与形式等。

二、COACHING（教研）的流动方式

即便大部分时候由教研员老师主导，我们的教研活动事实上也是"双向流动"的——即教研员主导、大家参与，每个人都可以发表自己的意见。看到美国人的教研，却带给我一些深度反思：我们的"流动"（思考）有价值吗？能引起参与者反思吗？

来说说美方教研"双向流动"的问题，他们体现得很明显，起码从外在效果上。主要做法是：

1. 组织者与主持人仅仅起到"组织"作用，并不会花很多时间讲解教育理论（非必要的情况下）；

2. 一些关键环节，主持人会采取各式各样的活动来促成参培者对某一个策略的理解。比如：小组合作、小组分享、点名分享、换组分享、Parking Lot 等，方式丰富多样，让人眼花缭乱。

3. 关键知识点，用"书面资料+小组合作、阅读分享"的方式来完成深度学习。

以下图为例，这是一张思考"如何围绕学生学习为中心展开教练职责"的重要知识点，也是此次培训内容的要点之一。但主持人并没有宣讲太多关于关键或核心内容的东西，反而是要求大家用小组分享的模式，展开共同学习。

这就很有意思了：如果需要相互分享，那么，每个人就必须对自己马上要分享的东西进行充分的学习。

收到任务后，我立刻快速阅读了一遍，并在本上做了记录，完成了这个任务的学习。这样学习的好处是：学习者产生"我要学"、不是"要我学"的

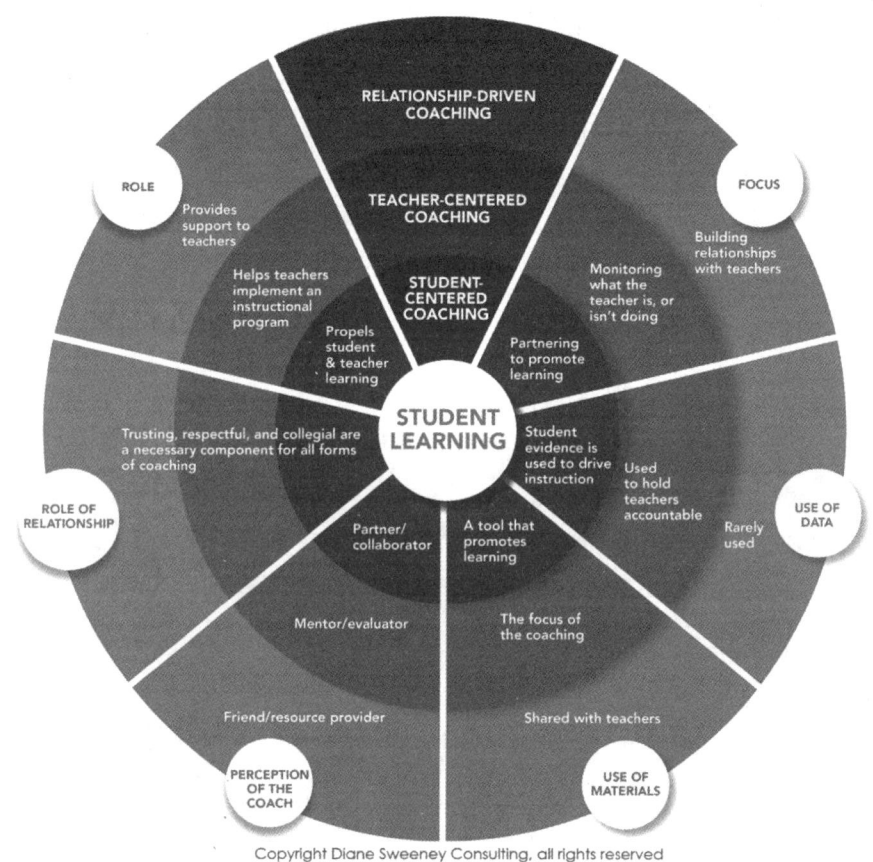

重要知识点：围绕学生学习为中心的教练策略表

意识；有效的"双向流动"——参培者与参培者之间、参培者与培训师之间，发生了数次思想交换行为，并且在规定时间内做得很彻底。

三、COACHING（教研）的潜在意义

观察整个培训过程，发现虽然时间很长，但至少70%的老师全程都在投入参与，培训的"效率"是显而易见的。尽管有一些老师从表情、肢体行为上展示出一种"我很有经验、不需要谁来教"的身体语言，但大多数老师都坚持到最后，没有人离席、没有人抱怨，多数人畅所欲言、开展批判与合作行为等。

出于前期对美国老师"不必苛求专业发展"的初始印象，我"震惊"于美国老师的敬业——长时间投入与主动思考；"震惊"于美国老师的专业——基

于实证、证据的研究;"震惊"于美国老师的职业认知——教师激励、身份认可、自我尊重……

"震惊"之余,反思我们在教科研、理论能力提升这件事上能做多少努力,是更有意义的。培训活动之余,让人发现"坚持有证据的研究——基于数据,它是一种可衡量的研究;坚持交流——互换同伴关系,体会教与学的不同;坚持策略为指导方向——相比'教什么',怎么教、为什么而教等等",才是重点。

DSUSD学区的Toaching Training留影

纵观美国教研活动形式,培训的内核精神是什么呢?有一句话适合放在这里,作为本文的结尾:生活是一面镜子,你对它笑,它就对你笑。美国教研活动带给人的感受正是如此:教育希望教师是什么样子,教育活动就是那个样子;培训希望教师懂得赋予学生"爱"的能力,培训就给予教师更多的爱和关怀。

我想,我们缺的不是技术、手段或内容,我们缺的正是对"培训"二字的理解。我们本不缺少各种各样优质的培训,某种程度上我们拥有的更多,比美国老师条件优越——更宽泛的选择、更优越的待遇、更优质的内容等。但我们仍需要理解,作为教师,究竟需要什么?是教育的技术,还是教育的艺术?

美国的优秀教师怎么工作？

本书的其他章节提到过，美国的中小学教师一般不需要备课，更不要求额外占用私人时间和空间进行教学准备。但凡事皆有例外，任何群体中都有一些"积极细胞"起到带动整个机体良性运转的作用，它们的存在能使机体在面对风险时具有不可忽视的整体抗逆性——这是我坚信的。

在我们参观美国校园、观摩课堂的过程中，时不时就会遇到这样的老师，他们那些超出学校或教育章法规定的"额外工作"，往往带来更多惊喜，也让我们看到了一个美国教育能保持旺盛活力和强大竞争力的重要原因。当然，这些如若不是亲眼看到，我们也不太相信倡导个人自由至上的氛围中依然有乐于默默奉献、不计回报的人，且不在少数。看来，许多论点若不经过验证，是不能轻易相信的。

先讲讲我的住家Margo校长，她的工作轨迹在我们的眼中就是一部活生生的"自我奉献集"。我们刚刚到访她家的那两天，不知是故意空出时间为我们服务，还是那段时间她的学校不太忙，每天从教育局接了我们之后，她就会想方设法安排我们到附近的超市、华人商店逛一圈，以缓解在美的工作压力。到后来就没有如此闲情逸致了——我们三人往往是一回到家，换好衣服洗好手，就各自进入工作状态。她家没有单独的书房，我们几个人就在餐厅长桌上办公，一人一个位子倒也空出不少。一开始不常见她在家办公的样子，或许是因为她大部分时间"躲"在自己的卧室，后来见我们一直是"餐厅办公"的状态——对什么事也好似不感兴趣、什么都无法轻易转移中国客人对工作的热情，于是她默默地把笔记本也拿到了餐厅，开始了和我们一起的"居家办公模式"。

自从我们在一起办公，我就发现她原来"这么忙"，好多未来得及在学校处理的事情都得拿回家来继续做。按照美国人的办事效率，即使Margo想要做，若无人配合或大部分人都在上班时间配合，她就很难继续下去了。举一个

简单例子,我们在她学校一共呆了两天时间,分别是第一周的周五和第二周的周五。两个周五,我们是在第二个周五的中午,于教师餐厅里"享受"了一把"欢迎会"——杰弗森中学的老师们起立鼓掌,欢迎我们的到来,实际上那一天的下午我们就要离开了。还有一件事,可从侧面说明"孤掌难鸣"的问题,还是在杰弗森中学。我们离开拉昆塔(也就是Margo家所在的这片城市)的前一天傍晚,Margo忽然神神秘秘地说:"走,我带你们出去转一圈。"干嘛去呢?原来,她兴奋又略带歉意地带我们去看学校门口的"广告牌",上面用英文写着:"欢迎上海来的两位老师!"像这样的行政琐事,若是在国内,恐怕客人未到、校门口的各种指示牌早已立好。可在美国校园里,一定要有专人负责,且要看作是"一定的工作量"。相比较我们在其他学校的"待遇"——Coach亲自招待并安排我们的进校活动,Margo校长也只能亲力亲为了。可即便如此,她也受制于"上下班时间"的约束。看来许多时候,"规定"不会为一两个自愿加班的人而轻易改变。不知道是Margo校长太勤奋,还是美国人太注重时间观念,一时之间竟无法分辨了。

再细说一位我们见到的优秀历史老师Stepher Valcuzuela先生,他担任的是八年级Social Study(等同于我们国内的历史课)科目的教学工作。本书其他章节介绍过,我们对他的访谈实录,从这段实录以及平日接触与闲聊中,我发现美国优秀教师与我国的优秀教师不尽相同。不仅"优秀"的地方完全一致,而且对教育的认同感与使命感亦很强烈。如,Stepher Valcuzuela先生会花大量时间研究学生的作业、形成案例或样本;会愿意相信他的学生可以更进一步,不比那些AP课程的学生差;尽量选择科学的分层教学,给学生提供支持;会认真批改学生的作业——主要是写作,这对一个老师来说,会花费更多隐性的、难以预估的时间。与Stepher Valcuzuela先生愿意批改作业的情况相类似的,还有同行伙伴叶婷老师的住家、棕榈沙漠高中(Palm Desert High School)的历史老师Stephanie,她更是愿把所有时间放在学生身上,常常批改作业到深夜。因为大部分美国校园里,学生的作业对于老师来说,有许多形式比亲自批改省力得多,甚至可以不批改。这一点我们感同身受——如果不用批改作业,那学校简直是人间天堂。

相比较这两位历史老师不计时间成本的"改作业"事迹,他们愿意相信学生、相信教育的力量,这一点更为打动人。就像心理治疗中的著名ABC理论——A是事件(Affair)、B是信念(Belief)、C是结果(Consequence)。一般情况下，人们会认为"事件"是导致"结果"的重要因素，但其实许多时候，"事件"是通过"信仰"导致的"结果"——通俗一点说，就是"坏信仰会把好事情变成坏结果、好信仰会把坏事情变成好结果"，听起来很主观，但在教育范围内，是有一定影响的。

Stepher Valcuzuela先生，不因学生的生源差（98%的学生说西班牙语或其他语言，使用英文写作很困难）、能力不行而轻易放弃他们，却想尽办法、设计出多套教学方式以解决学生的现实困难；棕榈沙漠高中的Stephanie老师也不因为许多学生根本不看她的批改与评价而打消勤奋工作的念头，坚持自己的选择并相信"水滴石穿"的力量。这两种工作态度，都是典型的"前向期待"[1]——即相信学生、相信自己，这种被赋予"信念"的教育行为通常更易取得成功。

我亦想起了约翰·格伦中学的美术老师Yolanda，我们曾三次到访她的学校，其中一次未见到面是因为她的狗生病了。另外两次与她碰面时，她对于我这个远方来的客人非常热情，且不遗余力地提供帮助。最后一次，拿出一节90分钟的课，让我们三人（另两位是许岳军老师、史新强老师）给美国孩子上了一节有意义的中国汉字课。看着美国学生在我们的课堂上写写画画，那种传播中国文化的美好氛围，在彼此之间蔓延。三位中国老师上课这件事，后来还上了约翰·格伦中学当天的校园电视新闻。

通过了解，我得知Yolanda老师也是一位有热情的艺术教师，她坦言道，她的一些教学想法以及训练学生作画的技巧，无一不是跟"学生想要""学生能不能做到"有关。Yolanda老师说，学生就跟婴儿一样不成熟，所以每节课的"导言"和"时间表"非常重要；尽管学生有时调皮，甚至带来玩具扰乱其他人，但作为老师不可以说太多，因为那是孩子们的自由；学生的作品一定会有反馈，以低（low）、中（medium）、高（high）三个档位来记录，并给到学生足够的反馈意见。除此以外，从谈话之中，我颇能理解Yolanda老师如此宽和又敬业的原因，大概是因为她的家庭背景：母亲是墨西哥裔、上过英语学校，丈夫是东南亚华裔，所以她很能理解不同文化背景下各式各样的人，也能包容那些看起来"不停捣蛋"的中学生们。怪不得她的学生那么爱戴她，不仅是Yolanda老师用心设计作业、批作业、给学生定期办画展、倾力打造校

---

[1] 钟启泉：《核心素养十讲》，福建教育出版社，2018年版，第38页。

园艺术网站（一个专属于约翰·格伦中学的、美轮美奂、资源丰富的艺术学习网站）等等，更在于一位教师的大爱与恒心，这些因素在一位好老师身上总是能够被发现。

毫无疑问，Yolanda老师所做的这些，一定不只是在工作时间内完成的。

同样让人感觉优秀到"发光"的老师还有一位，我们始于一次不经意的谈话，他就是沙漠沙子学区教育局的"副主管"Mike先生。那次谈话，发生在某天下午，他开车接我们4位老师去看戏剧表演的路上，不知怎的，聊到"你是否去过中国，是否觉得中国教育有优势"这个话题，没想到Mike一下打开了话匣子。他告诉我们好多年前他随教育代表团到过上海，专门看过小学的教育——因为他当时正在一所小学做校长。从那次中国之旅中，他对"分科教学"产生了浓厚的兴趣，于是，回到美国后他立即在自己的小学开始"实验"，没想到效果很好，一直到他离开小学校长岗位去区教育局工作之前，那所小学一直实行的都是"分科教学"。辉煌成绩使得该校在区学校排名中一度很靠前，可惜的是，换校长后，"分科教学"实行不下去了，于是作罢，一切又回到原点。

为何从这个故事里感受到Mike的优秀与强大呢？一方面因为在"惯性"作用下，所有美国公立小学都实行"包班制"——一个老师带一个班级的所有学科，而Mike敢于打破桎梏、优先尝试"分科教学"且初见成效，是一个很有智慧与先见之明的决定——相对于现在我们见到的、比比皆是的、由"包班制"带来的一系列后患比如"数学成绩太差"等。若当时Mike继续做校长，说不定"分科教学"在这个学区可以推广得更远，影响力更大；另一方面，从后继者（后来赴任的小学校长）不肯继续"迎难而上"可以感受到，美国的公立教育无法轻易被改革。很显然，除Mike以外的几乎所有人，都认为"原状"更好、更安全、更舒适。除了这个故事外，我们再没听到任何人、任何学校有关"分科教学"的故事或经验。

从以上几位美国优秀教师的工作成就或经验来看，"优秀教师"的工作特点是不分国界的，都有以下几个特征：热爱教育事业、不计较得失、肯思索、有方法，且拥有坚如磐石的信念。

然而，好老师始终只占"金字塔"尖极其微小的一部分，他们改变不了局面，甚至改变不了多少学生，但他们坚信"尽力而为"，并不屈服于眼前境况。尽管也有诸多抱怨，可那是对美国教育更多期待的一种表现，语气之中不乏对美利坚合众国的爱。怪不得Margo校长说，美国全境缺中小学老师，并且缺"优秀教师"，大概不是虚言。可以想象，这问题与我们一样：顶尖人才往往不肯屈就于中小学教师岗位，一般人才到哪里都很"一般"，自然无法担负起教育改革、激流勇进的重担，所以许多事情的变革看起来就很缓慢了。

通过对这些美国优秀教师的工作观察，让我们不断认可一个道理：大环境固然重要，但若个体不能持续自我成长，再好的种子也发不出芽。这也许能够告慰我们身边那些默默无闻的好老师们——你做的每一分努力，其实都改变了环境；希望也能让一些年轻老师有所启发：当更好的机会摆在你面前时，你可用行动证明了自己抓住机会的能力？所以，当感慨"人间不值得"时，先问问自己做了什么，再议是与非吧。

动力,源于教师自己的职业追求

什么是职业追求?简单地说,作为教师,就是希望自己在短暂的职业生涯中有所作为的这种"源动力",可以看作是职业追求的核心。在我看来,职业追求离不开根植于内心的"教育情怀"——若是基本的教育情怀如"爱""责任"都不能意识到,教师就很难对教育职业有清醒的认识。

一、我们的职业追求

在美国的这些日子,研究任务艰巨、每日都要潜心阅读、写作,愈发感觉行动的内驱力来源于自己,与外力无关。可能一部分人的工作或学习动力依靠外部,但真正要达成一定高度或质量的工作,是"情怀"在作用,还是外部压力所致,这是需要好好考虑的。

作为一名艺术教师,职业追求的方向大致可以分成三个方面,比如"专业

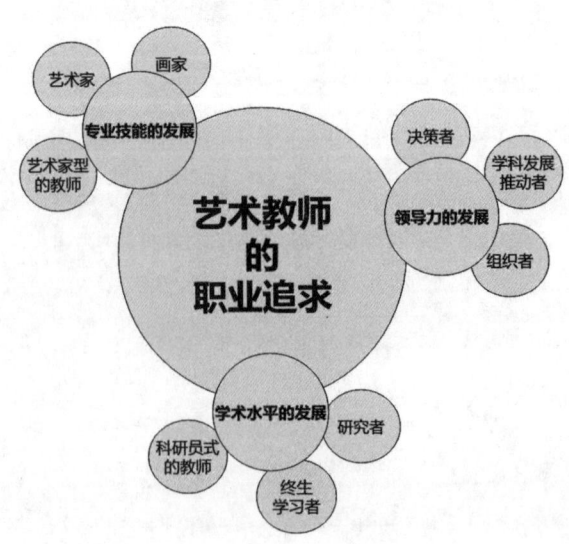

一般情况下:艺术教师的职业追求

技能"和"学术水平",以及领导力发展。前者可以努力成为画家一样的教师,后者则可成为研究者型的教师或驱动前者的人。三者并存,作为职业方向虽然艰巨但并不矛盾。

二、美国艺术教师的职业追求

来美多日,和美国的一些艺术教师愉快交谈过许多次,那么,美国的艺术教师拥有怎样的情怀呢?以加州沙漠沙子学区为例,谈谈看法:

(一)访谈实录

以约翰·格伦中学的舞蹈教师Kaylor的访谈为例,让我们对美国大部分艺术教师的专业追求与教育情怀略作了解:

1. 访谈场景:约翰·格伦中学的体育体操房,舞蹈课上,学生第一段热身舞蹈结束之后。

2. 人物介绍:Kaylor,女,54岁,约翰·格伦中学的专业舞蹈教师,担任6、7、8三个年级的舞蹈教学和欧洲历史教学任务。

3. 访谈实录:

我:嗨,Kaylor老师,我想和你聊一聊艺术教学和生活的问题,你现在有空吗?

K:当然!我现在可以休息一会儿。你看那些女孩,我们刚才表演的是常规节目——每次上课都要跳这段舞蹈。她们非常投入、非常开心。因为下周一我们要在一些加拿大人面前表演,所以她们得安排自己的训练。你看她们四个一组、三个小组,队员都是自己挑选的。我要求小组里每个人可以穿自己喜欢的颜色上台,这样我可以区分谁在哪里、谁做了哪些任务。

我:对,我觉得你这种教学方法很好,给了学生充分的自主权——包括节目编排和服装、化妆,这对保护她们的个性很有帮助。

K:是,你知道的,教学其实也是和学生一起成长的过程。她们选择和谁合作、怎么和平共处,这些过程告诉我,她们很喜欢、很开心。所以我会尽可能地耐心,另外,教她们耐心合作也是一件有趣的事。

我:对,作为教师,保持耐心是一件很重要的事,不过没关系,我们教师最擅长的就是学习并掌握新技能。

K:没错,但是你知道,有时候压力也是存在的。比如,有时候,我会按照她们的规矩教他们学习,有时候就不行,说不定还得强势一些。这是挺有挑

战性的。比如说，舞蹈课上，身体语言和意识是很重要的，我们要求动作要有流畅性，时常要调动全身关节来做动作，但是孩子们总是用身体局部做动作，这样看起来很僵硬，但她们自己却觉得很酷。这种时候我就必须教她们如何身体协调，让她们学着建立属于自己的"庙宇"。

我：是，我理解你说的意思，艺术是相通的，所有的艺术语言都很类似，哪怕我是美术老师，你是舞蹈老师，我明白你的意思。

K：对，在教她们的过程中，我一边帮助她们成就最好的自己，一边帮助自己成为更好的自己。我很热爱生活，我享受每一个过程带给我的感受，哪怕是有些挑战的。你呢？你喜欢跳舞吗？

我：对，我很喜欢，我小的时候就很喜欢，长大了因为工作太忙反而没时间关心自己的爱好，哪怕是画画，对我来说都很奢侈。我想这样不太好，等回国之后，要安排跳舞的时间，重新学会享受生活。

K：太棒了！享受生活，任何时候都不晚！只要想要，你随时都能从生活和工作中找到乐趣。比如我，我是一个舞蹈老师，同时也是教欧洲历史的老师。因为教欧洲史，所以我很喜欢去欧洲旅游，每年我们家安排两次旅游，一次在秋天，一次在春天，最近计划去爱尔兰。你知道，除了信奉伊斯兰的国家，其他诸如非洲和意大利等地方都经历过文艺复兴和宗教改革，它们有非常丰富的文化、有趣而且不同。当然我也计划退休了去中国看看，因为我有一个朋友常年在外旅游，他告诉我中国文化很有趣！

我：没错！你知道吗？站在长城上的感受和站在纽约时代广场的感觉几乎是一样的！而且，据说我们的长城是宇航员在外太空唯一能观察到的地球人类建筑！是不是很期待？

K：哇！太神奇了！我想我们都有热爱生活的强烈动机！

我：很高兴与你聊天！谢谢！

K：我也是，谢谢你！

（二）访谈分析

从对话中发现，这是一位热爱教育工作、热爱生活的艺术教师。kaylor老师54岁，但体态、样貌、精神状态保持得像30岁，心态很好，能够充分理解初中阶段学生的心理，做出正确的、正面且积极的评价。这与她的专业水平大有关系，因为她几乎对所有舞种都熟悉且教学已达30年以上，能更好地预判教学工作中的各种情况并得体地处理。

另外，作为一名艺术教师，除了良好的职业修养之外，适度保持对生活的追求与向往，也是延续职业生涯的重要方式。kaylor老师一家每年常规的两次欧洲旅游，既是放松休闲，又是丰富涵养的重要机会。所以，对生活热爱、生活又反哺自己，这种良性循环，或许是kaylor老师能够激情澎湃、永葆青春的秘诀。

kaylor老师带着学生跳开场热身舞

三、中美教师比较

通过kaylor老师以及其他一些加州艺术老师的访谈，在职业认知与发展能力等方面，同为艺术教师的我们或许存在如下不同：

（一）发展动力

中：约80%的老师，其发展动力大部分来自于外部环境，如评定职级、外部晋升、待遇条件等；这部分老师之中，或许有一半的老师能够凭借爱好、热情走到更高领域，属于凤毛麟角型。

美：约90%的老师，做艺术老师纯粹出于热爱，内驱力较旺盛，奋斗与努力无关其他。

（二）师资来源

中：95%来自各师范或非师范院校中的艺术类专业，需考取教师资格证方具有成为艺术教师的资格。从高中毕业开始计算，最少需要4年，可成为一名艺术教师。

美：约60%来自各不同学科背景的院校，约40%来自艺术家行业。前者本科毕业后，若选择做艺术老师，必须就读某教育学院或类似机构，选择学段专业——小学、中学或高中等，再读2—3年书，才有可能获得任教资格。从高中毕业开始计算，一般需要4+2年，或者4+3年，才有可能成为一名教师。

（三）晋升空间

中：艺术教师想要晋升，有着不同的发展通道。就学术发展为例，若一位教师有适切的自我发展要求，通过努力则可能通过中级、高级乃至正高级专业技术职称的评定，待遇条件逐层提高。对这类教师来说，晋升空间巨大。所以，中国艺术教师的晋升空间取决于"想不想"和"干不干"。

美：在职教师可以继续就读硕士、博士，但有一定难度。职称晋级之说更是没有，所以基本上老师一旦入职，教育身份几乎是固定的，晋升空间是恒定的，但不排除去做学区或学校的coach（教学教练），获得与普通教师不同的工作待遇或机会。因为待遇基本上并无明显差别，美国艺术教师的晋升空间基本取决于"乐不乐意"。

（四）成长环境

中：人口基数大，学习存在竞争性，即便是成为教师也常有危机感。大部分人思想行为较为保守，入职后成长环境改变不大，且教龄越久动力越弱，年龄与教学可变性几乎成反比。可以说，外部成长环境对中国艺术教师的影响较大。

美：人口分布广，强调个性学习，从选择入职到退休，基本能保持持续的热情与活力。职业发展可能性与年龄没有太大关系。例如，在美国常听到有些人40岁才选择做老师，对职业的忠诚度不亚于年轻人。可以说，外部成长环境对美国艺术教师们有一定的影响，但不是绝对因素。

四、反思体会

来美数日，与艺术教师们交谈甚欢，总体来说，从她们身上普遍感受到艺术教育的核心价值观——"幸福"，使自己幸福、使他人幸福。

和另一位艺术教师Yolanda的交流，能认识到她对"艺术能抚慰一些家庭受伤害的孩子的心"（学区家庭离婚率高，许多学生在单亲家庭长大）的深度理解。她认为绘画是学生表达自己的一种方式、一个窗口，教学应重点关注他/她为什么要这样表现，而不是怎么去表现。我们有着几乎相同的共识，这使我感到欣慰与惊喜：学生画得好不好并不重要，重要的是他们愿意表现、表达自己，讲述自己的故事。而且，Yolanda老师也会鼓励画画不行的孩子用书写的方式来完成任务、获得成就感。

做一名愉快的艺术教师，首先需要有很好的职业认知——我是谁、我做什么工作、为谁工作，能做到什么程度；其次要有自发的职业发展动力——工作是为了愉悦与完善、提升自己；随后需要有良好的心态与热情——选择了这个职业，就要坚持做下去，并保持职业及生活热情。

虽然中美艺术教师的职业发展路径、成长环境与外部条件都不同，但我们能够掌握的是自己的内心。所以，对比也好，访谈也罢，人们永远会从相近的人身上学到对自己有吸引力的精神。这不仅是加州几位艺术教师留给我的印象，也是一种启迪。

所以，无论生活还是工作，源动力始终在于内心的追求，无关其他。

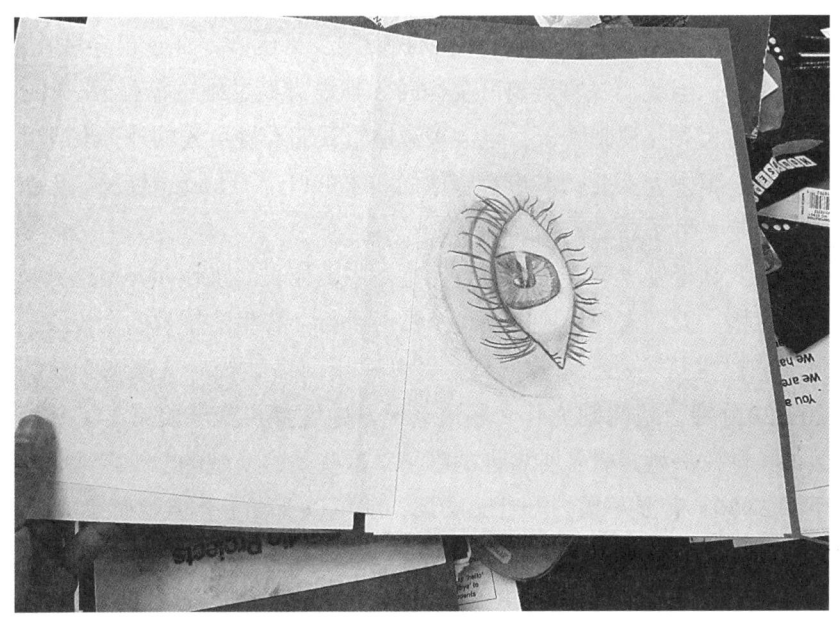

学生画得不够"好"，可那又怎样

Margo校长：一位"挺不容易"的中学女校长

在洛杉矶郊外的拉昆塔市进行跟岗学习时，恰巧我们的住家Margo Ligman- McCormick女士是当地一所初中学校——杰弗森中学（Jefferson Middle School）的校长。她62岁，据她介绍说，在年轻时，曾经考取过消防证、做过若干年的消防车司机，非常辛苦，后来考取了教师执照进入了学校，在一所小学、高中分别做过几年的教师和教练（coach），现在做了好几年校长。

她的生活可谓经历坎坷，也是众多二代移民真实生活的写照。随父母移民美国加州的她，婚后生了三个孩子，大女儿是医学博士，已婚，有个四岁的可爱女儿，一家三口住在车程8小时的另外一个城市，见一面很不容易；二女儿27岁了，高中毕业，想考取教师执照，正在备考中，如今和她们老两口住在一起，但因为未婚夫常常造访，所以我们很少见到她；儿子已经独立出去，据说已经结婚，但我们一直到离开美国时，都没有见过她这个儿子。Margo校长经常与她的大女儿视频聊天，也会兴奋地给我们看她可爱的外孙女，父女两个也曾开长途车去大女儿的城市看望他们一家三口。但Margo校长却无法一起前行，因为她太忙了。

一方面我觉得她太辛苦，另一方面也对中美校长的工作差异很感兴趣，于是开始留意她一天的工作轨迹。她是个雷厉风行又有生活情趣的女校长，基本上，每天早晨雷打不动，六点一到，就开车出门去学校。从家到学校的车程约是20—30分钟，我问她为什么起这么早，她解释再晚就要堵车了；然后是一整天的忙碌——她得管各种各样的事情，这些是到了她的学校跟岗时才了解的；下午2:30，若是不需要开什么会议，就可以下班了，但她通常是4:00左右才来学区办公室接我们回家，因为她要等"所有人都回家了，处理完所有事宜"才能离开，若是开会还要更晚；回到家后，随便吃点东西（通常就是一杯咖啡加一片面包）、洗个澡，便和我们一起在餐厅长桌上工作，或留在卧室工作；晚上约10：00—11：00之间休息。

这几乎就是她每一天的工作样态。每天四目面对，让我感到由衷的于心不忍，因为她和我的母亲几乎同样年纪。于是有一天我问她，你们美国有退休年龄要求吗？你想不想退休呢？听完我的问题，她很有兴趣也很幽默地说："早就不想干了，想退休，但又想再做两年。"她这么说，我也没好意思再追问，或许这是一种美式幽默的表达方式，又或许多做两年有更高的收入，总之属于个人隐私，不方便再问，于是作罢。

随着我们相处的时间越来越长，她跟我们聊这个话题的机会也越来越多。再加上去她的学校访问，能近距离观察她作为一校之长的具体工作，慢慢地对她"想退休，但又想多做两年"的想法有了充分的理解。顺便从她身上，也让我感受到，在美国以移民和低收入家庭的孩子为主要生源的学校里做校长，是一件多么有压力的工作。这和我们见过的大部分美国中产阶级公立学校的校长境遇完全不同。以约翰·格伦中学为例，生源好的学校，校长也觉得面子上有光，校长办公室更像是一个"奖杯陈列室"，但我们在杰弗森中学没有太多类似的感受。

以Margo校长为例，为什么说她不容易呢？来看看她在学校都要做哪些事情：

一、处理各种行政杂事

与我们国内中小学的校长职责有些不同，Margo校长上班前，胸前会挂上一块"Principal"（校长）铭牌，这就预示着她要开始面对每天几乎重复的、繁琐的、千头万绪的各种杂事，是个名副其实的"多管员"。随她去的时候，我听见她在走入校门的那一刻，微笑着说"Are you ready"（准备好了吗），作为访客的我们，觉得不可思议的同时，心里也怕得要死，因为这所学校与我们去过的正宗白人学校都不一样，那可是97%的拉丁裔、墨西哥裔等拉美裔后代的天下啊！

此处没有任何贬义，但我们作为外来访客，确实一路受到教育主政部门的"照顾"，比如一直把我们安排在相对不错的公立学校跟岗学习。一方面是因为这些学校确实比精英教育略缓和一些，比低层次教育（快乐放养教育）略抓得紧一些，正是美国教育想让我们看到的一面；另一方面，确实也是因为大部分美国白人子女就读的这类公校，各方面都显示着美国最常见的教育状态。

但作为专门为低收入家庭、低房价地区配置的中小学，主管部门给我们安排得不多，可以说几乎是没有。只不过此次我们的住家恰好是这样一所中学的校长，她接待我们，自然也就把跟岗的任务揽过去。在此之前，她的学校还没有接待过像我们这样的访客。所以我庆幸看到的景象，是美国教育完全真实的另外一面。

Margo 的学校，因为学生家庭收入普遍低，所以申请到政府提供的免费午餐——这也是让我们开心的地方，终于不用带饭啦！所以，一早来到她的学校，她就得安排午饭、教师、教室的晨检、下午的例会、卫生质量、学生迟到、心理辅导预约等情况。她把我们安排在她办公室对面的小会议室里，我恰好能看到她出入的频次，可以说，整个一上午，她几乎没有多少时间呆在自己的办公室里办公，这和我们心中的"大校长"印象完全不同！当然，我也隐隐担心，像这些琐碎的事，校长是不是管得太宽了？为什么不下放给下面的人？后来 Margo 跟我说，行政就是干活的，况且一所学校没有几个人是行政，这些人都要为大家服务。而且不可以轻易干扰老师，因为老师们才是最忙的人。

这句话，像一针清醒剂，突然之间让人明白了些什么。从 Margo 校长身上，我看到"行政不干预学术"的具体做法。校长一肩挑，把所有干扰正常教学的事儿全揽过来，不轻易干扰教师教学，还教师很大的自主性。这值得我们借鉴吗？

二、巡视校园和捡垃圾

每天花几小时的时间巡视本身面积不大的校园，几乎是 Margo 校长每日例行之事，除非哪天她外出培训不在学校，这件事才由他人代管。

我们跟岗时，总是一间教室一间教室地更换，所以一直能看到 Margo 在校园里"闲逛"，并不时弯腰捡垃圾。远远看过去，她的主业就是捡垃圾，而不是巡视校园。这是不是很荒谬？

为什么校园里有那么多垃圾呢？上文谈到这是一所拉美裔孩子为主的"差"学校，建在低收入者居住的社区，家长素质一般不高，多为社会底层人民，从事的也大多是服务业，提供的是简单劳动力。所以，他们的后代，确实在校园里表现不出良好的修养，这和我们见过的美国校园大相径庭，最起码我们没有在其他任何一所白人公校看到这么多的垃圾！若光是干垃圾就算了,最难入眼的莫过于午饭前后那些被踩得稀巴烂的香蕉、苹果、三明治,到处黏糊糊的奶昔、饮料等。当我每次看到62岁的Margo俯身去捡这些垃圾、用纸巾反复擦拭地上的痕迹时,她周围的那些少男少女们依然打打闹闹、像没看见一般,心情就万分沉重。这在我们国家,再"差"的学校,也不至于此啊!

所以,通过Margo校长的这一项日常事务,就让人发现,有时候把素质不够的孩子保护得太好,也是一件坏事。这所学校本身由于"穷",所以政府提供了免费午饭——通常是一个大汉堡(有肉)或者三明治,蔬菜沙拉以及水果、牛奶、饮料(畅饮)、甜品等。按常理,学生应该倍加珍惜这来之不易的食物,以及完全免费的上学机会,但是并没有。我们眼里看见的,是不知感恩、打着耳钉的无知少年和浓妆艳抹、满身纹身的"问题"少女。不知道这是偶尔发生的事,还是一直存在的美国底层教育的真相。感激这原不在计划内的跟岗安排,让我们看到了这一切,否则也许被美国中产阶级的教育一直蒙在鼓里。

看到这一幕,我才特别理解Margo所说的,"早就想退休了"的意思。

Margo校长午餐时分巡视学生的"露天餐厅",顺便指导卫生处理

三、永远在岗的代课老师

美国的小学教师是"包班制",即一个老师管理一个班级,这个班级的孩子一整天时间都得呆在这个教室里,这个老师就要上所有科目的课;到了初中就变成"走班制",即教师不动、学生走来走去,一天上满六七节课。

由于初中教师不能离开自己的教室,每隔一段时间就要来新一波学生上课,所以美国的初中教育就是典型的"一个萝卜一个坑",校长不来上班可以,老师不来上班就不行,所有学生就得干瞪眼。于是,教师不能轻易请假,如若遇到要请假的特殊情况,就得提前通知学校,学校必须要请代课教师——不像我们国内的情况,若一个人请病假或是事假,组里其他的老师可以将课代掉,不轻易劳烦代课教师。

Margo学校里的生源虽然很差,但是欣慰于她的员工都很好——这也许是美国教师准入"高门槛"造就的结果。一个有暖风的傍晚,我们在Margo家的游泳池边聊过,美国人若是想做老师,差不多要花六七年的时间、本科之后读完教育学院才有考试资格。所以可以想象,无论怎样的学校里,教师的基本素养还是可以保证的。所以Margo学校的老师能做到坚守岗位,但女教师总是要怀孕生子的,那时候,Margo就变成了一个永远的"替补"。一方面是因为Margo本身有教师执照,另一方面Margo校长是个精力充沛的人,遇到教师不在,她会认为自己"责无旁贷"。

所以在我们"留宿"她家的那段时间里,至少有三天的早晨,我们发现她很早就去上班了,等她把校长事务安排好之后,差不多早晨7点半时,再回家接我们——怕扰了我们的清梦,所以不忍让我们和她一起早早出门。就为了帮老师代课,62岁的中老年人,还如此拼搏,某种程度上,激励着我们绝不能偷懒。

晚上回家的时候,Margo若还有力气,会跟我们兴致盎然地讲一讲今天班级里发生的事。但大多数时候,下班时回到家,她已是满脸疲惫,早就不想说话了。

四、关怀家庭困难的学子

即使这所学校的生源情况如此不乐观,但Margo作为它的校长,依然对它"爱得深沉"。我们能从她对学校、对学生的态度上感受得到。

举一些例子：

在她的电子邮件自动回复的格式里，最后一句永远是"Home of the Jaguars"，Jaguars的意思是美洲豹，也是这所学校的"精神标志"，类似于"吉祥物"。我曾问她为什么学校的吉祥物是美洲豹呢，她说，希望孩子们永远能像猎豹那样，不惧困难、跑得更快、更好、更有竞争力。其实我们都知道这是一个美好的愿望——这所学校的毕业生将来不可能竞争得过中产阶级社区学校的毕业生、更不要说私立学校的精英们。但作为校长，爱自己的工作、爱学校、爱学生，不能容忍心理上的失败，这或许是作为校长的一份特殊情怀吧。万一猎豹们失败了，这里还是你们的家。

有一天早上，我们随Margo去上班的时候，大家都很有兴致，于是一路上聊起了天。我们饶有兴致地打听了整个拉昆塔市的行政区划、学区房的分布、生源情况、学校水平差异、校长们的日常趣事等等。还差三条街到杰弗森中学时，Margo忽然指着路边正在赶路的学生模样的人群说，看，那就是我们杰弗森的学生，他们的家长这会儿或许宿醉未醒、或许不知道在哪儿关押着或者正吸毒呢。说完这话，Margo半天没有讲话，心绪不似刚才聊天时那样轻松。我们似乎也意识到了话题的沉重，"识趣"地不再打听了。

在国内时经常听到这样的话——"爱自己的孩子是本能，爱别人的孩子是神圣"。固然为人师者，当有慈母之心，但真正把别人的孩子当成自己的孩子一样对待，非圣人不能做到也。所以，除了用这些激励性的句子来勉励老师们提高道德水准之外，实在帮不上什么忙。只有遇到真正的现实情况，大把的"困难"学生需要被帮助时，才能知道自己究竟能做到多爱"别人的孩子"。

虽然Margo平时总开玩笑说自己不想干了，想退休，但我们却总能从她身上感受到浓浓的教育者的情怀。爱自己的工作不是用豪言壮语来打扮的，要看究竟能为这份工作付出些什么——除了规定的工作时间之外，作为校长还做了哪些事情，这些细节之处，才能见真情。

美国教师工会对教师工作时间规定得细致，其实并不希望教师把所有时间都花在永远做不完的工作上，但我们见到的Margo校长，她仿佛一直在工作——尽管她常常戏谑我们"中国老师太爱工作了"。这份动力不是别人给她的，也不是上级给她的——事实上她作为校长对自己学校的职责权限有较为自由的抉择权，而是她认为自己"还干得动"，还可以为这些无人管的可怜孩子们做一些什么。

所以我们才会看到时常工作到深夜的 Margo，每天一到下午就一脸倦容的中年女人、一个不服输的妈妈、一个坚强的校长形象。

然而，富有活力又有智慧的 Margo 校长也不是全无烦恼，在我们离开美国前的几天，她就遇到了一个麻烦的问题：学校里有一个女老师大概是工作不出色，不仅能力低下而且消极怠工，属于招聘时"看走了眼"的那一类。这样的老师不仅不能为学校多出力反而连本职工作也干不好，屡屡遭学生投诉。margo 就陷入了这样的困境中：一面是怨气十足的学生、一面是辞不掉的老师（受教师工会保护，学校很难轻易辞掉教师），眼看着我们离开的日子将近，她都没有想到应对方案，也不知道问题最后解决了没有。

当然，做校长的薪水也是普通教师的 1.5 倍，Margo 坦诚她的年薪可以得到 25 万美元左右，所以，我相信较好的收入可以保证高水准的生活也是促进工作动力的一大因素，但不是绝对因素。就像我们国内许多好老师，扎根偏远乡村一干就是一辈子，也不是薪资水平能够简单决定的。做老师必须要有情怀，没有对学生的感情、对三尺讲台的深情，是无法坚守在这个岗位上的。这一点，中外都一样。

最后再补充一条 Margo 校长告诉我们的"职业升迁之道"，若是在美国，最终的理想是成为一名校长，那他（她）的奋斗途径可以是：先成为优秀的教师、再成为优秀的教师教练（coach），如此几年后，等到有机会，就有可能走上校长之路。不过，从她身上看来，在美国做个上下受气的"小媳妇型"校长也没什么特别值得羡慕的地方，可能学校的情况不同吧。况且，美国与中国的境况一样：优秀老师奇缺。说得也是，脑中没有梦想、眼中缺乏目标，谁又能轻易走上成功之路呢？看来，地球上哪里都一样，"都不容易"。

美国的师生关系怎么样？

答案是，不怎么样。

它既不像我们想象中的"父慈子孝""尊师重道""师道尊严"，也不像某些电影片段里宣扬的"像朋友"那样。正相反，我们所看到的那些公立学校里的师生关系，似乎处于一种"教师拼命维护自身尊严""学生对教师对学习、学校都看得很淡"的状态，颇有"恋爱中的男女，一方比较殷勤，而另一方可有可无"，看起来无可奈何的样子。

其实，不止我们感到如今的中学生"难以管教、伤风败俗"，就连美国人自己，特别是有一点年纪的中老年人，也常常对现在的中学生们摇头叹气。在美期间，听过其他住家（教育局工作人员）表示，现在的小美国人已经不是当年那种能够披荆斩棘、改变社会的"好孩子"了，感慨"世道变了"。这和我们所感慨的"80后是毁掉的一代""90后是扶不起的一代""00后太嫩了"等何其相似啊！看来，每一个国家都有那么一批人总在担心后代们不给力，谁也不会对这些视而不见，这就是社会的良知。

美国的师生关系为什么不是"期盼"中的那样，我想大致有这么几个原因：

一、电视电影和舆论宣传渲染的效果

记不得具体美国电影、电视的名字，仅有一些依稀印象，它们提醒我们"美国的学校很人性化，教师像朋友一样"，然而这些也许并不是真实的，因为电视作品担负着不少粉饰太平的责任。而我们国内的舆论宣传，尤其是一些访美资料、美国教育研究等，常常告诉我们一个令人羡慕的美国学校，那里有着我们想要的一切。

社会是不断发展的，可塑性极大，也许过去20年的美国教育曾经有过其乐融融的景象，但根植在移民环境下的大教育氛围，早就物是人非。如今的他

们,也面临着诸多考验,师生关系可能就是其中一环,只是美国教育界和主流媒体们不会主动透露给我们而已。

二、美国的教育制度所带来的影响

我们仔细打听了美国学生的求学路径,比如初中毕业后的去向、去不去职校、高中毕业是否可以直接工作等等。得到的讯息是,学生都会有高中可读,可高中也分三六九等。一般进入末流高中的学生,只要混个高中文凭就可以,若是想读大学,大可以进入门槛不高的社区大学(这类大学在美国属于"保底型",人人可读)。而进入一流高中的学生,他的未来方向可能就是全美排行前50的大学或常青藤联盟校,即便考不上,各种州立大学也是不错的选择。所以有人说,美国教育的分流在"高中"——所有人都有权利读高中,但高中其实是人生的两条道,一条直达天际成为社会各行各业的精英、另外一条则重复父母的人生。

正是因为"反正人人可读高中甚至大学",所以中小学的压力并不大,甚至可以说完全没有压力。2000年后,美国只在小布什政府时代提出过"考试"和"一个都不能掉队"法,并把教师薪资待遇与学生考试成绩挂钩,那时候也许触动过百年难变的师生关系。后来由于考试实在与美国基因格格不入,所以被废除了,一切似乎又回到了原点。但无论怎么改变,好学校的师生关系和"差"学校的师生关系,仿佛还是原来的状态。只不过,好学校里相对"相安无事",老师和学生尽可用平和的态度来对待彼此,有些真可以成为朋友;差学校可就有些剑拔弩张了,哪怕老师是出于好心,也要特别注意用语、言辞是否得当,否则一个不小心引得学生情绪"原地爆炸",也是有可能的。

学生升学与否、上哪所高中与老师几乎没有任何关系,这种情况下,教师的付出就得考虑现实、学生的行为就会相对真实而随性。这种制度下,师生之间不会太紧张也不会太亲密,就成为正常状况了。

三、舆论的不良导向

尽管每所学校的新生们在刚进校时,会收到厚薄不一的学生手册(里面约束了学生在学校里的行为举止,有些学校甚至细化到迟到时间的规定),学生大多也会遵守。但更多的孩子们是在基本遵守的前提下保持自己的"个性"——这一点我们看得太多,羡慕的恰恰也是这种提倡"个性"的教育。但有时候，个性过了头就变成各种对学校、对教师的挑衅。

我们在中学里不止一次地见过这类情况，如教师需要不断要求学生"尊重"，课堂才会稍稍平复几秒钟；如教师在前面讲课，学生在后面打闹甚至竖中指；如晨检揪出故意不带校徽、不穿校服的学生等。这样的例子数不胜数，我们也会感慨美国的老师做得真累。咨询他们的处理方式，得到的回复是，没有办法。因为美国的学校是一个同时被青少年儿童保护法和人权法覆盖的地方。作为教师的个体，实在无法与此"抗衡"，以免招来不必要的麻烦——如家长投诉、校长约谈什么的。

所以，凡事都有它的两面性。当我们羡慕一个所谓特别好的体制的时候，往往要以它的发展结论为重要参照系，才能避免过于偏激。人权之火烧到校园里，本身没什么不好，但被单纯、无知、缺少判断力的少年拿来作为自己的挡箭牌且屡试不爽的时候，受伤害的只有怒其不争的教师和美国教育的未来。这种搬了石头砸自己脚的事，不知道骨子里提倡精英教育的美国政客们，作何种想法。

综上所述，我们看到的美国初中学校里的师生关系多半是平淡如水，其中一个最重要的"指标"就是在"下课后"。因为走班制的缘故，一个老师往往要在一天全部课程结束后（通常是下午2:30）才有属于自己的时间。在那个时间里，有几次我在校园里"闲逛"，想看看有多少学生留下来和老师探讨学习问题，然而并没有，这个数字是0。这种"放学就走"的情况，和我们国家要么是特别小的学段比如幼儿园、小学1—3年级，要么就是相对"差"一点的学校非常相似——反正也学不会，再问也是没有结果，还不如回家。

通常，在相对学风好的学校里，放学以后到教师办公室围着老师追问问题的学生不在少数——尽管这在一定程度上给了老师额外的工作压力，但私下以为，建立在"学业讨论"上的师生关系，是比较能积累感情的。所以，课后讨论只要不相互施压，也不失为一种促进师生和谐关系的好办法。

也许因为我们去的学校多数是公立初中，没有机会到高中去看，更没有机会去"精英"高中里一探究竟，所以对全美师生关系这个话题并没有太多发言权。但恰恰是定点在这类学校里，才让我们深深感受到一种莫名的"悲凉"。这种细思后让人脊背发凉的根源在于，本该弥漫着育人书香的校园里，"营业时间的热热闹闹"和"下班时间的人走茶凉"之间的巨大反差所折射的美国真实公立教育现状：学校就像个巨大的游乐园，教师无力给予学生更多，学生

也不需要更多知识来武装头脑，这种情况一直持续到初中毕业。所以这可能也就是为什么上海的孩子可以在PISA考试中拔得头筹了，这般水准的美国初中生当然是"毫无抵抗力"。

这种并不促进师生更好关系的教育体制和几乎遵循"自然淘汰"法则的初中教育氛围，当看清了这个道理之后，一时之间还真有些难以接受。所以，并非美国的所有都值得学习，尤其是一些顽疾。这不仅是他们需要想办法根除的，也是需要我们警惕的。我无法忘记某天下午的2：30，在校园溜达时，无意间瞥见一位老师在教室里孤独地啃着三明治的景象。那种一整天都顾不上吃饭、等到学生全走了才拿出冰冷食物吃几口的无奈，又有谁会领情呢？

13个问题读懂美国的社会情感教育

来美国学习是带着问题的，不仅需背负学科问题，还要兼顾一个重要的研究主题——"社会情感教育"，英语为Social Emotional Learning。寻寻觅觅了多日，正当我一筹莫展时，没想到Margo校长的一个不经意之举、为我解答了这个问题，颇有"得来全不费工夫"的感觉，收获很大。纸上得来终觉浅，绝知此事要躬行。下文记录了在Margo校长的安排下，我和刘季青老师对Thomas Jefferson Middle School的心理治疗师Henry Villeda先生所做的一次访谈实录。

为保证访问的真实性与完整性，我把访谈过程涉及的13个问题的全部内容一一梳理，希望"社会情感教育"这个在美国已实施了20多年的课程，其方式与效果能对我们产生积极的影响。

【时　　间】2019.10.21 11：15 am（美国洛杉矶当地时间）
【地　　点】托马斯·杰弗逊中学（Thomas Jefferson Middle School）的会议室
【访谈对象】亨利·威勒达（Henry Villeda）
【职　　位】心理健康治疗师（Mental Health Therapist）
【中心话题】社会情感教育（Social Emotional Learning）

【访谈实录】

1. 为什么学校要提倡社会情感教育？

答：可能是因为国家需要，也可能是因为更现实的原因。你知道，很多时候，学生的心理有各种各样的问题，比如家庭、暴力、自残、饮酒、吸毒等，以及一些他们表达不出来的问题，就需要关心他们的感受。另外，一些学生极度缺少与家长的沟通，他们和父母几乎从来不谈论情感问题，所以他们需

要找到出口。

2. 你的工作需要经常帮助学生家长吗？

答：是的，同时我们也要向家长积极提供信息，和家长沟通，并且要教父母们一些为人父母的技巧。

3. 为什么要在学校里学习社会情感教育？

答：太学术的问题我不知道，作为一个治疗师，我只知道告诉学生怎么处理自己的情绪，这真的很重要。中学的学生必须学会面对欺凌或是创伤，或是家里的问题。你知道，许多孩子有许多类似于自尊的问题，由此产生自杀的想法。对他们来说，有时在情感上真的很难。

比如，他们很想在学校学习，他们需要知道他们是谁、想要什么、感觉到什么，以及怎么寻找感觉。只有这样才能学习适当的解决问题。因为在美国，中学生的青春期问题困扰着学生，他们有时候伤心、打架、有许多想法，甚至是吸毒。

4. 你们学校学生的家庭教育如何？

答：这里大多是西班牙裔和墨西哥家庭、黑人家庭、非裔美国家庭和亚洲家庭，有时候他们不聊心理健康问题，更多父母甚至不会问你开心或者不开心。我觉得这些因素导致学生会把问题藏在心里，然后爆发。所以学生们经常在课堂里表现得很调皮，甚至有时做坏事，例如玩游戏或者吸毒，他们选择喝酒也只是为了让自己不再悲伤。

这就是学生处理情感的方式，有时是破坏性的，这是一种危险的方式，酒精和毒品更是如此。所以我们有时候从学生身上看到，他们只是缺少爱，缺乏一种与外界链接的感觉。也许是因为与家庭之间的联系太少，有的孩子也许根本就没有家。

所以有时候我们对一些敢和老师顶嘴的学生，尽量给他表扬和鼓励，其实是想让他们感到来自教师的赞美，能感受到内心的美好。

5. 你之前是做什么工作的？

答：我之前在一个社区诊所里为父母提供心理咨询服务的工作，和学校略有些不同，这对我来说是全新的挑战——我必须了解教育角色，我现在正在努力学习如何结合教育角色和环境，让我自己提高能力。

比如，在社区工作时，我可以集中精神和家长交流、和学生交谈，或者谈上一两个小时的时间。但在学校就不同了，父母不来的话我必须打电话给他，得按他们的日程来安排我的时间。

6. 在这个学校里你主要负责什么工作？

答：我和老师们一起工作，和辅导员们、和校长一起讨论系统原则，与学校心理专家合作，打造团队的高效工作。有时候也和其他专业人士一起讨论，但是他们都没有像我一样的治疗背景，所以我必须耐心地教他们，所以我很忙，但是我喜欢自己做的这些事。

7. 辅导员（COUNSELORS）是个什么角色？

答：我们就像个"三角形"（见图），counselors更像是心理咨询师，可以一对一、一对二，甚至一对几十，而且他们有自己的教室，这样的话，学生就不用担心因为来找我而变得紧张。

我很高兴你能对这个小问题感兴趣，这不仅仅是你对这些小事感兴趣，超过10%的人都是这样。所以，所有教师都可以为自己的学生、学校、辅导员提供帮助与支持。

此外，辅导员（counselors）可以提供小组治疗，也可以提供集体治疗。但一对一治疗似乎更普遍，不是吗？

但如果学生遇到了更大的麻烦，且counselors解决不了，学生就可以来找我。如此之多的老师给予学生帮助，这就称之为心理辅导。有时我和counselors职责是相同的，有时不一样。所以，你能看到最多只有5%或10%的学生到我这里来，因为他们要承担风险。

8. 你是老师吗？

答：我不是教师，我不教他们。我必须得到职业许可才能得到这份工作，而且一个学校只能有一个心理治疗师。每个人都知道我，然后给我提供特别的帮助，我支持教师，辅导员也能得到老师的支持，我们都帮助老师。

从功能性来讲，我可能处在三角形的顶端——因为只有很少一部分学生能得到我的帮助。你知道，如果家庭矛盾有升级，而学生不习惯谈论自己的感受——那么这种压力很可怕了。有时候，这种压力甚至不是压力，而是抑郁——非常严重的抑郁，我知道我不该谈论这么沮丧的话题。

有的学生可能只是需要找到一个入口（assess），去治疗他们自己。这样他们就知道去哪里寻求帮助。这很复杂，他们自己做不到，这就需要学校的帮忙，所以我们在社会情感上，需要支持他们。

9. 什么会阻碍社会情感的学习？

答：如果没有信仰或是社会运动，他们可能会遇到一些问题——或者这

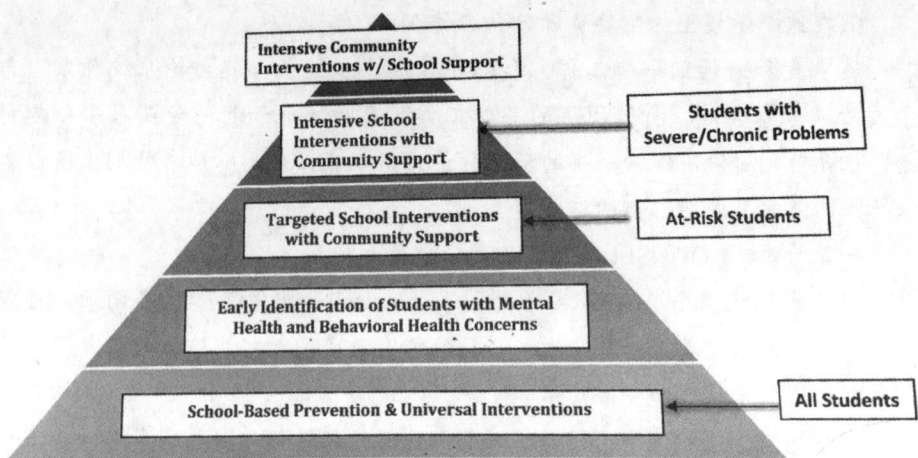

Henry Villeda 向我展示他们学校 SEL 中关于心理健康辅导的职责分布图

样说，如果没有社会情感，他们就很难学会在课堂里和他人相处，他们可能会缺乏自信、没有自尊。

比如，学习很难所以我失去了自尊。

这所学校也许大多数学生水平很低，学生们并不完全专注于自己所学的东西，有很多人有残疾。这些都会阻碍社会情感的学习。

10. 如何处理这个问题（第九个问题）？

答：激发他们对他人的热情并学着享受。

"认知行为疗法"——很明显行为疗法对学生很有帮助，只有这样才能有更多希望，事情才会越变越好。

11. 你会经常和其他部门一起合作吗？

答：是的，我们会和其他老师一起工作，有学术部门的老师、公务部门的老师——他们主要负责解决学生的七个情绪问题。媒体经常这么做。

12. 你们会通过提高学生成绩的方法来促进社会情感教育的学习吗？

答：这是学术性的问题。

心理健康、社会情感，学校希望每个人都能接触得到。

我们需要更多的支持、帮助，有学校辅导员和团体治疗，然后再是学校。希望我们的孩子能一起接受心理治疗，如果他们需要的话，这是一种文化转变。社会情感在10—20年前是很重要的，在这个学校里没有被提及过。

另外，要帮助学生们开心，或者确认他们的身份，我们必须知道该如何处理青少年的感情问题，我想中国也应该是一样的。

很多人很多时候难以了解自己，什么感觉——悲伤、沮丧、愤怒等。也许对成年人来说这很简单，但对于孩子来说，比登天还难。我们怎么做呢？先找出自己的感受，如果压力太大，我们会知道怎么做。

13. 可以给我一个治疗学生社会情感问题的案例吗？

答：噢，恐怕不行。因为当学生来求助我时，如果我在电脑上记录，他会非常生气，涉及到隐私问题。

但我可以给一些给学生做练习时的具体解决方式。比如校园霸凌或欺凌。我会教他们学会原谅，并认识霸凌这件事的存在，给予他们希望。

帮助学生理解，为什么校园霸凌会让他生气。要理解悲伤的学生，他们其实真的很难过。在生活中，这样类似的事情每个人都会遇到，但我们都有控制权。所以我希望我能理解学生的怨恨，但学生也必须学会融合原谅、批评、和平的平静，并且学会坚持。

通过上述十三个问题，能感受到"社会情感教育"这门"课程"的背后，指向着一些不易被观察的重点，比如课程具体内容、课程形式、授课者、评价方式等。其中，通过访谈了解"授课者"印象，就比我们之前的认知丰富许多，尤其是他们的"专业化"程度，无形之中增加了教育服务的对象对教育者的职业尊重。

如Henry先生，尽管他不具备教师资格，也不需要因为进入学校工作而特地考取教师资格，但他的心理咨询师资格已经足够应付学校里的学生心理系列问题，能做基本且科学的辅导工作。从他这一岗位的设置看来，美国基础教育阶段是希望教职员工"各司其职"，每个人做好自己的分内事，只在必要的时候"合作"即可。

这一点和我们的情况大大不同。很多时候，我们必须学会身份转换：学科教师、班主任、德育工作者、心理辅导师、科研工作者、知心姐姐（哥哥）、保姆……中国教师之所以这么忙碌，主因还在于人口基数大、师资力量不足这几个缘故。倘若如美国学校配置一样，行政、教学、心理辅导各岗位完全由专人负责，那么学校将要开出更多的岗位，从成本到管理都要加倍。事实上，中国教师几乎都是"一边负责授课、一边做好其他事"，"身兼数职"的大有人

在。难道我们不知道专业精细化的好处吗?当然不是,文明进步的同时必然伴随着学科、职业的精细化,当社会大环境足够好的时候,相应的职业就会应运而生。相比之下,我们似乎存在这样一些特点:

1. 学校的管理和运营成本不能负担更多单一性质的岗位。

以我校为例,学科教师是学校师资力量的主体,除此以外还有一部分"教辅人员",分别在图书馆、工会、事务部等部门工作,领取的是"教辅人员"工资,待遇并不和学科教师等同。在公立学校这样的情况司空见惯,上级部门发放给教职员工的薪水里并不包含"心理咨询师"的薪酬。所以,一个学校所能提供的相应待遇,无外乎为心理学科教师谋取有限的福利,比如将学生咨询的工作量等同于班主任的工作量,按月发放班主任报酬,如此而已。

2. 我国教育环境对学生社会情感教育认知的程度还不够高。

虽说进入21世纪、人们对于心理卫生概念的认知水平已渐渐提高,普遍能分辨例如"抑郁症""焦虑症"等心理疾病。尤其是在学校,人人谈"抑郁症"色变,那是因为知道这种心理疾病难以根除,对学生的伤害极大。尽管如此,教育工作者明白,虽然对此类问题认知水平在不断提高,但对于学生那些非典型"心理问题"的情感态度问题,依旧难以被认知,或干脆回避。

比如,若一个学生具备"乖巧、不惹事,不说话,不妨碍他人,成绩正常,言语行为也正常,智力水平正常"等特点,人们不会轻易以为他有什么"社会情感"问题,顶多是"社交问题"。但恰恰就是"社会意识"性质的问题,可能会妨碍这名学生的自我发展水平,严重的话,会影响他今后的就业、婚姻等。但这类问题,通常会在短时间内因对个体和群体的伤害性不大而被忽略。表现出这类问题的学生,往往不在少数,恰恰是这样一批学生,需要的正是专业课程的指导与影响。

3. 学生结构与社会情感教育需求之间的关系。

美国学校之所以每校配备一名专业的心理咨询师,以解决学生各类矛盾突出的问题,有一个因素起到了关键作用,那就是美国基础教育阶段尤其是初高中学生的结构复杂性。在美国校园"黑暗的角落"里常常充斥着大量人格侮辱、校园霸凌、权力倾轧或伤害等事件,这些事件往往因为达不到刑事级别、又无法忽视,所以必须得到妥善解决。结合美国的各项规定政策,权衡利弊下"心理辅导"比简单粗暴的"惩罚"要有效得多。所以,这些问题正是催生校园心理咨询这一工种的重要因素。相比之下,我们国家的中小学学生结构则温和许多,尽管偶有恶性事件发生,但终因频率低而常被淡忘,因此,专门设定"社会情感教育"的课程和岗位就变得没那么迫切了。

除以上三点外,我们的"社会情感教育"之所以力度尚浅、重视不够,可能还与"考试制度""课程结构""师资水平""研发水平""家校信任度"等有着不可划分的关系。无论哪一种要素,倘若没有被合理考虑在一门全新课程的开发与使用之前,其运行都不合适。

所以,从此次访谈来看,也许美国的社会情感教育课程已经达到了一定的成熟度,但在我们眼里,大部分学生仍然属于"不能轻易被学校教育"的水平(显然家庭教育作用更明显),即,"社会情感"的诸项能力没那么容易习得,效果也不太明显。尽管如此,美国的学术机构与研发人员们依旧在努力探索新途径,突破现有瓶颈,这一点可从Henry先生发给我的大量SEL的研究阅读材料中看出,尤其是一些2019年美国的最新研究成果和研究观点,能够证明这一点。

作为一线教师,当我们知道"社会情感教育"对一个学生的未来而言起着何种作用,又会发生何种良性改变时,可以试着在"身兼数职"的时候,探索一点有关SEL教育的技巧与手段。也许我们不能把每一个孩子都变成好孩子,但如果能够让他的人生比过去强一点,或者没那么糟糕,也是一种善举。

美国的 SEL 社会情感教育，到底蕴含在哪里？

【背景描述】

在加州地区的社会情感学习教材中，看到这样一段话："社会情感和学术发展的结合创造了学校和教室中高质量的学习环境。在这种环境下，孩子们可以与能够合作的、热情的学习者和社区互动，从而自信地做好自己的最佳工作。社会情感和学术发展是有意和有思想地相互联系的，学生将从学习经验中受益，这些经验丰富了他们对学术内容的理解并增强了他们的批判性思维能力。这些经验使学生能够在今天的教室以及明天的工作场所和社区成为更有效的贡献者。"

这段话几乎解释了美国为什么要做"社会情感教育"的教学实践，这与我国的德育教育有些不同，可以粗略通过下表对比感受：

中美两国德育/情感教育的一级指标区别	
我国德育教育一级指标	美国 SEL 社会情感教育的五个大指标
政治认同	自我意识 SELF AWARENESS
国家意识	自我管理 SELF MANGEMENT
文化自信	社会认知 SOCIALAWARENESS
公民人格	人际交往 RELATIONSHIP SKILLS
	做负责任的决定 RESPONSIBLE DECISION

粗略对比中美两国"情感"教育目标

其实，美国的 SEL（Social Emotional Learning）社会情感教育不是凭空产生的，它基于美国"21世纪技能"的主要思想。

什么是 21st century skills（21世纪技能）？它来源于一个思考：进入21

世纪后,美国各界聚焦于"学生必须成为合格的公民,以此来迎接21世纪劳动力与领导力所需的知识与技能"这个论点。和中国类似,学校里所学往往与社会真正需要的知识技能间存在很大差距,或不能直接将学校里所学运用到工作与生活中。因此,美国为了应对21世纪的巨大挑战,将精力用于优化基础教育系统上,组织全国之力形成一个21世纪技能组织,包括教育部、商业机构、民间机构、科研组织等机构。最终围绕21世纪技能,形成"4C"的思考——COMMUICATION(交流)、CRITICAL THINKING(批判性思维)、COLLABORATION(合作)、CREATIVITY(创造力)这四种针对学生的核心能力。近年来美国又在新的研究基础上对4C逐渐补充,形成了新的6C目标(新加的两项分别是个性教育CHARACTER EDUCATION和全球公民意识CITIZENSHIP):

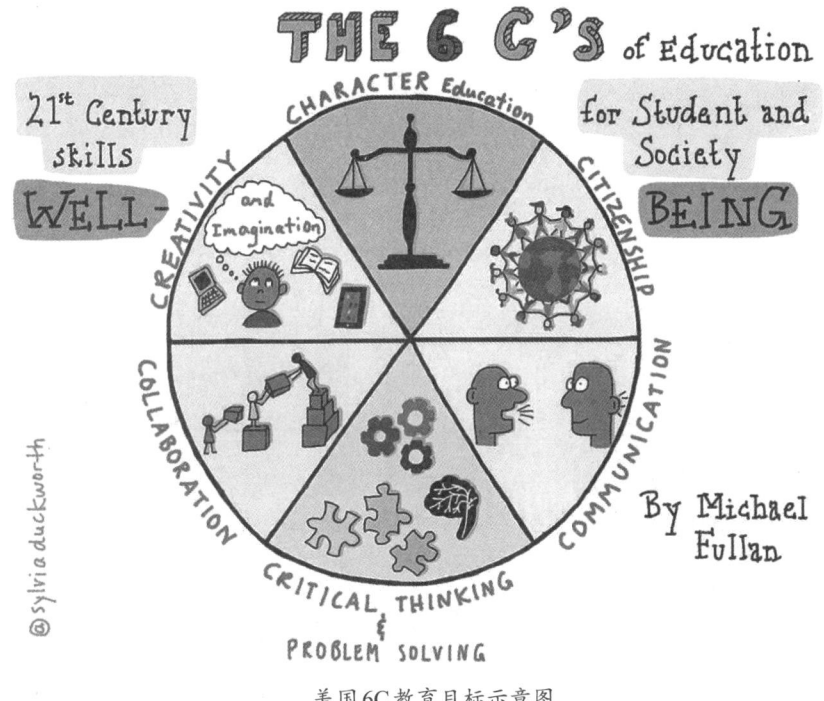

美国6C教育目标示意图

【课堂观察】

在加州沙漠沙子学区浸润的时间里,我们通过走访学校、课堂观察等,掌

握了一手有关社会情感教育的研究资料。现将课堂观察得到的感悟和研究点列举如下，将之一一对应SEL的各项指标，以期自我检测：

美国SEL社会情感教育五大指标	美国校园、课堂观察点	观察渠道
自我意识	幼儿园和小学，许多课程包括"我是谁""我喜欢什么"之类的内容，学生表现偏个性化，说明个体有思考、有反馈、参与度高，对形成自我意识有帮助	学生作业、教室墙面布置（UCLA附属实验小学）
自我管理	中学课堂，学生并不随意走来走去，大部分时刻学生坐在自己座位、个体或合作式的完成思考、讨论、辩驳、提问等学习行为，合作效率高、自律性强	课堂观察（John Glenn中学）
社会认知	中学里有各种各样"岗位"设置，为学生提供"与社会接轨的职位体验"机会，例如咖啡吧，作为服务员，学生午休时为有需要的同学服务	校园观察（John Glenn中学）
人际交往	学生在下课换班级（走班）期间，很多人热情打招呼，相互祝福、庆祝生日等时有发生，良好伙伴关系。	校园观察（e-STEM高中和John Glenn中学）
做负责任的决定	学生可自主选择玩耍项目或同伴对象，讨论问题，直面或积极地辩论。	课堂观察（UCLA附属实验小学和John Glenn中学）

课堂观察与SEL目标对应列表（10.7—10.15的访学与课堂观测）

自我意识：最上面一行是学生的照片与画像（画像是学生初步认识自己的方式）

美国的SEL社会情感教育，到底蕴含在哪里？ 341

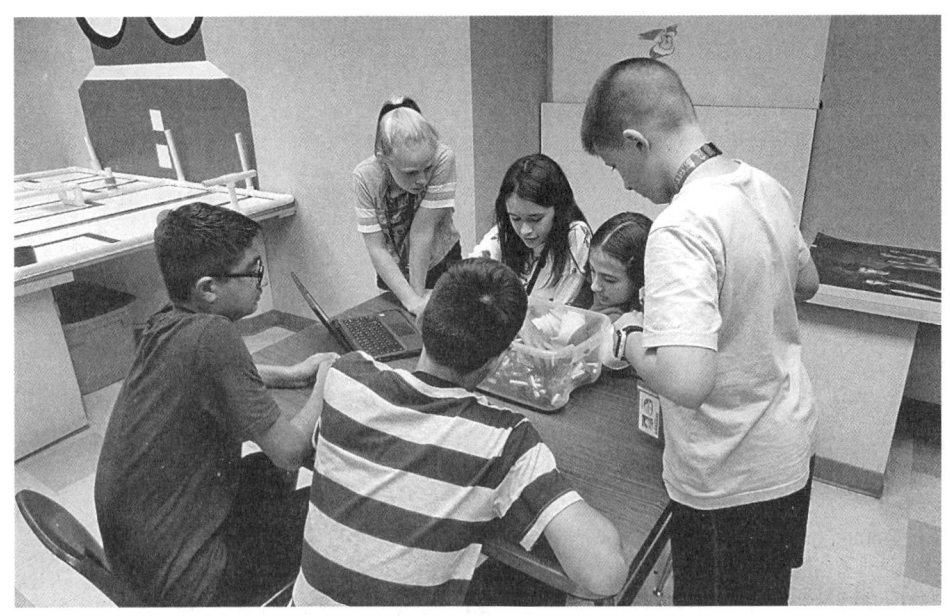

自我管理：基于当堂课学习目标下的小组合作，每个人都很投入

【现象分析】

一、自我意识（Self Awareness）

在美国课堂发现，越小的孩子，与中国孩子在自我意识方面的相似度越高，即便美国幼儿园的配备与师资力量十分完善，幼儿在这方面的表现与上海的幼儿学生一般无二。但如果深究，有些方面美国的幼儿园或小学在细节上做得比较好，值得借鉴与学习：

1.教室基础家具的安排，有一部分突出"个性"意识，以此来强化学生从小自我认知——我是谁、我喜欢什么、我能做些什么、我有什么特点等等。

2.单独强调自我意识是不可取的，尤其是小朋友，越小的孩子越要同时兼顾群体和社群的意识教育。

二、自我管理（Slef Manegement）

据观察，"自我管理"主要体现在以下几方面：

1.学生在"纪律"方面的自我认知。

无论是幼儿园还是初中，美国孩子都可以任意决定自己头发的颜色、穿

除了个人的小柜子，墙上WE ARE FAMLIY的班级树十分明显，属于对学生"自我意识"和"集体意识"的暗示与强化

加州负责接待我们的kari女士，儿子名叫Jax，10岁五年级，他的头发就是妈妈染的

着打扮的方式、走路吃饭的姿势等等,自主性很大,看起来似乎是一群难以被管理的学生。但美国教育的理念不是管理(control thinking),而是帮助、改变(challenge thinking)。所以,美国多数公立学校反而在"纪律"方面很少强调,甚至不强调。我所观察的课堂,教师只会在学生特别干扰其他人时,用非语言方式友情提醒,学生一般会恢复学习常态。

2. 学生对自我行为的责任意识。

有一天走访John Glenn初中时,负责接待我们的学校coach——James先生,他慷慨地把他在八年级读书的大儿子课表给了我们,叫三位老师跟着他儿子听课就好。他名叫Mike,看上去不太兴奋(大概是经常接待访客),但还是很客气、礼貌地与我们打招呼,并且主动承担起引导我们、阐述课堂细节的责任。在我看来,他虽不情愿,但也算有"责任"意识——爸爸交代的事,必须负责和承担。责任意识,从这件小事可窥一斑。

3. 自我学习能力。

有一节西班牙语课,最后5分钟里,老师发给每人一份下次课要用到的词汇表,学生拿到之后就开始解读、预习,并主动举手向老师咨询一些不懂的问题,这一切都是在老师没有任何明示或暗示的情况下进行的。类似这样的自我

穿粉色T恤的男孩就是可爱的Mike

学习场面还有很多,事实上,许多时候初中学生的学习大多以此形式为主,并不需要老师花费很多时间和精神来约束管理。

三、社会认知(Social Awareness)

在John Glenn初中还发现一个有趣的现象:几乎全球最知名的景点或文化,都能在各个教室的大门上被发现,它们用绘画的形式被表达得淋漓尽致。如上海陆家嘴建筑群、埃及金字塔、墨西哥文化、亚马逊雨林等等。学生长期在这样的环境下浸润、生长,自然会对全球文化有印象,接受起来也就没有那么困难。当然,John Glenn所在的学区几乎没有华人,墨西哥裔和西班牙裔人比较多,这在一定程度上也促进了美洲文化的交融,使得学区文化氛围比较好。有较好的文化氛围作基础,就给了学生勇于去接触社会、去探索世界的许多勇气与机会。

 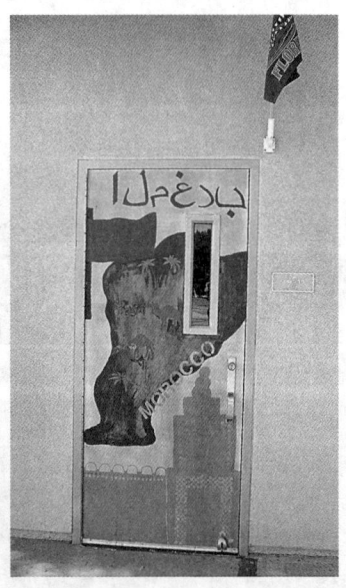

左边南非风格、右边摩洛哥风格的教室大门绘画作品

四、人际交往(Relationship Skills)

学生的人际交往关系不应仅局限于口头表达或是沟通,根据对美国当前社会情感教育的分类及解释,我们"社会情感"课题组梳理出几种子技能,分别是:交际能力;合作学习并致力于团体目标的实现、评估自己与他人的沟通

能力；表达自己并尊重多样化的能力；有效沟通的能力；与帮助自己的人建立良好关系的能力；为有需要的人提供帮助；必要时展示自己的领导力；避免人际冲突以及发生人际冲突时处理矛盾的能力；抵制不该有的社会压力的能力。

在观课中我们发现，美国学生的行为表现与我们有相同的问题，同龄人在同样的年纪会趋近相同，群体性格非常明显、极其类似。

带领我们一路听课的Mike已经八年级，但他很害羞，在同伴之间也不是那种能够领导别人的小孩，但他会力所能及地帮助同学。在上海，我们也有这样类似的学生，在同样的年纪会做同样的选择。当然，还有很多学生与美国孩子一样开朗、健谈，不怕交际。所以，不见得说美国教育一定在人际关系上给学生造就了多少机会，即使学校、社区给孩子们创造了更多机会，但他们处在特定的年纪，所感知到的世界以及所建构的自我认知仍然是差不多的。

五、做负责任的决定（Responsible Decision）

这点上，美国孩子表现出较强的优势，至少从我所接触的几个孩子身上观察得知。

上文中提到的Jax，一个普通的美国10岁上五年级的小男孩，他告诉我们，他将来要做一名癌症医生，准备发明一种体内检测药丸，能够灵敏抓到癌症细胞从而杀死他们、拯救生命。他说这些的时候非常认真，看起来有周全的计划，并打算为之而努力。另一件事，有一天他带着我们周游动物园时，为了做好向导，丝毫没有告诉我们他对长颈鹿过敏，直到第二天我们发现他脖子里有红斑。这些细节告诉我们，美国好的学校教育（或是家庭教育）为孩子普及了"负责任的做决定"这样的理念与意识。

【现状反思】

纵观美国SEL社会情感教育的方方面面，让人感慨良多。其实，美国人从做决策开始到课堂推进，也经历了不少时间，过程中得益于各部门的有力合作，尤其是科研部门与民间机构——前者负责研究质量的深度、后者负责教育普及的力度。我们也处在起步阶段，也同样得益于大中小学校研究者的参与和

教师一线教学的付出，前景应该是可观的。

同时，"情感教育"之于人，持续应该是缓慢的，不能一蹴而就，而且要上位设计，由部门统一规划、调查走访、开发资源、掌握数据，并不断更新资源，更能有效地推进我国中小幼社会情感教育。

几点感悟：

1. 社会情感教育不等于德育工作。德育工作者不一定是一个好的社会情感教育专家，每个人都可以成为优秀的社会情感教育者。

2. 美国成百上千的SEL教学资源或教材不能拿来就用，要考虑国情、顶层设计。

3. 要对一个地方或一个学校实施社会情感教育，就要先期进行充分调查研究与数据采集，没有数据、缺乏真实情况分析的社会情感教育，效果不可能是完全可靠的。

"社会意识"教育之我见

访美这段时间,各种新鲜理念听了不少,也看了不少,凡此种种,对自己过往的教学方式与教育理念都是一种强烈的冲击。比如前次在HTH学校深受触动的PBL项目化学习的印象还未散去,今朝又被SEL(social emotional learning)社会情感教育洗礼。什么是社会情感教育,"社会意识"教育在教学中是怎样体现的?为什么要教育我们的学生具备"社会意识"呢?

一、概念阐述

(一)什么是SEL

什么是SEL教育,简单地说,就是社会情感教育social emotional learning三个英语单词的首字母缩写。SEL有据可查的资料,源于情商之父——美国人丹尼尔·戈尔曼和琳达·兰提尔瑞等人组建的国际性机构CASEL(Collaborative for Academic, Social, and Emotional Learning,促进社会情绪能力学习合作组织)。SEL课程是目前国际上比较系统的情商课程之一,主攻社会情绪能力

非营利性组织CASEL:促进社会情绪能力学习合作组织

学习。

SEL的教育过程，是儿童和成人理解和管理情绪、设定和实现积极目标、感受和表现出对他人的同情、建立和保持积极的关系，并作出负责任决定的过程。

（二）SEL的五个核心能力

CASEL的框架确定了SEL的五个核心能力：

1. 自我意识：了解自己的优势与局限性，有扎实的自信、乐观和"成长心态"；

2. 自我管理：有效的管理压力，控制冲动，激励自己设定和实现目标；

3. 社会意识：理解他人的观点并与他们产生共鸣，包括来自不同背景和文化的人；

4. 人际关系技巧：清晰的沟通、倾听，与他人合作，抵抗不适当的社会压力，建设性的协商冲突，并在需要的时候寻求并提供帮助；

5. 负责任的决策：在道德标准、安全和社会规范的基础上，对个人行为和社会互动做出建设性的选择。

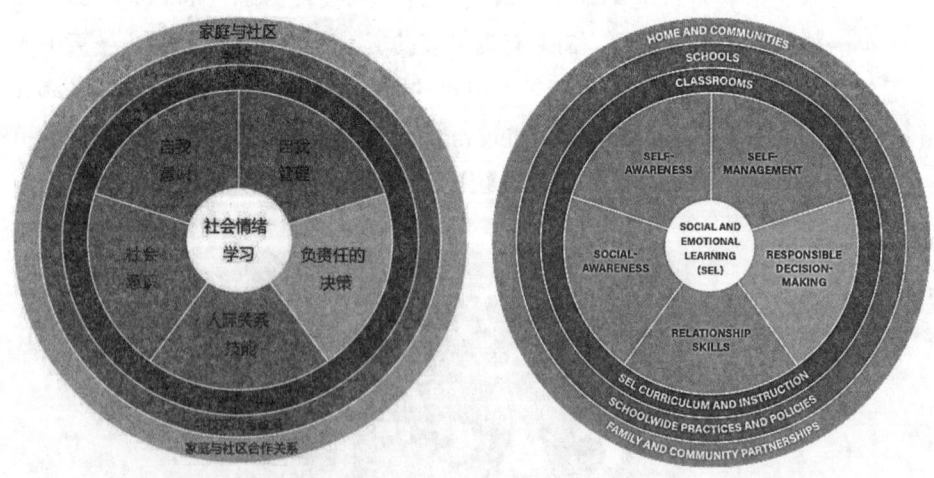

SEL社会情感教育的五个核心能力　　　　英文版：对照查看

（三）"社会意识"的教育内容与价值

1. 内容。

什么是社会意识？（Social Awareness）在百度百科里，我找到这样的解释：

"社会意识（social consciousness），是指大群体特有的人类对世界和自身的态度和信念的总和。包括哲学、政治、经济、法律、宗教、道德、艺术、科学、生态、宇航及日常生活等观点。受社会存在的制约，反过来也对社会存在有巨大的影响。其诸多形态经常反映在个体与群体意识之中。一旦被把握，群体与个体的社会化水平就迅速提高。"

这段话倾向于表达群体属性的"社会意识"而非个人，概念抽象、几近哲学之思辨。要是直接拿着这段话对学生进行"情商教育"，"碰壁"之效果可想而知。但西方国家从1994年就开始探索社会情感教育的这门课程，我国也从新世纪始就大力提倡素质教育与德育教育——起初始于中职学校推广的德育教育，现在扩展到所有大中小学校，这部分内容从理念到体系已趋成熟。所以实际上，"情感教育"中有关社会意识的部分，中外都能找到较明确的表达。

从美国相关社会情感教育策略及课程等文献中得知，SEL课程的"社会意识"部分，包括以下七个子技能：

1）通过识别与交流来理解他人的感受；

2）预测他人的感受与反应；

3）评价他人的情绪反应；

4）尊重他人；

5）了解他人的观点和视角；

6）欣赏多样性（识别个人和团体的异同）；

7）懂得利用并识别家庭、学校及社区资源。

2. 教育价值。

为什么情感教育课程中要包括"社会意识"这一重要技能，以及社会意识技能传授需从以上七个方面落实？要充分理解这个问题，恐怕要在现实教育世界中寻找答案——躁动的21世纪，人工智能时代的快速来临加剧了人与人、人与技术、人与智能之间的紧张关系，从成人到孩童都必须快速接受并融入新世纪。因此，学生除了在学习知识的同时必须学会与人相处、必须要学会"社会一体化"思考。若对自己、他人、社会以及三者相互之间的关系认识不够深刻，是件很可悲的事。

二、现状描述

据资料称，从1994年开始，社会情感教育在全世界100多个国家实施，如今已20多年，各国课程设置和教学实施仍在不断优化中。情感教育的价值与可持续性如此明显，它的教育现状如何？20多年的课程教育有效果吗？从哪些方面可以观测到？

我想着力从美国加州沙漠沙子地区以及中国上海浦东地区的情感教育描述中寻找一些轨迹：

（一）美国加州沙漠沙子地区的社会意识教育

在沙漠沙子学区跟岗的过程中，两个学校分别跟了3天和2天，一所是加州地区排名靠前的约翰·格伦中学（JOHN GLENN MIDDLE SCHOOL），另一所是墨西哥裔居多、中下梯队的托马斯·杰弗森中学（THOMAS JEFFERSON MIDDLE SCHOOL），这两所中学由于生源差距，在"社会意识"这个教育问题上反映出较明显的差异。

1. John Glenn中学：大部分学生能够做到尊重教师和同学，例如随时说谢谢和抱歉，课堂上进出教室行动细微，佩戴好出入卡；在人文学科课上能够尊重他人观点、在数理课上能够合作，普遍做到求同存异；教师能做到充分理解和尊重，包容心强，能识别学生多样性；学校能够充分利用家庭资源，如Coach老师Jams，他安排自己的儿子带我们观察课堂，完全不叨扰他人。

同时，在学生表现出的有关"社会意识"教育方面，该学校也有值得完善的一面。比如学生答题时其他人急不可待地抢答——这些"其他人"不能预判他人情绪而做出冲动行为，是一种欠缺尊重的行为；比如老师给补差生上课，学生普遍厌学、不尊重自己与他人的种种行为，也是一种"识别不了他人感受"而作出的表现。这些都说明哪怕是在加州地区较为富裕的学区、排名总体靠前的学校里，社会意识教育虽已经历了20年，仍大有可为。

2. Jefferson中学：这是一所以墨西哥裔学生为主要生源的学校，学生大多来自低收入家庭，为此学区为该校所有学生提供免费午餐及校车服务（如有需要，此两项需向学区提出申请）。尽管学生享受"优待条件"，校园环境仍脏乱差，学生随手丢食物、垃圾等现象频频发生；学生普遍不主动与校园里遇到的老师打招呼；大部分学生情感交流方面被动，不主动与人互动；大部分学生课堂表现为不参与、不流动、不积极；半数学生做不到尊重他人，迟到和旷课现象比比皆是，课堂上进出教室时对他人常常熟视无睹，开门关门声音很大等等。以上种种，不仅是美国加州地区中下水平的公立学校有关学生"社会意识"教育的真实情况，也是值得社会集体反思的问题。

（二）中国上海浦东的社会意识教育

以我校为例，在学校较为严格的行为规范德育教育工作的拱卫下，我校学生绝大部分能够做到尊重师长、团结同学，人与人之间充满善意的互帮互助；大部分学生能够通过预测判断自己与他人感受，主动与人沟通或交流；能较好地了解他人观点与视角，评价他人情绪，少部分人需要在老师的帮助下做到这一点；在借助家庭资源这一点上，我校做得较为出色，不少学生家长不仅愿意为自己孩子做贡献，也愿意为他人作贡献。也有个别学生与家长做不到同理心，无法尊重他人、良好控制情绪，也做不到很好地认同与欣赏他人观点。这些情况，与美国较好的公立中学相比情况类似，甚至在某些方面更好一些。

三、中美"社会意识"教育的异同

通过现象描述发现，对比之下，我国的社会意识教育方式与美国有些异同，比如我们的学生接受社会意识教育的途径一般是通过班会课、多元课程涉猎、社会实践活动以及个别心理辅导等等。而美国SEL教育则是专门系列课程、专人进行授课（这个职位叫做"counsellor"辅导员，等同于我国的班主任，不固定在某一班级）、依据课程标准进行评判。

中美"社会意识"教育的异同

	行为实施方	辅导方式	（一般）挂靠部门	其他途径
中国	班主任为主	班会课为主	学校德育处	社会实践、校园公益、家庭教育
美国	全校全社会	辅导员为主，心理治疗师为辅	校长	探究活动、校园活动、社会活动

"社会意识"异同

总的来说，中美"社会意识"教育的相同点，在于大家都很重视对于学生的"个人责任感和社会责任感"的培养，都有急迫感，都采取了若干方式。

比如我国坚持班主任带班的方式。班主任是学科教师，又是学生们的生活

与精神导师,在这一点上,做得好的班主任甚至可取代学校心理教师的作用。而美国在这点上似乎更加"未雨绸缪",在配备2名教师对300个学生这样比例的辅导员(counsellor)之外,每所学校还必须配一名专职心理治疗师,心理治疗师每周与学生的谈话时间在各个学区都有不同标准的规定,以确保与学生之间的沟通是经常的、有效果的。但美国学校的辅导员(counsellor)制度的劣势依然比较明显,在照顾"大多数学生"和"精准情感"培养方面远远不及我们的班主任制度。

中美"社会意识"教育的不同之处,比如,学生获得社会意识教育的方式,除了班主任或辅导员,中国的孩子还可以通过其他学科的学习、从其他老师身上习得有关社会意识的积极影响,或是通过学校组织的社会实践考察直接走向社会,有目的锻炼增长社会经验、了解社会意识(如我校一年一度的爱心节等大型活动)。但一般情况下,所有在计划内的活动,都由学校德育部门负责主导;美国的孩子可以自发组织活动,商业或者公益(比如时常有学生乐队、话剧团体演出,学生一般是依靠拉赞助的方式来获取资金支援),通过频繁的校内或社会活动提升社会融入度。在这过程中,学校不需要向任何部门报备,甚至校长有时会帮助学生向社会拉取赞助。

由此可见,中国有关"社会意识"的教育一般是校园主导、学校或家长组织、学生参与为主;美国有关"社会意识"的教育一般是学生主导,教师或学校提供帮助,学生操作执行为主。

这种"主导方"的不同,值得反思的是,学生对社会问题的敏感度不够高。举个例子,近几年"火灾"甚是频繁,无论是亚马逊原始雨林连绵几月的大火、巴黎圣母院的大火,还是巴西国家博物馆的大火,烧掉的都是人类文明的共同财富。但在我要求学生表达对这些火灾看法时,大部分学生普遍冷漠,少数一些人觉得这和自己毫无关系。这反映出在"社会意识"教育方面,我们的显性成果与隐性成果脱节是很严重的。

四、探究SEL"社会意识"的操作方法

前文中写道,"社会意识"包含的七个子技能分别是:1)通过识别与交流来理解他人的感受;2)预测他人的感受与反应;3)评价他人的情绪反应;4)尊重他人;5)了解他人的观点和视角;6)欣赏多样性(识别个人和团体的异同);7)懂得利用并识别家庭、学校及社区资源。

这些子技能，详细描述了"社会意识"包含的方方面面，人们得以通过学生的行为特点，观察"社会意识"教育是否到位。方向如此明晰，美国学校里是怎么教育学生习得"社会意识"七项技能的呢？

（一）教师的操作办法

CASEL的网页上明确写道，教师必须在学校建立一个SEL团队，将SEL带入课堂，并加强自己的社交和情感技能。在一对一会议、返校、开放日等场合与家庭讨论SEL的重要性，说明学生SEL的情况，写下SEL的教育经验，以及影响。

可以看出，SEL情感教育若想要实施得好，教师必须首先具备较高级的社交与情感技能——很显然"技能"一词是需要通过学习来加强的。所以，在美国，教师入职时或一段时间内，总要频繁接受各种培训包括SEL策略。并且，SEL明确要求教师与家庭之间作良好的沟通、并保持适当的学术态度——写下SEL的教育经验等。

（二）家庭的操作办法

CASEL要求家庭必须观看SEL for Parents的介绍性视频（非英语家庭可收看其他语言版），了解什么是SEL，并使用专家指导和学校老师一起共同学习在家中如何加强SEL技能。

这里可以解读出，美国把家庭教育和学校教育视为同等重要，SEL甚至要求家庭成员必须做某事——例如收看视频、使用专家、联合教师等。尽管在美国社会的离婚率居高不下的时刻（约50%），SEL要求家庭教育做到如上几乎是"奢望"的情况下（多数地区——尤其是低收入地区的家庭SEL家庭教育情况很糟糕），我们还是能感受到SEL在家庭教育这一环的初步"设想"。

（三）学校一般可采用的具体方法：SAFE

SEL教育除了对教师和家长提出要求外，CASEL还强调多方式提高学生社交与情感技能的重要性，比如独立SEL课程、促进SEL的合作学习或项目化学习、SEL与语言、艺术、数学、社会等学科的融合、将SEL在全校范围推广以形成学校文化氛围等。在各种方式中，重点刻画了SAFE的方法，这是一种对SEL或"社会意识"形成的重要手段。

1. 按顺序（Sequenced）：相互联系和协调的活动，促进技能发展。

2. 主动（Active）：主动学习形式，以帮助学生掌握新技能和态度。

3. 聚焦（重点关注）（Focused）：强调发展个人和社交技能的组件。

4. 明确（Explicit）：针对特定的社交和情感技能。

例如，"按顺序"联系和协调学生的情感活动，促进社会意识发展——教师带领学生建模、使用模具或模块等，组织学生学会感受他人情绪，以此提高社会意识的共情力；"主动"学习——混龄小组合作，让一个大孩子带着一个小孩子，在学习过程中，可以有效地帮助学生建立自信、学习归属感并逐步养成情感技能；"聚焦"——合作学习中基于某一个问题的深度分析，由此加深对这个问题的理解；"明确"——两个学生对话，一个学生重复他听到的声音，这种反射式聆听技能有助于增加学生的社会意识技能。

五、SEL情感教育之"社会意识"比较反思

从上文中我们得知，美国教育中的SEL之"社会意识"教育，是比较细致的。它包括明确的实施方向，如课程、教学、评价等，标明了每一个层次、部门的具体操作方法，让教育者感到有据可依。

SEL教育是指向情商教育的，所以我认为"社会意识"的教育很大程度取决于教师自我技能的高低与学校文化氛围——这二者对我们的学生影响将更大，同时，家庭教育也是重要的一环。

相比之下，我们欠缺的还有：中小学的SEL系列课程、评价标准、教学方法与策略的高频培训、素质俱佳的教师资源等。也许可以模仿美国SEL教育做法，聘请专家和学术研究机构，常年聚焦于学生的情感教育培养，形成一个梯队，结合我国德育教育宗旨，开发属于我们的中小学情感教育课程，设计符合国情、符合中小学生心态特点的评价系统。

我们中小学完善的德育教育体系，每个学校在育人、提高学生综合素质教育方面的探索，尤其是情感培养、文化培养的典型案例，也应该给予足够的注意和研究。我们或许可以学习美国SEL情感教育的细化程度，将教学、教材、评价等细分，使之清晰、明确、可操作。期待我们的SEL情感教育、符合国情的社会意识教育等早日成熟。

美国学生的社会认知
——七个有关"子技能"的实录故事

在美国现已倡导并实施的SEL教育中,"社会认知"这一子技能目标,阐述了七种培养途径或观察视角,下面以七个真人真事的实录片段,分别阐述"社会认知"这一要素中的七个子技能培养在实际教育环境当中的具体呈现,以此向大家展示美国SEL社会情感教育真实的面貌。

【实录一】:会体察人心的美国住家——"通过识别与交流来理解别人的感受"

访美期间,有一段时间是住在美国当地人家庭里。负责接待的是在美国生活、工作了30多年的墨西哥裔美国家庭。刚到美国,我们的英语表达能力不是特别好,甚至某些事情完全表达不清,可住家女士从未表现出不耐烦或是听不懂,她总是能从连说带演的困难中体察到对方想要表达的意思,堪称"高情商"。

有一次,一位老师因为早出晚归过度劳累发烧了,回到住家就瘫倒在床上,整个人像散架一般。住家女士体察到了她这般不适,没来嘘寒问暖反给予安静休息环境,还贴心地留了一些可口的饭菜。那位老师半夜醒来,看到这些美食时感动得情不自已。将要分别时,住家收到我们的离别信件,自己偷偷躲回屋子也写了一封告别信,还附上精美的墨西哥手工耳环……类似这样的事情不胜枚举,住家女士对老师们情绪上的体察做到了细致入微,但又保持距离,使人感到很舒适、很安全。

实录分析:

这个小故事虽不是美国学生的故事,但从美国人民身上看到了SEL的闪光点:通过识别他人的情绪变化、理解别人的感受,做到有效交流、合理沟通,并尊重自己与他人,保持友谊的距离,做好人与人相处时令人温暖的每一件小事。这项"社会认知"技能中重要的一环,不仅体现在住家身上,相信通

过系统课程学习的美国学生,更能体会到这一点——"识别感受、建立沟通"对于搭建人与人之间沟通的桥梁来说,有多么重要。

【实录二】:被拒绝的iPad——"预测他人的感受和反应"

这件事发生在Jefferson中学的一节历史课上。

Jefferson中学不算是一所好中学,主要在于它的生源实在不好——97%以上的墨西哥裔学生,大部分孩子来自于低收入家庭,半数孩子来自单亲家庭。正因如此,整所学校的学生午餐是免费的——学生中午是否"带饭",某种程度上可成为勘察该地区学校生源的视角之一。就在这样一所学校里,学生的学习动力和积极性自然不够高,学校卫生、校园环境等状况也透露着这所学校学生的状况。然而,当我们推门走进一间历史课教室时,还是从细枝末节处感受到了学生情绪培养的积极意义。

在这节历史课上,老师在教八年级的学生们学着用谷歌教室、DBQ在线历史学习网站检索资料,用以辅正某个观点。在美国,每个在校孩子都配备一台由谷歌公司开发与设计的"谷歌iPad",也叫"谷歌教室",几乎所有学科的知识技能类、测试类内容都能在谷歌教室里找到。这台iPad除了能作谷歌教室之用以外,还能随时上网、浏览网页,大大便利了学生的无纸化学习。就在这个班级里,我观察到有一个小组,其中三个学生之间无声的一段"沟通"引起了我的注意。

事情是这样的:一个男孩子的iPad屏幕碎裂了大约一半(可能是不小心摔的,或是运动时受损),部分资料看不清,这时坐在他旁边的一个男孩见状,就主动把自己的iPad递给他看。谁知这个男孩并不领情,用自己的胳膊肘挡了回去。那男孩不甘心,再次把自己的iPad递过来,这个男孩子又拒绝了,如此再三。这时候,坐在两人旁边的一个女孩看见了,主动把自己的iPad靠得近一些,与屏碎的这个男孩分享查看资料。

实录分析:

这个故事告诉我们什么呢?从表面上看,屏幕碎掉的这个男孩似乎挺"固执""不近人情"——明明同学要帮助他,把自己的iPad借给他,可他为什么不领情呢?主动帮人的这个男孩也挺"委屈"——自己愿意把iPad借出去,结果别人还不肯接受。事情做得最周到的是这个女孩,见状不妨赶紧把自己的iPad分享出来,既帮到了别人,又避免了尴尬。

其实，这三个学生恰好诠释了什么叫"预测他人的感受和反应"的社会认知能力。屏碎的这个男孩之所以拒绝他人的帮助，是因为他知道自己接过完好的iPad后，同学就看不成了；主动帮人的这个男孩子知道，自己作为组里唯一屏幕好的男生，若是不帮忙，屏幕碎掉的这个男生这节课可能一无所获、心神不宁；分享iPad的这个女孩知道，若是不分享、不合作，两个男孩都会很尴尬。正是这种"利他型"的察言观色，才使每个人都有效预判了他人的感受并作出了合理反应。因此即使是生源不够好的学校，实施SEL课程，学生的心理也可以是正向的、积极健康的。

【实录三】：随处可见的"赞赏声"——"评价他人的情绪反应"

在美国校园中有一个经典细节，即无论老师还是学生，似乎从不吝啬自己对他人的赞美，常常听到诸如"you look so good"（你看起来很不错）、"you are very good"（你太棒了）、"you are so beautiful"（你真漂亮）、"good job"（干得好）、"you did so well"（你做得太棒了）、"amazing"（真是太不可思议了）之类的话。且这些话无论出自谁，都是充满真诚、饱含热情。这些语言成了人与人之间交往的润滑剂，也能以最快速度打开人与人之间的话匣子，缩短人与人之间的距离。

比如，在跟岗观察时，我们一般坐在教室后排，或坐在某一组学生旁边，常能听到学生们之间的良性互动。诸如"that's right"（那是对的）、"go go go"（快点快点）、"Let me try"（让我试试）、"It's your turn"（该你了）。这些肯定性与指向性很强的句子，常常促成了小组良好合作关系。

实录分析：

这样的小细节（说话与对话的方式）能清晰地看出教师和学生在"评价他人的情绪反应"这方面的教育引导通过"赞美"，建立良好的人际关系。可以说，在这一点上，每所学校的辅导员和心理辅导师们功不可没。

【实录四】：一对一的"走廊"教室——"尊重他人"

在沙漠沙子学区的奥列芬特小学（OLIPHANT ELEMENTARY SCHOOL），我们看到这样一幕令人难忘的场景：小小的教学楼里，一间间不算很大但很温馨的教室，老师们带领孩子们齐声朗读，或是做着各种小组活动。在走廊里，却有着另外一番场景：一个老师带着一个孩子，两个人或趴在地上、或

坐小沙发上,教师手指着书上的句子一个一个读过去,孩子在旁边认真地看。

这样的"走廊课程",正是为了那些学习能力或是自控能力不强的孩子们准备的,这些孩子往往具备一个共同特点:学得慢、学得少、坐不住、学不进。其实,类似这种为特别学生准备的课程,各个学校都有,比如约翰·格伦中学的ASAP课、杰斐逊中学为残疾学生准备的课程等,只是说法不同。然而,从这些不同名称、不同门类的课程设置里可以窥见美国基础教育在社会情感教育导向上的一个重大亮点:尊重每一个学生,尊重每一个学生学习的权利。在美国的中小幼学校里,只要是正常读书的孩子,都可以享受和使用任何一处可正常使用的场所、设备,可以申请任何一门自己喜欢的课程,但也必须认真完成自己应完成的每一门必修或选修课程,必须做到守时、务实、诚实等基本准则。

实录分析:

许多学习困难的学生,在这样被保护、被尊重、被平等对待的环境里学习与长大,即使无法保障一定能很好成长,但他们会习得如何尊重别人,特别是学会如何对待需要帮助的人。类似这样的"走廊课程",美国的学校和老师,在SEL社会认知"尊重他人"这一子技能的教育上,发挥了充分的示范作用。

【实录五】:可以被反驳的历史老师——"了解他人的观点和视角"

在约翰·格伦中学的一节历史课上,教师对于持不同观点学生的处理方式很好地诠释了美国SEL课程中"了解他人的观点和视角"这一技能。

这节历史课,老师讲的是"殖民地纳税"问题,一节长达70分钟的八年级课,教师通过组织学生小组合作、上网查阅资料、填写学习单之类的活动,归纳出"殖民地应该视自身收入有条件地向宗主国缴纳赋税"的结论。正在这时,有一女生忽然举手说,假设她作为殖民地的人民、被殖民的一分子,她认为在本土资源被宗主国大量且长期掠夺的情况下,不应该缴纳任何赋税,且宗主国应当对殖民地负有不可推卸的义务,这一切都建立在"殖民与被殖民、掠夺与被掠夺"的不平等契约之上。一时之间课堂气氛凝重,因为这个女孩说得很有道理且有根据,但教师刚刚已下过结论,这一切似乎很难收场。可教师并没有在意这些,反而是和女孩子讨论了起来,并在充分证据及理由之下支持了女孩的想法,并鼓励女孩写一封信给社区议员,请他参加国会时作为殖民地问题提议的重要参考。

实录分析：

这让旁观者感到很振奋，不单是因为教师的包容与耐心，而是这份合理的"驳斥"得到了保护，学生的"申诉"观点被正常看待并被充分理解，且老师在完整聆听完女孩的意见之后表示"了解和支持"。这恰是教师为孩子示范的、关于如何正确"了解他人的观点和视角"的完美做法。这样言传身教的社会情感教育，是融在学科中的务实、有效的教育。

【实录六】：学生可以自由创编的"舞蹈课"——欣赏多样性（识别个人和团体的异同）

在约翰·格伦中学，有一节特殊的舞蹈课引起了大家的注意。执教这节课的Kaylor虽然年近花甲，但活力四射、激情充沛、教学热情不减，在舞蹈教学上颇有一套。听她的课能强烈地感受到学生们饱满的情绪、高涨的热情、奔放的青春魅力，也能觉察到学生智慧、理性的精彩。在访谈中，Kaylor老师讲到了很重要的一点，那就是：给孩子们一点空间，让他们自由地、无拘束地用舞蹈表达自己，从而学会欣赏他人、学会欣赏艺术的多样性。

在她的课上，通常孩子们要先齐跳一支集体舞，这是基本功，也是规定动作。10分钟之后，她让孩子们自行选择喜欢的舞种分成3人一组，然后各自创编舞蹈，包括主题的确定、音乐的选配、动作的编排、角色的分配等。在持续几周的排练之后，教师会提供机会例如校庆、外宾接待、校级交流、社区服务、团体比赛等，请孩子们登台表演。每一届学生都是如此。这样长程的、放养式的舞蹈课，恰恰是保护了艺术学习对孩子们最大的影响力——允许"多样性"的存在：在形式各异中深谙美的真谛。

实录分析：

众所周知，基础教育中的艺术学习并非是培养艺术家的专业课程，学生不仅仅是习得具体知识技能，相比之下，获得更多的勇气与自信、能够创意性地表达自己才是更重要的。允许学生自由创编舞蹈，选择方向不加限制，并保障学生最后的表演机会，这从根本上就确定了"多样性"的教学模式，并保证这种多样性的种子能够生发在肥沃的土壤上——高级别的表演机会。

这是对SEL社会情感教育中"欣赏多样性"的诠释，也是在潜移默化中教给学生学会欣赏自我、欣赏他人、欣赏艺术不同形式的美感。

【实录七】：把想法变成现实的"Jax"——"懂得识别并利用家庭、学校及社区资源"

沙漠沙子学区负责接待我们的一位女老师家里有两个孩子，其中男孩子Jax比较活泼且乐于交往，经常跟着妈妈到学区来找中国老师交流。有一次，我们一位高中历史老师给他看了一下自己学校制作的有关"航海"主题的钥匙扣，他大受启发，表示回学校后也要试着做一下。当时大家以为他说说而已。没想到2周之后，有一天下午他跑来，手里拿着他做好的钥匙扣，兴奋地对大家说，学校里有关社会活动的一个社团已经同意了他的方案，接下来只要能在社区里募捐到一定数额的钱，就会把他的想法做成钥匙扣，在学校和社区进行义卖。

在过程中，这个孩子可以敏锐地觉察到"这个主意对我有价值"并且迅速做出反馈，不等待、不消极，而是立刻、马上去做，还能够由细节延伸开去看待事情，并预期、推动它的发展。这是一种充分识别并利用资源的外在表现，也反映出美国SEL课程已经影响到了孩子对待生活的思考、态度与行动。

实录分析：

这个叫Jax的男孩也许不能代表所有的美国中学生，但他能够通过对航海钥匙扣价值及意义的识别、做出相对于这个年龄段的快速反应，并且是出于公益的、慈善的考虑——他募款制作的钥匙扣将直接流入学校义卖商品范畴，义卖得到的款项不属于他自己而是学校。这样的社会认知能力，恰恰是我们需要在基础教育阶段，希望孩子们习得的——不仅是为自己，还能够为他人、为社会作出应有的贡献。前提条件是能够判断、识别、懂得如何利用并整合家庭、学校及社区的资源和力量。

借由以上从不同子技能角度切入的7个实录片段，可以看到美国SEL教育的落地"成果"，又能比较具体地诠释每一个子技能如何更好地落实到日常教育教学中。同时还可以发现，美国对于社会情感教育的有机融合，不仅仅是课程的设置，从显性到隐形处处可见SEL的影子，可见社会情感教育已经成为了美国教育的一种特色，是根植在教师、学校、家庭、社会的一种思想，这种培养已经在潜移默化中形成了一种文化氛围，也许这才是真实的美国SEL教育意义所在。

美国学校的安全教育

一个偶然的下午,我们沙漠沙子学区的10位老师从各个学校"下班"的时间都比较早,大家齐聚在教育局的小会议室里办公。这时我们的"领队"——唐明班长提出,可以采访一下学区教育局专门负责安全事务的"安保组长"爱德华·奈酷先生(Edward Nacua)。于是,这位51岁的老警察用了一个多小时向我们诠释他们学区的校园安全基本做法,我们借机知道了许多不为人知的美国公立中小学的安全计划和理念,感受了这个国家中小学"安全教育"中甚为实用的一面。

奈酷先生的介绍,是围绕学区的一张年度"灾难/紧急事件演习计划表&安全计划·测试表"所进行的。这张表格很复杂,林林总总、五颜六色,若不是有周密的解释,我们无法轻易看懂。然而,通过奈酷先生的讲述,我们发现,这张表格里没有一处多余的地方——若严格按照计划来执行整个学区的幼儿园、小学、初中、高中的安全演习,一年下来,学生的"安全意识"应能提高不少。

以小学为例,一年之中,需经历不同性质的安全演练及测试,如"火灾演习"(Fire Drill)"地震演习"(Earthquake Drill)"封锁演习"(Lockdown Drill)"锁定演习"(Lockout Drill)"标准自我保护训练"(SAP Training)"统一行动"(Reunification)等,且这些还不包括各种小的计划与实验。

"火灾演习"(Fire Drill),在加州拉昆塔沙漠沙子学区的演习频率是一月一次、一年共计12次。之所以如此频繁,是因为加州地区终年阳光充沛、少有雨水,较容易引发山火及各式火灾(在我们居留美国的那段时间,正值山火期,洛杉矶城市空气质量亦受到一定污染)。

"地震演习"(Earthquake Drill)的频率是一季一次,也是因为加州地处地震带上,要求学生时刻做好防震避险的准备。我们于美国访学期间,正赶上秋季的地震演习。这是一场"别开生面"的初中生地震演习——全校几百人先

是全部躲在桌下（上课时间"地震来袭"），后在几分钟内井然有序地撤离教室、走到空旷的操场上且排列好整整齐齐的队伍，一看就是平时训练有素的结果。

"封锁演习"（Lockdown Drill）的频率是一年两次。如果说火灾和地震演习于我们还比较熟悉的话，那么这个"Lockdown"演习就是完全陌生的一种。它主要是应对各种突发危机事件，比如当有人持枪进入校园时（校园枪击案在美国时有发生），全校师生必须迅速反应并关闭所有门窗（美国学校教室的门从设计上考虑到这一点，一旦锁定从外面打不开且十分坚固），保证每个人在安全位置上，直到警察的到来。为什么这个演习要一年举行两次呢？第一次演习要达到上述标准"每个人在规定时间内处于安全位置上"，可万一真灾难发生时，有个别学生来不及跑进教室怎么办呢？这就需要第二次演习：练习并学会"逃跑"——来不及躲进教室的人必须快速奔袭到校园以外的地方，"活下来"是第二次"Lockdown Drill"的唯一标准。

"锁定演习"（Lockout Drill）从字面上看似乎与Lockdown Drill有些类似，但这个同样一年两次的演习表达的是另外一个意思。举例，当一个坏人进入某所学校所处的社区而暂时未被警察抓住时，学校为保证学生安全必须要求所有人待在自己所在的地方，关掉所有的电器、门窗等，不能上厕所、喝水或者用餐、运动，目的是确保安静，不要形成动态目标以免被坏人盯上而受胁迫。如一些学生恰好在窗户附近的话，就得躲在窗户下面，关上窗和灯光。

"标准自我保护训练"（SAP Training），主要是指在基于一份简单易懂、程序简化的安全手册学习的基础上，安全员通过培训各校的教师和学生使达到掌握一定逃生方法及程序、技巧等的训练。这个频率是每年一次。

"统一行动"（Reunification）我们从来没有听说过，奈酷先生解释说，当有严重事件发生时（比如枪击），学校会要求学生统一回家以避险，直到危险解除。这种训练的频率也是一年一次。

以上这些演习都赫然列在"灾难/紧急事件演习计划表"红色区域的位置，说明它们的重要性。除此以外，就是各校对这些演习计划的测试记录，以及一些个性化训练项目。就上面介绍到的这些演习而言，奈酷先生做了一些补充，用以帮助我们对安全教育整体理解：

1. 计划表中所要求的"频次"对各校而言都是最低要求，比如火灾演习，一年最少举行12次，有的学校若觉不够还可以更多。

2. "封锁演习"（Lockdown Drill）要比"锁定演习"（Lockout Drill）严重得多，因为相比之下，后者往往无法感觉到身边的危险，所以在演习中，时常是学生打闹、教师讲话，效果不好。

3. 在介绍"标准自我保护训练"（SAP Training）中，奈酷先生特别提到自己曾作为20年警察的经历，那种工作性质和如今的"安保组长"完全不同。他提出对学生的"标准自我保护训练"决不能带有恐吓和威胁的味道，不能用"吓唬"学生的方式来进行教育，所以他愿意不厌其烦地一遍一遍地教学生重复的安全知识。

4. 作为整个区域的校园安保手册的"规划者"，奈酷先生强调，越简化的版本、越容易操作的流程，对教师和学生来说才是真正有效的——因为"简单"而有效。

5. 在"统一行动"（Reunification）训练中，必须要和家长事先商量，尤其是年纪小的孩子——若是幼儿园或小学部分学生家长表示不方便在家照顾孩子的话，学生就得承担起统一照看的职责。而高中生则不必有此担心，因为具备了一定的自理能力，也习惯了这种每年一次的安全训练，知道自己到什么时间该做什么。

6. 几乎每所学校都会有一个房屋装置叫做"安全屋"或临时避难所，里面往往会储藏一定的食物和饮用水，作为紧急时刻师生的暂时躲避点。

尽管采访的时间短暂，整个过程奈酷先生只介绍了一般小学的操作方式，但遍观图表，幼儿园、初中、高中的做法不外如是，只是不同学段里演习的难度和力度、个性化要求等可能会不同。

同日下午，同伴叶婷老师亦分享了一份棕榈沙漠高中（PDHS）2019—2020学生手册（46页），从那份手册当中，我留意到高中生的安全教育还包括"性骚扰"这一环节。在这份手册中，严格界定"学生对同性或异性的任何性骚扰行为都会影响学术成绩，甚至影响社区内的一系列服务、福利和荣誉等"，对于任何不服从学校管理的行为，都可以看作是"影响学生学术成绩或进步水平的一种含蓄的规定与条件"。那么，哪些行为是"性骚扰"范围呢？手册中同样有言明，如"挑衅式的斜视、调情或是提出建议""性诽谤、起绰号、贬损辱骂，或是侮辱性评论和性描述""对一个人身体的过度评论及笑话""贬义性的海报、便条、故事、图片、卡通、淫秽性手势或用电脑合成的图片""散布性谣言""对单身低年级学生的性调侃和性评论""按摩、抓住、抚摸、冲洗

身体""以性的方式触摸一个人的身体或衣服""以性为目的阻碍学校运动或对学校运动进行任何身体干扰""性暗示"。

从这份对高中生"性骚扰"行为的校园安全规定，我们是否读出它"丑话说在前面"的这种良苦用心？虽然我们无法从校园性骚扰案发数量与处理方法等细节上判断这份规定是否有用，但它对即将踏入高中读书的"新人"来说，最起码可以达到"知晓这份规定的存在而对自己的行为有所顾忌"的作用，将对自己和他人的伤害尽量减小。

从"安全演习"这个角度，观察我们和美国校园的各类演习与教育活动，可以感受到，在我们造访的这个学区里，学校号召和组织的安全活动是显而易见的"多"而"频繁"。假设一个学生在这个学区从幼儿园一直顺利读到高中，那他（她）每年都要经历一遍几乎同样的安全教育演习。如此持续不断的演习活动，在正常情况下，学生长大成人时，他（她）潜意识里对安全的评价认知，以及所能表现出的各种自保与保他行为等，应该能达到一个相对成熟的水平（与不经历频繁安全教育的学生群体相比）。

当然，这也不是绝对的。因为，对校园安全教育工作的评估与考核——即美国教育界到底用哪种机制和手段来评价学区所做的安全工作是否合理而周到，我们是看不到的，也很难打听得到——即便是"听来"的信息，也需要案例与足够的数据来确认合理性。再加上美国常年居高不下的青少年犯罪率，也容易让人对美国校园的安全教育效果提出一定的质疑：安排如此周密、生命教育普及如此广泛的校园里，为何有人一再犯险？哪些事物是彼此矛盾的？哪些尖锐的问题是美国教育亟待解决的？

这都是值得我们反思的。

后 记

当我的教育访美之旅结束时，最想谈的有两块，一是收获，二是启迪。

先说收获。通过学校的"跟岗"，我们能发现许多，好的与坏的。没错，凡事都有它的两面性——能培养出无数科学家和诺贝尔奖获得者的美国教育，同样也能造就不堪的"多样性"，这就是教育的真实。当我看到美国教育好的一面时，我深知这是它长时间精于钻研、实践、研究的结果，我们认为这是科学的，愿意学习它，自然是有价值的。当我看到美国教育不好的一面时，也并不意外，这可能也恰说明中国的基础教育在逐渐崛起，我们的差距在慢慢变小，也有出色、有底气、有特色的一面。所以，40多篇文章记载了我对上述问题的思考，思考之深刻令我一度深陷脱发之烦恼，却仍然喜出望外、不胜欢喜。

再说启迪。

这次赴美的个人小课题是有关"逆向设计"与"形成性评价"的研究。通过跟岗观察记录的20多节课和聆听的多场讲座与教研活动等，我慢慢悟出一个道理：任何理论、策略，它的诞生往往要滞后于事实。所谓"成果在先"、再行教学之行为的"逆向设计"，可能因为"逆向"本身就是正确的方向也。就像这个世界本没有艺术，研究和喜欢者、关注者多了，就形成了"艺术"这个行当，是一个道理。

知道这个"真相"后我无比开心，自此以后，就颇能看懂美式教育的逻辑，也更能够理解其教学方式与思维，这是一种更大的收获。

我准备按照这个思路，在课堂里设计一些真正以"逆向"为"正向"的好玩有趣的课程，让学生在学习中尝试寻找"学习的意义"。

我想，这不仅是我一个人留意到的思考方向。教育同行们，也许我们有同样的热情和期待。

白云云

庚子鼠年三月